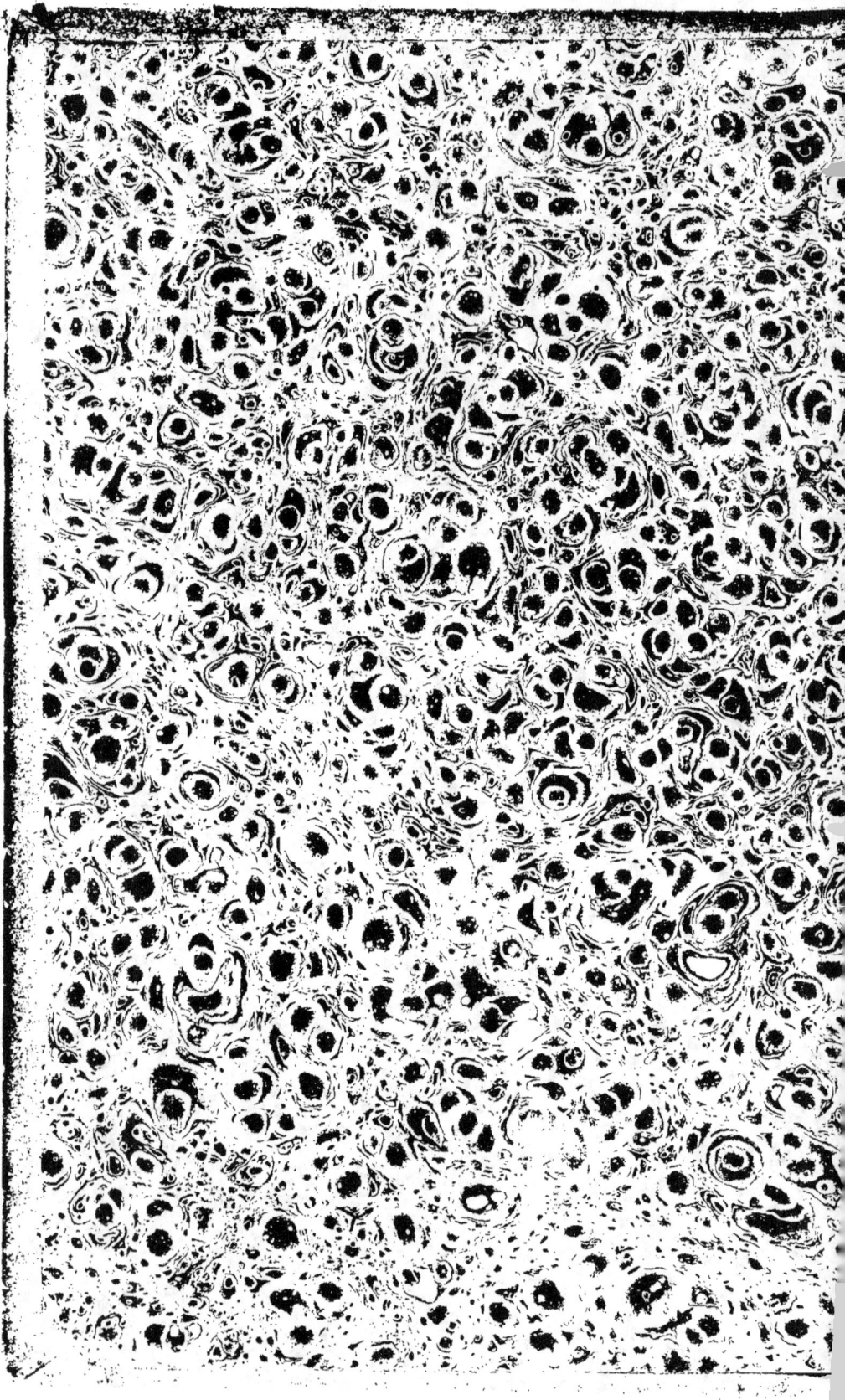

1291. 9ber
H.

239 (cabinet)

VOYAGE

AUX RÉGIONS ÉQUINOXIALES

DU

NOUVEAU CONTINENT.

DE L'IMPRIMERIE DE J. SMITH.

VOYAGE

AUX RÉGIONS ÉQUINOXIALES

DU

NOUVEAU CONTINENT,

FAIT EN 1799, 1800, 1801, 1802, 1803 ET 1804,

PAR AL. DE HUMBOLDT ET A. BONPLAND,

RÉDIGÉ

PAR ALEXANDRE DE HUMBOLDT;

AVEC UN ATLAS GÉOGRAPHIQUE ET PHYSIQUE.

TOME PREMIER.

A PARIS,

A LA LIBRAIRIE GRECQUE-LATINE-ALLEMANDE, RUE DES
Fossés-Montmartre, N.° 14.

1816.

INTRODUCTION.

Douze années se sont écoulées depuis que je quittai l'Europe pour parcourir l'intérieur du nouveau continent. Livré, dès ma première jeunesse, à l'étude de la nature; sensible à la beauté agreste d'un sol hérissé de montagnes et couvert d'antiques forêts, j'ai trouvé dans ce voyage des jouissances qui m'ont dédommagé des privations attachées à une vie laborieuse et souvent agitée. Ces jouissances, que j'ai essayé de faire partager à mes lecteurs dans mes *Considérations sur les Steppes* et dans l'*Essai sur la Physionomie des Végétaux*[1], n'ont pas été le seul fruit d'une entreprise formée dans le dessein de contribuer aux progrès

---

[1] Voyez mes *Tableaux de la Nature*, Paris, 1808, 2 vol. in-12.

des sciences physiques. Je m'étois préparé depuis long-temps aux observations qui étoient le but principal de mon voyage à la zone torride; j'étois muni d'instrumens d'un usage prompt et facile, et exécutés par les artistes les plus distingués; je jouissois de la protection particulière d'un gouvernement qui, loin de mettre des entraves à mes recherches, m'a honoré constamment de marques d'intérêt et de confiance; j'étois secondé par un ami courageux et instruit, et, ce qui est un rare bonheur pour le succès d'un travail commun, dont le zèle et l'égalité de caractère ne se sont jamais démentis, au milieu des fatigues et des dangers auxquels nous étions quelquefois exposés.

Dans des circonstances si favorables, parcourant des régions qui, depuis des siècles, sont restées presque inconnues à la plupart des nations de l'Europe, je pourrois dire à l'Espagne même, nous avons recueilli, M. Bonpland et moi, un nombre considérable de matériaux dont la publication sembloit offrir quelque intérêt pour l'histoire des peuples et la connoissance de la nature. Nos recherches ayant été dirigées vers des objets très-variés, nous n'avons pu en présenter les résultats sous la forme ordinaire d'un journal : nous les avons consignés dans plusieurs ouvrages distincts, rédigés dans le même esprit, et liés entre eux par la nature des phénomènes qui y sont discutés. Ce genre de rédaction, qui fait découvrir plus facilement l'imperfection des travaux partiels, n'est pas avantageux pour l'amour propre du voyageur; mais il est préférable pour tout ce qui a rapport aux sciences physiques et mathématiques, parce que les différentes branches de ces sciences sont rarement cultivées par la même classe de lecteurs.

Je m'étois proposé un double but dans le voyage dont je publie aujourd'hui la relation historique. Je désirois faire connoître les pays que j'ai visités, et recueillir des faits propres à répandre du jour sur une science qui est à peine ébauchée, et que l'on désigne assez vaguement par les noms de *Physique du monde*, de *Théorie de la terre*, ou de *Géographie physique*. De ces deux objets le dernier me parut le plus important. J'aimois passionnément la botanique et quelques parties de la zoologie; je pouvois me flatter que nos recherches ajouteroient de nouvelles espèces à celles qui sont déjà décrites : mais préférant toujours à la connoissance des faits isolés, quoique nouveaux, celle de l'enchaînement des faits observés depuis long-temps, la découverte d'un genre inconnu me paroissoit bien moins intéressante qu'une observation sur les rapports géographiques des végétaux, sur les migrations des plantes *sociales*, sur la limite de hauteur à laquelle s'élèvent leurs différentes tribus vers la cime des Cordillères.

Les sciences physiques se tiennent par ces mêmes liens qui unissent tous les phénomènes de la nature. La classification des espèces que l'on doit regarder comme la partie fondamentale de la botanique, et dont l'étude est devenue plus attrayante et plus facile par l'introduction des méthodes naturelles, est à la Géographie des végétaux ce que la minéralogie descriptive est à l'indication des roches qui constituent la croûte extérieure du globe. Pour saisir les lois qui suivent ces roches dans leur gisement, pour déterminer l'âge de leur formation successive et leur identité dans les régions les plus éloignées, le géologue doit connoître avant tout les fossiles simples qui composent la masse des montagnes, et dont l'oryctognosie enseigne les caractères et la nomenclature. Il en est de même de cette partie de la physique du monde qui traite des rapports qu'ont les plantes soit entre elles, soit avec le sol qu'elles habitent, soit avec l'air qu'elles respirent et modifient. Les progrès de la géographie des végétaux dépendent en grande partie de ceux de la botanique descriptive, et ce seroit nuire à l'avancement des sciences que de vouloir s'élever à des idées générales, en négligeant la connoissance des faits particuliers.

Ces considérations m'ont guidé dans le cours de mes recherches; elles ont toujours été présentes à mon esprit à l'époque de mes études préparatoires. Lorsque je commençai à lire le grand nombre de voyages qui composent une partie si intéressante de la littérature moderne, je regrettai que les voyageurs les plus instruits dans des branches isolées de l'histoire naturelle eussent rarement réuni des connoissances assez variées pour profiter de tous les avantages qu'offroit leur position. Il me sembloit que l'importance de résultats obtenus jusqu'à ce jour, ne répondoit pas entièrement aux immenses progrès que plusieurs sciences, et nommément la géologie, l'histoire des modifications de l'atmosphère, la physiologie des animaux et des plantes, avoient faits à la fin du dix-huitième siècle. Je voyois avec peine, et tous les savans ont partagé ce sentiment avec moi, que, tandis que le nombre des instrumens précis se multiplioit de jour en jour, nous ignorions encore l'élévation de tant de montagnes et de plateaux, les oscillations périodiques de l'Océan aérien, la limite des neiges perpétuelles sous le cercle polaire et sur les bords de la zone torride, l'intensité variable des forces magnétiques et tant d'autres phénomènes également importans.

Les expéditions maritimes, les voyages autour du monde ont justement illustré les noms des naturalistes et des astronomes que les gouvernemens ont appelés pour en partager les périls; mais tout en donnant des notions exactes sur la configuration extérieure des terres, sur l'histoire physique de l'Océan et sur les productions des îles et des côtes, ces expéditions paroissent moins propres à avancer la géologie et d'autres parties de la physique générale, que des voyages dans l'intérieur d'un continent. L'intérêt des sciences naturelles y est subordonné à celui de la géographie et de l'astronomie nautique. Pendant une navigation de plusieurs années, la terre ne se présente que rarement à l'observation du voyageur; et, lorsqu'il la rencontre après de longues attentes, il la trouve souvent dénuée de ses plus belles productions. Quelquefois, au delà d'une côte stérile, il aperçoit un rideau de montagnes couvertes de verdure, mais que leur éloignement soustrait à ses recherches; et ce spectacle ne fait qu'augmenter ses regrets.

Les voyages de terre offrent de grandes difficultés pour le transport des instrumens et des collections ; mais ces difficultés sont compensées par des avantages réels dont il seroit inutile de faire ici l'énumération. Ce n'est point en parcourant les côtes que l'on peut reconnoître la direction des chaînes de montagnes et leur constitution géologique, le climat propre à chaque zone et son influence sur les formes et les habitudes des êtres organisés. Plus les continens ont de largeur, et plus on trouve développée, à la surface du sol, la richesse des productions animales et végétales ; plus le noyau central des montagnes est éloigné des bords de l'Océan, et plus on observe, dans le sein de la terre, cette variété de couches pierreuses, dont la succession régulière nous révèle l'histoire de notre planète. De même que chaque être considéré isolément est empreint d'un type particulier, on en reconnoît également un dans l'arrangement des matières brutes réunies en roches, dans la distribution et les rapports mutuels des plantes et des animaux. C'est le grand problème de la physique du monde, que de déterminer la forme de ces types, les lois de ces rapports, les liens éternels qui enchaînent les phénomènes de la vie et ceux de la nature inanimée.

En énonçant les motifs qui m'ont engagé à entreprendre un voyage dans l'intérieur d'un continent, je ne fais qu'indiquer la direction générale de mes idées à un âge où l'on n'a point encore une juste mesure de ses forces. Les plans de ma première jeunesse n'ont été exécutés que très-incomplétement. Mon voyage n'a point eu toute l'étendue que je comptois lui donner en partant pour l'Amérique méridionale; il n'a pas fourni non plus le nombre de résultats généraux que j'avois espéré pouvoir recueillir. La cour de Madrid m'avoit accordé, en 1799, la permission de m'embarquer sur le galion d'Acapulco, et de visiter les îles Marianes et Philippines, après avoir parcouru les colonies du nouveau continent. J'avois formé alors le projet de revenir en Europe par le grand archipel d'Asie, le golfe Persique et la route de Bagdad. J'aurai occasion d'exposer dans la suite les raisons qui m'ont déterminé à hâter mon retour. Quant aux ouvrages que nous avons publiés, M. Bonpland et moi, nous nous flattons que leur imperfection qui ne nous est pas inconnue, ne sera attribuée ni à un manque de zèle pendant le cours de nos recherches, ni à un trop grand empressement dans la publication de nos travaux. Une volonté forte et une persévérance active ne suffisent pas toujours pour surmonter les obstacles.

Après avoir rappelé le but général que je m'étois proposé dans mes courses, je vais jeter un coup-d'œil rapide sur l'ensemble des collections et des observations que nous avons rapportées, et qui sont le double fruit de tout voyage scientifique. Comme pendant notre séjour en Amérique, la guerre maritime rendoit très-incertaines les communications avec l'Europe, nous nous étions vus forcés, pour diminuer la chance des pertes, de former trois collections différentes, dont la première fut expédiée pour l'Espagne et la France, et la seconde pour les États-Unis et l'Angleterre. La troisième, la plus considérable de toutes, resta presque constamment sous nos yeux : elle formoit vers la fin de nos courses quarante-deux caisses renfermant un herbier de 6000 plantes équinoxiales, des graines[1],

---

[1] Parmi les végétaux que nous avons introduits dans les différens jardins de l'Europe, je citerai ici, comme dignes de l'attention des Botanistes, les espèces suivantes : Lobelia fulgens, L. splendens, Caldasia heterophylla (Bonplandia geminiflora, Cav.), Maurandia anthirriniflora, Gyrocarpus americana, Jacq., Cæsalpinia cassioides, Salvia cæsia, Cyperus nodosus, Fagara lentiscifolia, Heliotropium chenopodioides;

INTRODUCTION. 13

des coquilles, des insectes, et ce qui n'avoit point encore été porté en Europe, des *suites* géologiques du Chimborazo, de la Nouvelle - Grenade et des rives de l'Amazone. Après le voyage à l'Orénoque, nous déposâmes une partie de ces objets à l'île de Cuba, pour les reprendre à notre retour du Pérou et du Mexique. Le reste nous a suivis pendant l'espace de cinq ans, sur la chaîne des Andes, comme à travers de la Nouvelle-Espagne depuis les côtes de l'Océan Pacifique jusqu'à celles

---

Convolvulus bogotensis, C. arborescens, Ipomœa longiflora, Solanum Humboldti, Willd., Dichondra argentea, Pitcairnia furfuracea, Cassia pendula, C. mollissima, C. prostrata, C. cuspidata, Euphorbia Humboldti, Willd., Ruellia fœtida, Sisyrinchium tenuifolium, Sida cornuta, S. triangularis, Phaseolus heterophyllus, Glycine precatoria, G. sagittata, Dalea bicolor, Psoralea divaricata, Myrica mexicana, A. triplex linifolia, Inga microphylla, Acacia diptera, A flexuosa, A. patula, A brachyacantha, A. ciliata, A. acicularis, A. peruviana, A. edulis et plusieurs variétés de Georgines. (Voyez *Willedenow Enum. plant. hort. Berol.* 1809.).

de la mer des Antilles. Le transport de ces objets et les soins minutieux qu'ils exigent, nous ont causé des embarras dont il est impossible de se faire une idée exacte, même après avoir parcouru les parties les moins cultivées de l'Europe. Notre marche a été ralentie par la triple nécessité de traîner avec nous, pendant des voyages de cinq à six mois, douze, quinze, et quelquefois au-delà de vingt mulets de charge, d'échanger ces animaux tous les huit à dix jours, et de surveiller les Indiens qui servent à conduire une si nombreuse caravane. Souvent, pour ajouter à nos collections de nouvelles substances minérales [1], nous nous sommes

---

[1] Les substances minérales et végétales que nous avons rapportées de nos courses, et dont plusieurs étoient inconnues jusqu'alors, ont été soumises à l'analyse chimique par MM. Vauquelin, Klaproth, Descotils, Allen et Drapier, qui les ont décrites dans des mémoires particuliers. Je rappellerai ici deux nouvelles *espèces* minérales : le Feuer-Opal ou Quarz resinite miellé du Mexique *(Klaproth, chem. Unters.*

INTRODUCTION. 15

vus forcés d'en abandonner d'autres que nous avions recueillies depuis longtemps. Ces sacrifices n'étoient pas moins

der Min., T. IV, p. 156. *Sonneschmidt Beschr. der Mex. Bergref. S.* 119. *Karsten min. Tabellen,* 1808, *p.* 26, 88*)*, et l'argent muriaté conchoïde du Pérou, muschliches Hornerz *(Klapr. IV,* 10. *Karst., p.* 60, 97. *Magazin der Berl. Naturf. I,* 158*)*; la mine d'argent *Paco* de Pasco *(Klapr. IV,* 4*)*; le cuivre gris antimonié, Graugiltig-Erz, de Tasco *(Kl. IV,* 74*)*; le fer météorique, Meteor-Eisen, de Durango *(Kl. IV,* 101*)*; la chaux carbonatée ferrifère, stänglicher Braunspath, de Guanaxuato, dont les cristaux réunis en barres forment des triangles équiangles *(Kl. IV,* 199*)*; les Obsidiennes de la Montagne des Couteaux de Moran et la pierre perlée de Cinapecuaro *(Descotils, Annales de Chimie, LIII,* 260*)*; l'étain oxidé concrétionné, Holz-Zinn, du Mexique *(Descotils, Ann. LIII,* 266*)*; la mine brune de plomb de Zimapan *(Descotils, Ann. LIII,* 268*)*; le sulfate de Strontiane de Popayan et la Wafelite; une pepite de Platine du Choco d'un poids de $1088\frac{8}{10}$ grains, et dont la pesanteur spécifique est de 18,947 *(Karsten,* 96*)*; la Moya de Pélileo, substance volcanique combustible renfermant du feldspath *(Klapr. IV,* 289*)*; le Guano des îles du Pérou, contenant de l'urate d'ammoniaque *(Kl. IV,* 299; *Fourcroy* et *Vauquelin, Mém. de l'Inst., IV,* 369*)*; le Dapiché du Rio Temi, espèce de caoutchouc

pénibles que les pertes que nous fîmes accidentellement. Une fâcheuse expérience nous apprit assez tard qu'à cause de la chaleur humide du climat et des chutes fréquentes des bêtes de somme, nous ne pouvions conserver ni les peaux d'animaux préparées à la hâte, ni les poissons et les reptiles placés dans des flacons remplis d'alcool. J'ai cru devoir entrer dans ces détails, très-peu intéressans en eux-mêmes, pour prouver qu'il n'a pas dépendu de nous de rapporter en nature plusieurs objets de zoologie et d'anatomie comparée, que nous avons fait connoître par des descriptions et des dessins.

---

blanc que l'on trouve à une demi-toise de profondeur dans un terrain humide *(Allen, Journ. Phys., liv. XVII, 77)*; le Tabasheer des Bambousiers de l'Amérique, différent de celui d'Asie *(Vauquelin, Mém. de l'Inst., VI, 382)*; le Cortex Angosturæ, écorce du Bonplandia trifoliata, de Carony; le Cinchona condaminea de Loxa et plusieurs autres espèces de Quinquina que nous avons recueillies dans les forêts de la Nouvelle-Grenade *(Vauquelin, Ann. LIX, 137)*.

Malgré ces entraves et les faits causés par le transport des collections, j'ai eu à me féliciter de la résolution que j'avois prise avant mon départ, de ne faire passer successivement en Europe que les doubles des productions que nous avions recueillies. On ne sauroit assez le répéter ; lorsque les mers sont couvertes de bâtimens armés en course, un voyageur ne peut compter que sur les objets qu'il garde avec lui. De tous les doubles que nous avons expédiés pour l'ancien continent, pendant notre séjour en Amérique, un très-petit nombre seulement a été sauvé : la majeure partie est tombée entre les mains de personnes étrangères aux sciences ; car lorsqu'un navire est condamné dans un port d'outre-mer, les caisses renfermant des plantes sèches ou des roches, loin d'être transmises aux savans à qui elles sont adressées, restent abandonnées à l'oubli. Quelques-unes de nos collections géologiques prises dans la mer du Sud, ont eu cependant un sort plus heureux. Nous devons leur conservation à la généreuse activité du chevalier Banks, président de la Société Royale de Londres, qui, au milieu des agitations politiques de l'Europe, a travaillé sans relâche à resserrer les liens par lesquels se trouvent unis les savans de toutes les nations.

Les mêmes causes qui ont entravé nos communications, ont aussi opposé, depuis notre retour, beaucoup d'obstacles à la publication d'un ouvrage, qui, par sa nature, doit être accompagné d'un grand nombre de gravures et de cartes. Si ces difficultés se sont fait sentir quelquefois dans des entreprises faites aux frais et par la munificence des gouvernemens, combien ne doivent-elles pas être plus grandes pour de simples particuliers ! Il nous auroit été impossible de les vaincre, si le zèle des éditeurs n'avoit été secondé par l'extrême bienveillance du public. Plus des deux tiers de notre ouvrage sont déjà publiés. Les cartes de l'Orénoque, du Cassiquiaré et de la rivière de la Madeleine, fondées sur mes observations astronomiques, et plusieurs centaines de planches gravées au simple trait sont prêtes à paroître, et je ne quitterai pas l'Europe pour entreprendre un voyage en Asie, avant d'avoir offert au public l'ensemble des résultats de ma première expédition.

Dans les mémoires destinés à approfondir les divers objets de nos recherches, nous avons tâché, M. Bonpland et moi, de considérer chaque phénomène sous différens aspects, et de classer nos observations d'après les rapports qu'elles offroient entre elles. Pour donner une juste idée de la marche que nous avons suivie, je vais présenter succinctement l'énumération des matériaux que nous possédons pour faire connoître les volcans d'Antisana et de Pichincha, ainsi que celui de

Jorullo sorti de terre dans la nuit du 29 septembre 1759, et élevé de 263 toises au-dessus des plaines environnantes du Mexique. La position de ces montagnes remarquables a été déterminée en longitude et en latitude par des observations astronomiques. Nous en avons nivellé les différentes parties à l'aide du baromètre; nous y avons déterminé l'inclinaison de l'aiguille aimantée et l'intensité des forces magnétiques. Nos collections renferment les plantes qui couvrent la pente de ces volcans, et les différentes roches superposées les unes aux autres qui en constituent l'enveloppe extérieure. Des mesures suffisamment précises nous mettent en état d'indiquer, pour chaque groupe de végétaux et pour chaque roche volcanique, la hauteur à laquelle on les trouve au-dessus du niveau de l'Océan. Nos journaux nous offrent des séries d'observations sur l'humidité, la température, la charge électrique et le degré de transparence de l'air aux bords des cratères de Pichincha et de Jorullo. On y trouve aussi les plans topographiques et les profils géologiques de ces montagnes, fondés en partie sur la mesure de bases verticales et sur des angles de hauteur. Chaque observation a été calculée d'après les tables et les méthodes que l'on regarde comme les plus exactes dans l'état actuel de nos connoissances; et, pour pouvoir juger du degré de confiance que méritent les résultats, nous avons conservé tout le détail des opérations partielles.

Il auroit été possible de fondre ces divers matériaux dans un ouvrage destiné uniquement à la description des volcans du Pérou et de la Nouvelle-Espagne. En offrant le tableau physique d'une seule province, j'aurois pu traiter séparément ce qui a rapport à la géographie, à la minéralogie et à la botanique : mais comment interrompre, soit la narration d'un voyage, soit des considérations sur les mœurs, l'aspect de la nature ou les grands phénomènes de la physique générale, par l'énumération fatigante des productions du pays, par la description de nouvelles espèces d'animaux et de plantes ou par le détail aride des observations astronomiques? En adoptant un genre de rédaction qui auroit réuni dans un même chapitre tout ce qui a été observé sur un même point du globe, j'aurois composé un ouvrage d'une longueur excessive, et surtout dénué de cette clarté qui naît en grande partie de la distribution méthodique des matières. Malgré les efforts que j'ai faits pour éviter dans cette relation de mon voyage les écueils que j'avois à redouter, je sens vivement que je n'ai pas toujours réussi à séparer les observations de détail de ces résultats généraux qui intéressent tous les hommes éclairés. Ces résultats embrassent à la fois le climat et son influence sur les êtres organisés, l'aspect du paysage, varié selon la nature du sol et de son enveloppe végétale, la direction des montagnes et des rivières qui séparent les races d'hommes comme les tribus de végétaux; enfin ces modifications qu'éprouve l'état des peuples placés à différentes latitudes et dans des circonstances plus ou moins favorables au développement de leurs facultés. Je ne crains pas d'avoir trop multiplié des objets si dignes d'attention : car un des beaux caractères qui distinguent la civilisation actuelle de celle des temps plus reculés, c'est d'avoir agrandi la masse de nos conceptions, d'avoir fait mieux sentir les rapports entre le monde physique et le monde intellectuel, et d'avoir répandu un intérêt plus général, sur des objets qui n'occupoient jadis qu'un petit nombre de savans, parce qu'on les considéroit isolés et d'après des vues plus étroites.

Il est probable que l'ouvrage que je fais paroître aujourd'hui fixera l'attention d'un plus grand nombre de lecteurs que le détail de mes observations purement scientifiques, ou que mes recherches sur la population, le commerce et les mines de la Nouvelle-Espagne. Il me sera par conséquent permis de rappeler ici les travaux que nous avons antérieurement publiés, M. Bonpland et moi. Lorsque plusieurs ouvrages sont étroitement liés entre eux, il est de quelque intérêt pour le lecteur de connoître les sources auxquelles il peut puiser des renseignemens plus circonstanciés. Dans le voyage de M. Pallas, qui est si remarquable par l'exactitude et la profondeur des recherches, le même Atlas offre des cartes géographiques, des costumes de différens peuples, des restes d'antiquités, des figures de plantes et d'animaux. D'après le plan de notre ouvrage il a fallu distribuer ces planches dans des parties distinctes; on les trouvera réparties dans les deux Atlas géographiques et physiques qui accompagnent la Relation du Voyage et l'Essai politique sur le royaume de la Nouvelle-Espagne, dans les Vues des Cordillères et monumens des peuples indigènes de l'Amérique, dans les Plantes équinoxiales, la Monographie des Melastomes, et le Recueil d'observations zoologiques. Comme je serai obligé de citer assez souvent ces différens ouvrages, je vais indiquer en note les abréviations dont je me suis servi pour en rappeler les titres.

I. *Recueil d'observations astronomiques, d'opérations trigonométriques et de mesures barométriques*[1], *faites pendant le cours d'un voyage aux régions équinoxiales du nouveau con-*

---

[1] *Obs. Astr.* en deux volumes in-4.° J'ai discuté, dans l'Introduction placée à la tête de cet ouvrage, le choix des instrumens les plus propres à employer, dans des voyages lointains, le degré de précision que l'on peut atteindre dans les différens genres d'observations, le mouvement propre de quelques grandes étoiles de l'hémisphère austral, et plusieurs méthodes dont l'usage n'est pas assez répandu parmi les navigateurs.

tinent, en 1799-1804. Cet ouvrage, auquel on a joint des recherches historiques sur la position de plusieurs points importans pour les navigateurs, renferme 1.° les observations originales que j'ai faites depuis les 12° de latitude australe jusqu'aux 41° de latitude boréale, comme passages du soleil et des étoiles par le méridien, distances de la lune au soleil et aux étoiles, occultations de satellites, éclipses de soleil et de lune, passages de Mercure sur le disque du soleil, azimuths, hauteurs circumméridiennes de la lune pour déterminer la longitude par le moyen des différences de déclinaisons, recherches sur l'intensité relative de la lumière des étoiles australes, mesures géodésiques, etc.; 2.° un mémoire sur les réfractions astronomiques sous la zone torride, considérées comme effet du décroissement du calorique dans les couches superposées de l'air; 3.° le nivellement barométrique de la Cordillère des Andes, du Mexique, de la province de Venezuela, du royaume de Quito et de la Nouvelle-Grenade, suivi d'observations géologiques et renfermant l'indication de quatre cent cinquante-trois hauteurs calculées d'après la formule de M. La Place et le nouveau coëfficient de M. Ramond ; 4.º un tableau de près de sept cents positions géographiques du nouveau continent, dont deux cent trente-cinq ont été déterminées par mes propres observations, selon les trois coordonnées de longitude, de latitude et de hauteur.

II. *Plantes équinoxiales recueillies au Mexique, dans l'île de Cuba, dans les provinces de Caracas, de Cumana et de Barcelone, aux Andes de la Nouvelle-Grenade, de Quito et du Pérou, et sur les bords du Rio Negro, de l'Orénoque et de la rivière des Amazones* [1]. M. Bonpland y a donné

[1] *Pl. équin.*, en deux volumes in-folio, ornés de plus de 150 planches gravées au burin et tirées en noir.

les figures de près de quarante nouveaux genres[1] de plantes de la zone torride, rapportées à leurs familles naturelles. Les descriptions méthodiques des espèces sont à la fois en françois et en latin, et accompagnées d'observations sur les propriétés médicales des végétaux, sur leur usage dans les arts et sur le climat des contrées où ils se trouvent.

III. *Monographie des Melastomes, Rhexia et autres genres de cet ordre de plantes.* Cet ouvrage est destiné à faire connoître plus de cent cinquante espèces de Mélastomacées que nous avons recueillies pendant le cours de notre ex-

---

[1] Nous ne citerons ici que les genres Ceroxylon, Marathrum, Cassupa, Saccellium, Cheirostemon, Rhetiniphyllum, Machaonia, Limnocharis, Bertholetia, Exostema, Vauquelinia, Guardiola, Turpinia, Salpianthus, Hermesia, Cladostyles, Lilæa, Culcitium, Espeletia, Bonplandia, Platycarpum, Gynerium, Eudema, Thenarda, Andromachia, Kunthia, Rhaptostylum, Menodora, Gaylussacia, Podopterus, Leucophyllum, Angelonia.

pédition, et qui font un des plus beaux ornemens de la végétation des tropiques. M. Bonpland y a joint les plantes de la même famille que, parmi tant d'autres richesses d'histoire naturelle, M. Richard a rapportées de son intéressant voyage aux Antilles et à la Guyane françoise, et dont il a bien voulu nous communiquer les descriptions.

IV. *Essai sur la géographie des plantes, accompagné d'un tableau physique des régions équinoxiales, fondé sur des mesures exécutées depuis le dixième degré de latitude boréale jusqu'au dixième degré de latitude australe.*[1] J'ai essayé de réunir

---

[1] *Géor. Végét.*, un volume in-4.°, avec une grande planche coloriée. Cet ouvrage, imprimé pour la première fois en 1806, sera réimprimé avec des additions, et formera la cinquième partie de la collection complète, ayant pour titre *Physique générale*. J'ai exposé les premières idées sur la *géographie des plantes*, sur leurs *associations naturelles* et *l'histoire de leurs migrations* dans ma *Flora Fribergensis plantas sistens*

dans un seul tableau l'ensemble des phénomènes physiques que présente la partie du nouveau continent comprise dans la zone torride, depuis le niveau de la mer du Sud jusqu'au sommet de la plus haute cime des Andes; savoir : la végétation, les animaux, les rapports géologiques, la culture du sol, la température de l'air, les limites des neiges perpétuelles, la constitution chimique de l'atmosphère, sa tension électrique, sa pression barométrique, le décroissement de la gravitation, l'intensité de la couleur azurée du ciel, l'affoiblissement de la lumière pendant son passage par les couches superposées de l'air, les réfractions horizontales et la chaleur de l'eau bouillante à différentes hauteurs. Quatorze échelles disposées à côté d'un profil des Andes, indiquent les modifications que subissent

cryptogamicas præsertim subterraneas , cui accedunt aphorismi ex physiologia chemica plantarum. (Berol. 1793.)

ces phénomènes par l'influence de l'élévation du sol au-dessus du niveau de l'océan. Chaque groupe de végétaux est placé à la hauteur que la nature lui a assignée, et l'on peut suivre la prodigieuse variété de leurs formes depuis la région des palmiers et des fougères en arbres jusqu'à celles des Johannesia (Chuquiraga, Juss.), des graminées et des plantes licheneuses. Ces régions forment les divisions naturelles de l'empire végétal; et, de même que les neiges perpétuelles se trouvent sous chaque climat à une hauteur déterminée, les espèces fébrifuges de Quinquina (Cinchona) ont aussi des limites fixes que j'ai indiquées sur la Carte botanique qui accompagne cet Essai sur la Géographie des plantes.

V. *Recueil d'observations de zoologie et d'anatomie comparée* [1]. J'ai réuni

---

[1] *Observ. zool.* en deux volumes in-4.°, dont le premier a paru en entier, avec 30 planches, la plupart coloriées.

dans cet ouvrage l'histoire du Condor; des expériences sur l'action électrique des Gymnotes [1]; un mémoire sur le larynx des Crocodiles, des quadrumanes et des oiseaux des tropiques; la description de plusieurs nouvelles espèces de reptiles, de poissons, d'oiseaux, de singes et d'autres mammifères peu connus. Un savant illustre dont la constante amitié m'a été si honorable et si utile depuis un grand nombre d'années, M. Cuvier, a enrichi ce recueil d'un mémoire très-étendu sur l'Axolotl du lac de Mexico et sur les Protées en général. Le même naturaliste a aussi reconnu deux nouvelles espèces de Mastodontes et un véritable éléphant, parmi les os fossiles de quadrupèdes que nous avons rapportés des

---

[1] Ces expériences se lient à celles que j'ai publiées, avant mon départ pour l'Amérique, dans le second volume de mon *Essai sur l'irritation de la fibre musculaire et nerveuse, et sur l'action chimique qui entretient la vie des animaux et des plantes*. 1796.

deux Amériques [1]. La description des insectes recueillis par M. Bonpland, est due à M. Latreille dont les travaux ont tant contribué de nos jours aux progrès de l'entomologie. Le second volume de cet ouvrage renfermera les figures des crânes mexicains, péruviens et autres que nous avons déposés au Muséum d'histoire naturelle de Paris, et sur lesquels M. Blumenbach a déjà publié quelques observations dans le *Decas quinta craniorum diversarum gentium.*

VI. *Essai politique sur le royaume de la Nouvelle-Espagne, avec un Atlas physique et géographique, fondé sur des observations astronomiques, des mesures trigonométriques et des nivellemens barométriques* [2]. Cet ouvrage,

---

[1] *Ann. du Muséum d'hist. nat.*, T. VIII, pag. 57; et pag. 412 et 413, Pl. 11, fig. 1 et 5.

[2] *Nouv.-Esp.*, en deux volumes in-4.° et un Atlas de 20 planches in-folio. Cet ouvrage a aussi été publié en 5 vol. in-8°., sans l'Atlas, mais avec une carte et une coupe. Ma *Carte générale du royaume de*

fondé sur un grand nombre de mémoires officiels, offre en six divisions des considérations sur l'étendue et l'aspect physique du Mexique, sur la population, les mœurs des habitans, leur ancienne

la Nouvelle-Espagne, dressée sur des observations astronomiques et sur l'ensemble des matériaux qui existoient à Mexico en 1804, a été copiée par M. Arrowsmith, qui se l'est appropriée en la publiant sur une plus grande échelle en 1805 (avant que la traduction angloise de mon ouvrage eût paru à Londres, chez *Longmann, Hurst et Orme*), sous le titre de *New Map of Mexico, compiled from original documents by Arrowsmith.* Il est facile de reconnoître cette carte par beaucoup de fautes chalcographiques, par l'explication des signes qu'on a oublié de traduire du françois en anglois, et par le mot *Océan* que l'on trouve inscrit au milieu des montagnes, dans un endroit où l'original porte: *Le plateau de Toluca est élevé de* 1400 *toises au-dessus du niveau de l'océan.* Le procédé de M. Arrowsmith est d'autant plus blâmable, que MM. Dalrymple, Rennell, d'Arcy de la Rochette, et tant d'autres excellens géographes que possède l'Angleterre, ne lui en ont donné l'exemple ni dans leurs cartes, ni dans les analyses qui les accompagnent. Les réclamations d'un voyageur doivent paroître justes, lorsque de simples copies de ses travaux se répandent sous des noms étrangers.

civilisation et la divison politique du pays. Il embrasse à la fois l'agriculture, les richesses minérales, les manufactures, le commerce, les finances, et la défense militaire de cette vaste contrée. En traitant ces différens objets de l'économie politique, j'ai tâché de les envisager sous un point de vue général; j'ai mis en parallèle la Nouvelle-Espagne, non seulement avec les autres colonies espagnoles et la confédération des États-Unis de l'Amérique septentrionale, mais aussi avec les possessions des Anglois en Asie; j'ai comparé l'agriculture des pays situés sous la zone torride à celle des climats tempérés; j'ai examiné la quantité de denrées coloniales dont l'Europe a besoin dans l'état actuel de sa civilisation. En traçant la description géognostique des districts des mines les plus riches du Mexique, j'ai présenté le tableau du produit minéral, de la population, des importations et des exportations de toute l'Amérique espagnole; enfin, j'ai abordé plusieurs questions qui, faute de données exactes, n'avoient pu être traitées jusqu'ici avec toute la profondeur qu'elles exigent, comme celles sur le flux et le reflux des richesses métalliques [1], sur leur accumu-

---

[1] Le voyage récent du *Major Zebulon Montgomery Pike* dans les provinces septentrionales du Mexique. (*Account of the Expeditions to the sources of the Missisipi and to the interior parts of New Spain. Philadelphia,* 1810) renferme des notions précieuses sur les rivières La Piatte et Arkansaw, ainsi que sur la haute chaîne de montagnes qui s'étend au nord du Nouveau-Mexique vers les sources de ces deux rivières: mais les nombreuses données statistiques que M. Pike a recueillies chez une nation dont il ignoroit la langue, sont le plus souvent très-inexactes. Selon cet auteur, la monnoie de Mexico fabrique annuellement 50 millions de piastres en argent et 14 millions en or; tandis qu'il est prouvé, par les tableaux imprimés annuellement par ordre de la Cour, et publiés dans mon *Essai politique*, que l'année où l'exploitation des mines mexicaines a été la plus active, le monnoyage ne s'est élevé qu'à 26,806,074 piastres en argent et à 1,359,814 piastres en or. M. Pike a déployé un noble courage dans une entreprise importante pour la connoissance de la Louisiane occiden-

INTRODUCTION. 37

lation progressive en Europe et en Asie, et sur la quantité d'or et d'argent que, depuis la découverte de l'Amérique jusqu'à nos jours, l'ancien continent a reçue du nouveau. L'introduction géographique placée à la tête de cet ouvrage renferme l'analyse des matériaux qui ont servi à rédiger l'Atlas mexicain.

VII. *Vues des Cordillères et Monumens des peuples indigènes du nouveau continent* [1]. Cet ouvrage est destiné à la fois à faire connoître quelques-unes

---

tale; mais dépourvu d'instrumens, et sévèrement surveillé pendant la route de Santa-Fe à Natchitoches, il n'a pu rien faire pour le perfectionnement de la géographie des *provincias internas*. Les cartes du Mexique qui se trouvent annexées à la relation de son voyage, sont des *réductions* de ma grande carte de la Nouvelle-Espagne, dont une copie étoit restée en 1804 à la Secrétairerie d'État de Washington.

[1] *Monum. Amer.*, un volume in-folio, avec 69 Planches, en partie coloriées et accompagnées de mémoires explicatifs. Cet ouvrage peut être considéré comme l'Atlas pittoresque de la Relation historique du Voyage. On en a réimprimé le texte en 2 vol. in-8.°, avec 19 planches.

des grandes scènes que présente la nature dans les hautes chaînes des Andes, et à jeter du jour sur l'ancienne civilisation des Américains, par l'étude de leurs monumens d'architecture, de leurs hiéroglyphes, de leur culte religieux et de leurs rêveries astrologiques. J'y ai décrit la construction des téocallis ou pyramides mexicaines, comparée à celle du temple de Bélus, les arabesques qui couvrent les ruines de Mitla, des idoles en basalte ornées de la Calantica des têtes d'Isis, et un nombre considérable de peintures symboliques représentant la femme au serpent, qui est l'Ève mexicaine, le déluge de Coxcox, et les premières migrations des peuples de race aztèque. J'ai tâché d'y démontrer les analogies frappantes qu'offrent le calendrier des Toltèques et les catastérismes de leur zodiaque, avec les divisions du temps des peuples tartares et tibétains, de même que les traditions mexicaines sur les quatre régénérations du globe, avec les pralayas, des Hindoux et les quatre âges d'Hésiode: j'y ai consigné aussi, outre les peintures hiéroglyphiques que j'ai rapportées en Europe, des fragmens de tous les manuscrits aztèques qui se trouvent à Rome, à Veletri, à Vienne et à Dresde, et dont le dernier rappelle, par des symboles linéaires, les kouas des Chinois. A côté de ces monumens grossiers des peuples de l'Amérique, se trouvent dans le même ouvrage les vues pittoresques du pays montueux, que ces peuples ont habité, comme celles de la cascade du Tequendama, du Chimborazo, du volcan de Jorullo et du Cayambé dont la cime pyramidale, couverte de glaces éternelles, est placée immédiatement sous la ligne équatoriale. Dans toutes les zones la configuration du sol, la physionomie des végétaux et l'aspect d'une nature riante ou sauvage influent sur les progrès des arts et sur le style qui distingue leurs productions; et cette influence est d'autant plus sensible, que l'homme est plus éloigné de la civilisation.

J'aurois pu ajouter à cet ouvrage des recherches sur le caractère des langues, qui sont les monumens les plus durables des peuples : j'ai recueilli sur celles de l'Amérique beaucoup de matériaux, dont MM. Frédéric Schlegel et Vater se sont servis, le premier dans ses *Considérations sur les Hindoux*, le second dans la continuation du *Mithridate d'Adelung*, dans le *Magasin ethnographique* et dans ses *Recherches sur la population du nouveau continent*. Ces matériaux se trouvent aujourd'hui entre les mains de mon frère, M. Guillaume de Humboldt, qui, pendant ses voyages en Espagne et pendant un long séjour à Rome, a formé la plus riche collection de vocabulaires américains, qui ait jamais existé. Comme il a des connoissances étendues sur les langues anciennes et modernes, il a été en état de faire des rapprochemens très-curieux sur cet objet important pour l'étude philosophique de l'histoire de l'homme. Je me flatte qu'une partie de son travail trouvera place dans cette relation.

De ces différens ouvrages dont je viens de faire ici l'énumération, le second et le troisième ont été rédigés par M. Bonpland, d'après des observations qu'il a consignées sur les lieux même dans un journal botanique. Ce journal contient plus de quatre mille descriptions méthodiques de plantes équinoxiales, dont un neuvième seulement ont été faites par moi : elles paroîtront dans un ouvrage particulier, sous le titre de *Nova genera et species plantarum*. On n'y trouvera pas seulement les nouvelles espèces que nous avons recueillies, et dont le nombre, d'après les recherches d'un des premiers botanistes du siècle, M. Willdenow, paroît s'élever à quatorze ou quinze cents [1], mais aussi les observations intéressantes que M. Bonpland a faites sur des végétaux imparfaitement décrits jusqu'à ce jour. Cet ouvrage, dont les figures seront gravées au simple trait, sera exécuté d'après la méthode suivie dans le *Specimen plantarum Novæ Hollandiæ* de M. Labillardière, qui offre un modèle de sagacité dans les recherches, et de clarté dans la rédaction.

Les observations astronomiques, géodésiques et barométriques que j'ai faites de 1799 à 1804, ont été calculées d'une manière uniforme, en employant des observations correspondantes et d'après les tables les plus précises, par M. Oltmanns, professeur d'Astronomie et membre de

---

[1] Une partie considérable de ces espèces se trouve déjà indiquée dans la seconde division de la quatrième partie du *Species plantarum* de Linnée, 4.ᵉ édition. Des Eryngium que nous avons rapportées de notre voyage, onze espèces nouvelles ont été gravées dans la belle Monographie de ce genre, publiée par M. de la Roche.

l'Académie de Berlin. Ce savant laborieux a bien voulu se charger de la publication de mon *Journal astronomique*, qu'il a enrichi des résultats de ses recherches sur la géographie de l'Amérique, sur les observations des voyageurs espagnols, françois et anglois, et sur le choix des méthodes employées par les astronomes. J'avois calculé, pendant le cours de mon voyage, les deux tiers de mes propres observations, dont les résultats ont été consignés en partie, avant mon retour, dans la *Connoissance des temps*, et dans les *Éphémérides de M. de Zach*. Les différences peu considérables qui se trouvent entre ces résultats et ceux auxquels s'est arrêté M. Oltmanns, proviennent de ce que ce dernier a soumis à un calcul plus rigoureux l'ensemble de mes observations, et qu'il s'est servi des tables lunaires de Bürg et d'observations correspondantes de Greenwich, tandis que je n'avois employé que la Connoissance des temps calculée d'après les tables de Masson.

Les observations que j'ai faites sur l'inclinaison de l'aiguille aimantée, l'intensité des forces magnétiques et les petites variations horaires de la déclinaison, paroîtront dans un mémoire particulier, qui sera joint à mon *Essai sur la Pasigraphie géologique.* Ce dernier ouvrage que j'ai commencé à rédiger à Mexico en 1803, offrira des coupes qui indiquent la superposition des roches dont nous avons observé le type, M. Léopold de Buch et moi, dans les deux continens, entre les 12° de latitude australe et les 71° de latitude boréale. En profitant des lumières de ce grand géologue qui a parcouru l'Europe, depuis Naples jusqu'au Cap-Nord en Laponie, et avec lequel j'ai eu le bonheur de faire mes premières études à l'école de Freiberg, j'ai pu étendre le plan d'un ouvrage destiné à répandre quelque jour sur la construction du globe et sur l'ancienneté relative des formations.

Après avoir distribué dans des ouvrages particuliers tout ce qui appartient à l'Astronomie, à la Botanique, à la Zoologie, à la description politique de la Nouvelle-Espagne et à l'Histoire de l'ancienne civilisation de quelques peuples du nouveau continent, il restoit encore un grand nombre de résultats généraux et de descriptions locales que j'aurois pu réunir dans des mémoires particuliers. Pendant le cours de mon voyage, j'en avois préparé plusieurs sur les races d'hommes de l'Amérique méridionale, sur les missions de l'Orénoque, sur les obstacles que le climat et la force de la végétation opposent aux progrès de la société dans la zone torride, sur le caractère du paysage dans la Cordillère des Andes comparé à celui des Alpes de la Suisse, sur les rapports que l'on observe entre les roches des deux hémisphères, sur la constitution physique de l'air dans les régions équinoxiales, etc. J'avois quitté l'Europe dans la ferme résolution de ne pas écrire ce que l'on est convenu d'appeler la relation historique d'un voyage, mais de publier le fruit de mes recherches dans des ouvrages purement descriptifs. J'avois rangé les faits, non dans l'ordre dans lequel ils s'étoient présentés successivement, mais d'après les rapports qu'ils ont entre eux. Au milieu d'une nature imposante, vivement occupé des phénomènes qu'elle offre à chaque pas, le voyageur est peu tenté de consigner dans ses journaux ce qui a rapport à lui-même et aux détails minutieux de la vie.

J'ai composé un itinéraire très-succinct pendant le cours de ma navigation sur les fleuves de l'Amérique méridionale ou dans de longs voyages par terre; j'ai aussi décrit assez régulièrement, et presque toujours sur les lieux mêmes, les excursions vers la cime d'un volcan ou de quelque autre montagne remarquable par son élévation : mais la rédaction de mon journal a été interrompue chaque fois que j'ai séjourné dans une ville, ou que d'autres occupations ne me permettoient pas de continuer un travail qui alors n'étoit pour moi que d'un intérêt secondaire. En m'y livrant, je n'avois d'autre but que de conserver quelques-unes de ces idées éparses qui se présentent à un physicien, dont presque toute la vie se passe en plein air, de réunir provisoirement une multitude de faits que je n'avois pas le temps de classer, et de décrire les premières impressions agréables ou pénibles que je recevois de la nature et des hommes. J'étois bien éloigné alors de croire que ces pages écrites avec précipitation feroient un jour la base d'un ouvrage étendu que j'offrirois au public; car il me sembloit que mon ouvrage, tout en fournissant quelques données utiles aux sciences, offroit cependant bien peu de ces incidens dont le récit fait le charme principal d'un itinéraire.

Les difficultés que j'ai éprouvées depuis mon retour, dans la rédaction d'un nombre considérable de mémoires destinés à faire connoître certaines classes de phénomènes, m'ont fait vaincre insensiblement mon extrême répugnance à écrire la relation de mon voyage. En m'imposant cette tâche, je me suis laissé guider par les conseils d'un grand nombre de personnes estimables qui m'honorent d'un intérêt particulier. J'ai même cru m'apercevoir que l'on accorde une préférence si marquée à ce genre de composition que des savans, après avoir présenté isolément leurs recherches sur les productions, les mœurs et l'état politique des pays qu'ils ont parcourus, ne semblent avoir aucunement satisfait à leurs engagemens envers le public, s'ils n'ont pas écrit leur itinéraire.

Une relation historique embrasse deux

objets très-distincts : les événemens plus ou moins importans qui ont rapport au but du voyageur, et les observations qu'il a faites pendant ses courses. Aussi l'unité de composition qui distingue les bons ouvrages d'avec ceux dont le plan est mal conçu, ne peut y être strictement conservée, qu'autant qu'on décrit d'une manière animée ce que l'on a vu de ses propres yeux, et que l'attention principale a été fixée, moins sur des observations de sciences que sur les mœurs des peuples et les grands phénomènes de la nature. Or le tableau le plus fidèle des mœurs est celui qui fait connoître le mieux les rapports qu'ont les hommes entre eux. Le caractère d'une nature sauvage ou cultivée se peint, soit dans les obstacles qui s'opposent au voyageur, soit dans les sensations qu'il éprouve. C'est lui que l'on désire voir sans cesse en contact avec les objets qui l'entourent, et son récit nous intéresse d'autant plus qu'une teinte locale est répandue sur la description du paysage et des habitans. Telle est la source de l'intérêt que présente l'histoire de ces premiers navigateurs, qui, moins guidés par leur science que par une noble intrépidité, luttèrent contre les élémens, en cherchant un nouveau monde dans des mers inconnues. Tel est le charme irrésistible qui nous attache au sort de cet homme entreprenant [1] qui, fort de son enthousiasme et de sa volonté, pénètre seul dans le centre de l'Afrique pour y découvrir, au milieu de la barbarie des peuples, les traces d'une ancienne civilisation.

A mesure que les voyages ont été faits par des personnes plus instruites, ou dirigés vers des recherches d'histoire naturelle descriptive, de géographie ou d'économie politique, les itinéraires ont perdu en partie cette unité de composition et cette

[1] M. Mungo Park.

naïveté qui distinguoient ceux des siècles antérieurs. Il n'est presque plus possible de lier tant de matériaux divers à la narration des événemens, et la partie qu'on peut nommer dramatique est remplacée par des morceaux purement descriptifs. Le grand nombre de lecteurs qui préfèrent un délassement agréable à une instruction solide n'a pas gagné à cet échange, et je crains qu'on ne soit très-peu tenté de suivre dans leurs courses ceux qui traînent avec eux un appareil considérable d'instrumens et de collections.

Pour que mon ouvrage fût plus varié dans les formes, j'ai interrompu souvent la partie historique par de simples descriptions. J'expose d'abord les phénomènes dans l'ordre où ils se sont présentés, et je les considère ensuite dans l'ensemble de leurs rapports individuels. Cette marche a été suivie avec succès dans le voyage de M. de Saussure, livre précieux qui, plus qu'aucun autre, a contribué à l'avancement des sciences, et qui, au milieu de discussions souvent arides sur la météorologie, renferme plusieurs tableaux pleins de charme, comme ceux de la vie des montagnards, des dangers de la chasse aux chamois, ou des sensations qu'on éprouve sur le sommet des hautes Alpes.

Il est des détails de la vie commune qu'il peut être utile de consigner dans un itinéraire, parce qu'ils servent à régler la conduite de ceux qui parcourent les mêmes contrées après nous. J'en ai conservé un petit nombre : mais j'ai supprimé la plupart de ces incidens personnels qui n'offrent pas un véritable intérêt de situation, et sur lesquels la perfection du style peut seule répandre de l'agrément.

Quant au pays qui a fait l'objet de mes recherches, je ne me dissimule pas les grands avantages qu'ont sur les voyageurs qui ont parcouru l'Amérique, ceux qui décrivent la Grèce, l'Égypte, les bords de l'Euphrate et les îles de l'Océan

Pacifique. Dans l'ancien monde, ce sont les peuples et les nuances de leur civilisasion qui donnent au tableau son caractère principal; dans le nouveau, l'homme et ses productions disparoissent, pour ainsi dire, au milieu d'une nature sauvage et gigantesque. Le genre humain n'y offre que quelques débris de hordes indigènes peu avancées dans la culture, ou cette uniformité de mœurs et d'institutions qui ont été transplantées sur des rives étrangères par des colons européens. Or ce qui tient à l'histoire de notre espèce, aux formes variées des gouvernemens, aux monumens des arts, à ces sites qui rappellent de grands souvenirs, nous touche bien plus vivement que la description de ces vastes solitudes qui ne paroissent destinées qu'au développement de la vie végétale et à l'empire des animaux. Les sauvages de l'Amérique qui ont été l'objet de tant de rêveries systématiques, et sur lesquels, de nos jours, M. de Volney a publié des observations pleines de sagacité et de justesse, inspirent moins d'intérêt, depuis que des voyageurs célèbres nous ont fait connoître ces habitans des îles de la mer du Sud dont le caractère offre un mélange frappant de douceur et de perversité. L'état de demi-civilisation dans lequel on trouve ces insulaires, donne un charme particulier à la description de leurs mœurs; tantôt c'est un roi qui, accompagné d'une suite nombreuse, vient offrir lui-même les fruits de son verger, tantôt c'est une fête funèbre qui se prépare au milieu d'une forêt. Ces tableaux ont sans doute plus d'attraits que ceux que présente la morne gravité des habitans du Missoury ou du Marañon.

Si l'Amérique n'occupe pas une place distinguée dans l'histoire du genre humain et des anciennes révolutions qui l'ont agité, elle offre un champ d'autant plus vaste aux travaux du physicien.

Nulle part ailleurs la Nature ne l'appelle plus vivement à s'élever à des idées générales sur la cause des phénomènes et sur leur enchaînement mutuel. Je ne citerai pas cette force de la végétation, cette fraîcheur éternelle de la vie organique, ces climats disposés par étages sur la pente des Cordillères, et ces fleuves immenses qu'un écrivain célèbre [1] nous a peints avec une admirable fidélité. Les avantages qu'offre le nouveau monde pour l'étude de la géologie et de la physique générale sont reconnus depuis long-temps. Heureux le voyageur qui peut se flatter d'avoir profité de sa position, et d'avoir ajouté quelques vérités nouvelles à la masse de celles que nous avons acquises!

Il est presque inutile que je rappelle ici ce que j'ai déjà indiqué dans la *Géographie des plantes* et dans le discours préliminaire placé à la tête des *Plantes*

---

[1] M. de Chateaubriand.

équinoxiales, qu'unis par les liens de l'amitié la plus intime tant pendant le cours de notre voyage que pendant les années qui l'ont suivi, nous publions en commun, M. Bonpland et moi, tous les ouvrages qui sont le fruit de nos travaux. J'ai tâché d'exposer les faits tels que nous les avons observés ensemble; mais cette relation ayant été rédigée d'après les notes que j'ai écrites sur les lieux, les inexactitudes qui peuvent se trouver dans mon récit ne doivent être attribuées qu'à moi seul.

Les observations que nous avons faites pendant le cours de notre voyage, ont été distribuées en six sections : la première embrasse la Relation historique; la seconde, la Zoologie et l'Anatomie comparée; la troisième, l'Essai politique sur le royaume de la Nouvelle-Espagne; la quatrième, l'Astronomie; la cinquième, la Physique et la Géologie, et la sixième, la Description des plantes nouvelles recueillies dans les deux Amériques. Les éditeurs ont déployé un zèle louable pour rendre ces ouvrages plus dignes de l'indulgence du public. Je ne saurois passer sous silence le frontispice placé à la tête de l'édition in-4°. de cet Itinéraire. M. Gérard, avec lequel j'ai le bonheur d'être lié depuis quinze ans, s'est plu à dérober pour moi quelques momens à ses travaux : je sens tout le prix de ce témoignage public de son estime et de son amitié.

J'ai cité avec soin dans cet ouvrage les personnes qui ont bien voulu me communiquer leurs observations : c'est dans l'Introduction même que je dois consigner l'expression de ma reconnoissance pour MM. Gay-Lussac et Arago, mes confrères à l'Institut, qui ont attaché leur nom à des travaux importans, et qui sont doués de cette élévation de caractère à laquelle devroit toujours conduire un amour ardent pour les siences. Ayant l'avantage de vivre avec eux dans l'union la plus étroite, j'ai pu les consulter journellement avec fruit sur des objets de chimie, de physique et de plusieurs branches des mathématiques appliquées. J'ai déjà eu occasion de citer, dans le Recueil de mes observations astronomiques, ce que je dois à l'amitié de M. Arago qui, après avoir terminé la mesure de la méridienne d'Espagne, a été exposé à des dangers si multipliés, et qui réunit les talens de l'astronome, du géomètre et du physicien. C'est avec M. Gay-Lussac que j'ai discuté plus particulièrement, au moment de mon retour, les différens phénomènes de météorologie et de géologie physique que j'ai recueillis dans mes voyages. Depuis huit ans nous avons presque constamment habité sous le même toit en France, en Allemagne ou en Italie : nous avons observé ensemble une des plus grandes éruptions du Vésuve; quelques travaux sur l'analyse chimique de l'atmosphère et sur les variations du magnétisme terrestre nous ont été communs. Ces circonstances m'ont mis dans le cas de profiter souvent des vues profondes et ingénieuses de ce chimiste, et de rectifier mes idées sur des objets que je traite dans la Relation historique de mon voyage.

Depuis que j'ai quitté l'Amérique, une de ces grandes révolutions qui agitent de temps en temps l'espèce humaine, a éclaté dans les colonies espagnoles ; elle semble préparer de nouvelles destinées à une population de quatorze millions d'habitans, en se propageant de l'hémisphère austral à l'hémisphère boréal, depuis les rives de la Plata et du Chili jusque dans le nord du Mexique. Des haines profondes, suscitées par la législation coloniale et entretenues par une politique défiante, ont fait couler le sang dans ces pays qui jouissoient, depuis trois siècles, je ne dirai pas du bonheur, mais d'une paix non interrompue. Déjà ont péri, à Quito, victimes de leur dévouement pour la patrie, les citoyens les plus vertueux et les plus éclairés. En décrivant des régions dont le souvenir m'est devenu si cher, je rencontre à chaque instant des lieux qui me rappellent la perte de quelques amis.

Lorsqu'on réfléchit sur les grandes agitations politiques du nouveau monde, on observe que les Espagnols Américains ne se trouvent pas dans une position aussi favorable que les habitans des Etats-Unis, préparés à l'indépendance par la longue jouissance d'une liberté constitutionnelle peu limitée. Les dissensions intérieures sont surtout à redouter dans des régions où la civilisation n'a pas jeté des racines très-profondes, et où, par l'influence du climat, les forêts regagnent bientôt leur empire sur les terres défrichées, mais abandonnées à elles-mêmes. Il est à craindre aussi que, pendant une longue suite d'années, aucun voyageur étranger ne puisse parcourir l'ensemble des provinces que j'ai visitées. Cette circonstance ajoute peut-être à l'intérêt d'un ouvrage qui présente l'état de la majeure partie des colonies espagnoles au commencement du dix-neuvième siècle. Je me flatte même, en me livrant à des idées plus douces, qu'il sera encore digne d'attention, lorsque les passions seront calmées, et que, sous l'influence d'un nouvel ordre social, ces pays auront fait des progrès rapides vers la prospérité publique. Si alors quelques pages de mon livre survivent à l'oubli, l'habitant des rives de l'Orénoque et de l'Atabapo verra avec ravissement que des villes populeuses et commerçantes, que des champs labourés par des mains libres occupent ces mêmes lieux où, à l'époque de mon voyage, on ne trouvoit que des forêts impénétrables ou des terrains inondés.

VOYAGE
AUX RÉGIONS ÉQUINOXIALES
DU
NOUVEAU CONTINENT.

LIVRE PREMIER.

CHAPITRE PREMIER.

Préparatifs. — Instrumens. — Départ d'Espagne. — Relâche aux îles Canaries.

Lorsqu'un gouvernement ordonne une de ces expéditions maritimes qui contribuent à la connoissance exacte du globe et à l'avancement des sciences physiques, rien ne s'oppose à l'exécution de ses desseins. L'époque du départ et la direction du voyage peuvent être fixées, dès que l'équipement des vaisseaux est terminé et que l'on a choisi les astronomes et les naturalistes destinés à parcourir des mers inconnues. Les îles et les côtes, dont ces voyageurs se préparent à examiner les productions, ne sont point soumises à l'influence de la politique européenne. S'il arrive que des guerres prolongées entravent la liberté de l'Océan, des passeports sont accordés mutuellement par les puissances belligérantes; les haines particulières se taisent quand il s'agit du progrès des lumières, qui est la cause commune de tous les peuples.

Il n'en est pas de même lorsqu'un simple particulier entreprend à ses frais un voyage dans l'intérieur d'un continent sur lequel l'Europe a étendu son système de colonisation. Le voyageur a beau méditer un plan qui lui paroît convenable, et pour l'objet de ses recherches, et pour l'état politique des contrées qu'il veut parcourir; il a beau réunir tous les moyens qui, loin de sa patrie, peuvent lui assurer pour long-temps une existence indépendante : souvent des obstacles imprévus s'opposent à ses desseins au moment même qu'il croit pouvoir les mettre en exécution. Peu de particuliers ont eu à combattre des difficultés plus nombreuses que celles qui se sont présentées à moi avant mon départ pour l'Amérique espagnole; j'aurois préféré n'en point faire le récit; et commencer cette relation par le voyage à la cime du Pic de Ténériffe, si mes premiers projets manqués n'avoient influé sensiblement sur la direction que j'ai donnée à mes courses depuis mon retour de l'Orénoque. J'exposerai donc avec rapidité ces événemens qui n'offrent aucun intérêt pour les sciences, mais que je désire présenter dans leur vrai jour. Comme la curiosité publique se porte souvent plus sur la personne des voyageurs que sur leurs ouvrages, on a défiguré d'une manière étrange [1] ce qui a rapport aux premiers plans que je m'étois tracés.

J'avois éprouvé, dès ma première jeunesse,

[1] Je dois faire observer, à cette occasion, que je n'ai jamais eu connoissance d'un ouvrage en six volumes qui a paru chez Vollmer à Hambourg, sous le titre bizarre de Voyage autour du monde et dans l'Amérique méridionale, par A. de Humboldt. Cette relation, faite en mon nom, a été rédigée, à ce qui paroît, d'après des notices publiées dans les journaux, et d'après des mémoires isolés que j'ai lus à la première classe de l'Institut. Le compilateur, pour fixer l'attention du public, a cru pouvoir donner à un Voyage dans quelques parties du nouveau continent le titre plus attrayant de Voyage autour du monde.

le désir ardent d'un voyage dans des régions lointaines et peu visitées par les Européens. Ce désir caractérise une époque de notre existence où la vie nous paroît comme un horizon sans bornes, où rien n'a plus d'attraits pour nous que les fortes agitations de l'ame et l'image des dangers physiques. Élevé dans un pays qui n'entretient aucune communication directe avec les colonies des deux Indes, habitant ensuite des montagnes éloignées des côtes, et célèbres par de nombreuses exploitations de mines, je sentis se développer progressivement en moi une vive passion pour la mer et pour de longues navigations. Les objets que nous ne connoissons que par les récits animés des voyageurs, ont un charme particulier : notre imagination se plaît à tout ce qui est vague et indéfini ; les jouissances dont nous nous voyons privés paroissent préférables à celles que nous éprouvons journellement dans le cercle étroit de la vie sédentaire. Le goût des herborisations, l'étude de la géologie, une course rapide faite en Hollande, en Angleterre et en France, avec un homme célèbre, M. George Forster, qui avoit eu le bonheur d'accompagner le capitaine Cook dans sa seconde navigation autour du globe, contribuèrent à donner une direction déterminée aux plans de voyages que j'avois formés à l'âge de dix-huit ans. Ce n'étoit plus le désir de l'agitation et de la vie errante, c'étoit celui de voir de près une nature sauvage, majestueuse, et variée dans ses productions ; c'étoit l'espoir de recueillir quelques faits utiles aux progrès des sciences qui appeloient sans cesse mes vœux vers ces belles régions situées sous la zone torride. Ma position individuelle ne me permettant pas d'exécuter alors des projets qui occupoient si vivement mon esprit, j'eus le loisir de me préparer pendant six ans aux observations que je devois faire dans le nouveau continent, de parcourir différentes parties de l'Europe, et d'étudier cette haute chaîne des Alpes, dont j'ai pu dans la suite comparer la structure à celle des Andes de Quito et du Pérou. Comme je travaillois successivement avec des instrumens de différentes constructions, je fixois mon choix sur ceux qui me paroissoient à la fois les plus précis et les moins sujets à se briser dans le transport ; j'eus occasion de répéter des

5*

mesures qui avoient été faites d'après les méthodes les plus rigoureuses, et j'appris à connoître par moi-même la limite des erreurs auxquelles je pouvois être exposé.

J'avois traversé une partie de l'Italie en 1795, mais je n'avois pu visiter les terrains volcaniques de Naples et de la Sicile. Je regrettois de quitter l'Europe avant d'avoir vu le Vésuve, Stromboli et l'Etna; je sentois que, pour bien juger d'un grand nombre de phénomènes géologiques, surtout de la nature des roches de formation trapéenne, il falloit avoir examiné de près les phénomènes qu'offrent les volcans qui sont encore en activité. Je me déterminai donc à retourner en Italie au mois de novembre 1797. Je fis un long séjour à Vienne, où de superbes collections de plantes exotiques et l'amitié de MM. de Jacquin et de M. Joseph Van der Schott me furent si utiles pour mes études préparatoires; je parcourus, avec M. Léopold de Buch qui, depuis, a publié un excellent ouvrage sur la Laponie, plusieurs cantons du pays de Salzbourg et de la Styrie, deux contrées également intéressantes pour le géologue et pour le peintre paysagiste : mais, au moment de passer les Alpes du Tyrol, les guerres qui agitoient alors l'Italie entière me forcèrent de renoncer au projet d'aller à Naples.

Peu de temps avant, un homme qui étoit passionné pour les beaux arts, et qui, pour en observer les monumens, avoit visité les côtes de l'Illyrie et de la Grèce, m'avoit proposé de l'accompagner dans un voyage de la Haute-Égypte. Cette excursion ne devoit durer que huit mois : munis d'instrumens astronomiques et accompagnés d'habiles dessinateurs, nous devions remonter le Nil jusqu'à Assouan, en examinant en détail la partie du Saïd comprise entre Tentyris et les Cataractes. Quoique mes vues n'eussent pas été fixées jusque là sur une région située hors des tropiques, je ne pouvois résister à la tentation de visiter des contrées si célèbres dans les fastes de la civilisation humaine. J'acceptai les propositions qui m'étoient faites, mais sous la condition expresse que, de retour à Alexandrie, je resterois libre de continuer seul mon voyage par la Syrie et la Palestine. Je donnai dès-lors à mes études une direction qui étoit conforme à ce nouveau projet, et dont j'ai profité dans la suite, en examinant les rapports qu'offrent les monumens barbares des Mexicains avec ceux des peuples de l'ancien monde. Je me croyois très-près du moment où je m'embarquerois pour l'Égypte, quand les événemens politiques me firent abandonner un plan qui me promettoit tant de jouissances. La situation de l'Orient étoit telle, qu'un simple particulier ne pouvoit espérer de suivre des travaux qui, même dans des temps plus paisibles, exposent souvent le voyageur à la méfiance des gouvernemens.

On préparoit alors en France une expédition de découvertes dans la mer du Sud, dont le commandement devoit être confié au capitaine Baudin. Le premier plan qu'on avoit tracé étoit grand, hardi, et digne d'être exécuté par un chef plus éclairé. L'expédition devoit visiter les possessions espagnoles de l'Amérique méridionale, depuis l'embouchure du Rio de la Plata jusqu'au royaume de Quito, et à l'isthme de Panama. Après avoir parcouru l'Archipel du Grand-Océan et reconnu les côtes de la Nouvelle-Hollande, depuis la terre de Diemen jusqu'à celle de Nuyts, les deux corvettes devoient relâcher

CHAPITRE I.

à Madagascar et revenir par le cap de Bonne-Espérance. J'étois arrivé à Paris au moment où l'on commençoit les préparatifs de ce voyage. J'avois peu de confiance dans le caractère personnel du capitaine Baudin, qui avoit donné des motifs de mécontentement à la cour de Vienne, lorsqu'il étoit chargé de conduire au Brésil un de mes amis, le jeune botaniste M. Van der Schott : mais comme je ne pouvois espérer de faire, par mes propres moyens, un voyage aussi étendu, et de voir une si belle partie du globe, je résolus de courir les chances de cette expédition. J'obtins la permission de m'embarquer, avec les instrumens que j'avois réunis, sur une des corvettes destinées pour la mer du Sud, et je me réservai la liberté de me séparer du capitaine Baudin lorsque je le jugerois convenable. M. Michaux, qui déjà avoit visité la Perse et une partie de l'Amérique septentrionale, et M. Bonpland, avec lequel je contractai les liens qui nous ont unis depuis, étoient destinés à suivre cette expédition comme naturalistes.

Je m'étois bercé pendant plusieurs mois de l'idée de partager des travaux dirigés vers un but si grand et si honorable, lorsque la guerre qui se ralluma en Allemagne et en Italie détermina le Gouvernement françois à retirer les fonds qu'il avoit accordés pour ce voyage de découvertes, et à l'ajourner à un temps indéfini. Cruellement trompé dans mes espérances, voyant se détruire en un seul jour les plans que j'avois formés pour plusieurs années de ma vie, je cherchai, comme au hasard, le moyen le plus prompt de quitter l'Europe, et de me jeter dans une entreprise qui pût me consoler de la peine que j'éprouvois.

Je fis la connoissance d'un consul de Suède, M. Skiöldebrand, qui, chargé par sa cour de porter des présens au dey d'Alger, passoit par Paris pour s'embarquer à Marseille. Cet homme estimable avoit résidé long-temps sur les côtes d'Afrique : comme il jouissoit d'une considération particulière près du gouvernement d'Alger, il pouvoit me procurer des facilités pour parcourir librement cette partie de la chaîne de l'Atlas qui n'avoit point été l'objet des intéressantes recherches de M. Desfontaines. Il expédioit annuellement un bâtiment pour Tunis, sur lequel s'embarquoient les pélerins de la Mecque, et il me promit de me faire passer, par la même voie, en Égypte. Je n'hésitai pas un moment à profiter d'une occasion si favorable, et je me croyois à la veille d'exécuter un plan que j'avois formé avant mon arrivée en France. Aucun minéralogiste n'avoit encore examiné cette haute chaîne de montagnes qui, dans l'empire de Maroc, s'élève jusqu'à la limite des neiges perpétuelles. Je pouvois être sûr qu'après avoir fait quelques travaux utiles dans la région alpine de la Barbarie, j'éprouverois, en Égypte, de la part des savans illustres qui se trouvoient depuis quelques mois réunis dans l'Institut du Caire, ces mêmes marques d'intérêt dont j'avois été comblé pendant mon séjour à Paris. Je complétai à la hâte la collection d'instrumens que je possédois, et je fis l'acquisition des ouvrages qui avoient rapport aux pays que j'allois visiter. Je me séparai d'un frère qui, par ses conseils et par son exemple, avoit exercé une grande influence sur la direction de mes pensées. Il approuvoit les motifs qui me déterminoient à m'éloigner de l'Europe; une voix secrète nous disoit que nous nous reverrions.

Cet espoir, qui n'a pas été trompé, adoucissoit la douleur d'une longue séparation. Je quittai Paris dans le dessein de m'embarquer pour Alger et pour l'Égypte : et, par l'effet de ces vicissitudes qui tiennent à toutes les choses de la vie, je revis mon frère en revenant du fleuve des Amazones et du Pérou, sans avoir touché le continent de l'Afrique.

La frégate suédoise, qui devoit conduire M. Skiöldebrand à Alger, étoit attendue à Marseille dans les derniers jours du mois d'octobre. Nous nous y rendîmes, M. Bonpland et moi, vers cette époque, avec d'autant plus de célérité que, pendant le voyage, nous étions sans cesse agités de la crainte d'arriver trop tard, et de manquer notre embarquement. Nous ne prévoyions pas alors les nouvelles contrariétés auxquelles nous nous trouvâmes bientôt exposés.

M. Skiöldebrand étoit aussi impatient que nous d'arriver au lieu de sa destination. Nous visitâmes plusieurs fois par jour la montagne de *Notre-Dame de la Garde*, d'où l'on jouit d'une vue étendue sur la Méditerranée. Chaque voile que l'on découvroit à l'horizon, nous causoit une vive émotion : mais après deux mois d'inquiétudes et de vaines attentes, nous apprîmes par les journaux que la frégate suédoise qui devoit nous conduire, avoit beaucoup souffert dans une tempête sur les côtes du Portugal, et que, pour se radouber, elle avoit été forcée d'entrer dans le port de Cadix. Des lettres particulières confirmèrent cette nouvelle, et nous donnèrent la certitude que le *Jaramas* (c'étoit le nom de la frégate) n'arriveroit pas à Marseille avant le commencement du printemps.

Nous ne nous sentions pas le courage de prolonger notre séjour en Provence jusqu'à cette époque. Le pays, et surtout le climat, nous paroissoient délicieux, mais l'aspect de la mer nous rappeloit sans cesse nos projets manqués. Dans une excursion que nous fîmes à Hyères et à Toulon, nous trouvâmes dans ce dernier port, appareillant pour l'île de Corse, la frégate *la Boudeuse*, qui avoit été commandée par M. de Bougainville dans son voyage autour du monde. Cet illustre navigateur m'avoit honoré d'une bienveillance particulière pendant mon séjour à Paris, lorsque je me préparois à suivre l'expédition du capitaine Baudin. Je ne saurois dépeindre l'impression que me fit la vue du bâtiment qui avoit conduit Commerson dans les îles de la mer du Sud. Il est des dispositions de l'ame dans lesquelles un sentiment douloureux se mêle à tout ce que nous éprouvons.

Nous persistâmes toujours dans l'idée de nous rendre sur les côtes de l'Afrique, et peu s'en fallut que cette persévérance ne nous devînt funeste. Il y avoit, à cette époque, dans le port de Marseille, un petit bâtiment ragusois prêt à faire voile pour Tunis. Il nous parut avantageux de profiter d'une occasion qui nous rapprochoit de l'Égypte et de la Syrie. Nous convinmes avec le capitaine du prix de notre passage : le départ fut fixé au lendemain; mais une circonstance peu importante en elle-même retarda heureusement ce départ. Les animaux qui devoient nous servir de nourriture pendant la traversée, étoient logés dans la grande chambre. Nous exigeâmes que l'on fît quelques arrangemens indispensables pour la commodité des voyageurs et pour la sûreté de nos instrumens. Pendant cet intervalle, on fut informé à Marseille que le gouvernement de Tunis sévissoit contre les François établis en Barbarie, et que tous les individus venant d'un port de France étoient jetés dans les cachots. Cette nouvelle nous fit échapper à un danger imminent ; nous nous vîmes forcés de suspendre l'exécution de nos projets, et nous résolûmes de passer l'hiver en Espagne, dans l'espoir de nous embarquer au printemps prochain, soit à Carthagène, soit à Cadix, si l'état politique de l'Orient le permettoit.

Nous traversâmes le royaume de Valence et la Catalogne pour nous rendre à Madrid. Nous visitâmes les ruines de Tarragone et celles de l'ancienne Sagonte : nous fîmes de Barcelone une excursion au Mont-Serrat[1], dont les pics élancés sont habités par des hermites, et qui, par le contraste d'une végétation vigoureuse et de masses de rochers nus et arides, offre un paysage d'un caractère particulier. J'eus occasion de fixer, par des moyens astronomiques, la position de plusieurs points importans pour la géographie

[1] M. Guillaume de Humboldt, qui a parcouru toute l'Espagne peu de temps après mon départ d'Europe, a donné la description de ce site dans les *Éphémérides géographiques de Weimar*, pour 1803.

de l'Espagne[1]; je déterminai, à l'aide du baromètre, la hauteur du plateau central[2], et je fis quelques observations sur l'inclinaison

---

[1] *Obs. astr.*, T. I, *Introduction*, p. xxxv-xxxvij, et Liv. I, p. 3-33. A cette époque, la latitude de Valence étoit encore incertaine de plusieurs minutes. Je trouvai pour la cathédrale (que Tofiño place par les 39° 26′ 30″) latitude, 39° 28′ 42″; et longitude, 0^h 11′ 0″,3. Quatre ans plus tard, le baron de la Puebla et M. Méchain fixèrent ce point par des hauteurs zénithales prises avec un cercle répétiteur, et par des occultations d'étoiles, à 39° 28′ 37″,6 en latitude, et à 0^h 11′ 0″,6 en longitude. A Murviedro (l'ancienne Sagonte), je déterminai la position des ruines du temple de Diane, près du couvent des Trinitaires. Ces ruines sont par les 39° 40′ 26″ de latitude, et les 0^h 10′ 34″ de longitude.

[2] Voyez ma Notice sur la configuration du sol de l'Espagne, dans l'Itinéraire de M. de La Borde, T. I, p. cxlvii. D'après M. Bauza, la hauteur moyenne du baromètre, à Madrid, est de 26 pouces 2,4 lignes, d'où résulte, selon la formule de M. La Place et le nouveau coëfficient de M. Ramond, que la capitale de l'Espagne est élevée de 309 toises (603^m) au-dessus du niveau de l'Océan. Ce résultat s'accorde assez bien avec celui qu'a obtenu Don Jorge Juan, et que M. de Lalande a publié, et d'après lequel la hauteur de Madrid au-dessus du niveau de Paris est de 294 toises.

de l'aiguille aimantée et sur l'intensité des forces magnétiques. Les résultats de ces observations ont été publiés séparément, et je n'entrerai dans aucun détail sur l'histoire physique d'un pays dans lequel je n'ai séjourné que six mois, et qui, récemment, a été parcouru par tant de voyageurs instruits.

Arrivé à Madrid, j'eus bientôt occasion de me féliciter de la résolution que nous avions prise de visiter la péninsule. Le baron de Forell, ministre de la cour de Saxe près de celle d'Espagne, me témoigna une amitié qui me devint infiniment utile. Il réunissoit des connoissances étendues en minéralogie à l'intérêt le plus pur pour des entreprises propres à favoriser le progrès des lumières. Il me fit entrevoir que, sous l'administration d'un

(*Mém. de l'Acad.*, 1776, p. 148.) La montagne la plus élevée de toute la péninsule n'est pas le Mont-Perdu, comme on l'a cru jusqu'ici, mais le *Mulahacen* qui fait partie de la Sierra Nevada de Grenade. Ce Pic, d'après le nivellement géodésique de Don Clemente Roxas, a 1824 toises de hauteur absolue, tandis que le Mont-Perdu, dans les Pyrénées, n'a que 1763 toises. Près du Mulahacen se trouve situé le *Pico de Veleta* élevé de 1781 toises.

ministre éclairé, le chevalier Don Mariano Luis de Urquijo, je pouvois espérer d'obtenir la permission de visiter à mes frais l'intérieur de l'Amérique espagnole. Après toutes les contrariétés que je venois d'éprouver, je n'hésitai pas un instant de suivre cette idée.

Je fus présenté à la cour d'Aranjuez, au mois de mars 1799. Le roi daigna m'accueillir avec bonté. Je lui exposai les motifs qui m'engageoient à entreprendre un voyage au nouveau continent et aux îles Philippines, et je présentai un memoire sur cet objet à la secrétairerie d'état. Le chevalier d'Urquijo appuya ma demande, et parvint à aplanir tous les obstacles. Le procédé de ce ministre fut d'autant plus généreux que je n'avois aucune liaison personnelle avec lui. Le zèle qu'il a constamment montré pour l'exécution de mes projets, n'avoit d'autre motif que son amour pour les sciences. C'est à la fois un devoir et une satisfaction pour moi de consigner dans cet ouvrage le souvenir des services qu'il m'a rendus.

J'obtins deux passeports, l'un du premier secrétaire d'état, l'autre du conseil des Indes. Jamais permission plus étendue n'avoit été accordée à un voyageur ; jamais étranger n'avoit été honoré de plus de confiance de la part du gouvernement espagnol. Pour dissiper tous les doutes que les vice-rois ou les capitaines généraux, représentant l'autorité royale en Amérique, pourroient élever sur la nature de mes travaux, le passeport de la *primera secretaria de estado* portoit « que « j'étois autorisé à me servir librement de « mes instrumens de physique et de géodésie ; « que je pouvois faire, dans toutes les pos- « sessions espagnoles, des observations astro- « nomiques ; mesurer la hauteur des mon- « tagnes ; recueillir les productions du sol, et « exécuter toutes les opérations que je juge- « rois utiles à l'avancement des sciences[1]. »

[1] *Ordena S. M. a los capitanes generales, comandantes, gobernadores, yntendentes, corregidores y demas justicias no impidan por ningun motivo la conduccion de los instrumentos de fisica, quimica, astronomia y matematicas, ni el hacer en todas las possessiones ultramarinas las observaciones y experimentos que jusgue utiles, como tampoco el colectar libremente plantas, animales, semillas y minerales, medir la altura de los montes, examinar la naturaleza de estos y hacer observaciones astronomicas y descubrimentos utiles para el progresso de las ciencias : pues por el*

Ces ordres de la cour ont été strictement suivis, même après les événemens qui ont forcé M. d'Urquijo de quitter le ministère. De mon côté j'ai tâché de répondre à des marques d'un intérêt si constant. J'ai présenté, pendant mon séjour en Amérique, aux gouverneurs des provinces, la copie des matériaux que j'avois recueillis et qui pouvoient intéresser la métropole en répandant quelque lumière sur la géographie et la statistique des colonies. Conformément à l'offre que j'en avois faite avant mon départ, j'ai adressé plusieurs collections géologiques au Cabinet d'histoire naturelle de Madrid. Comme le but de notre voyage étoit purement scientifique, nous avons réussi, M. Bonpland et moi, à nous concilier à la fois la bienveillance des colons et celle des Européens chargés de l'administration de ces vastes contrées. Pendant les cinq ans que nous avons parcouru le nouveau continent, nous n'avons pas aperçu le moindre signe de défiance. Il m'est doux

contrario quiere el Rey que todas las personas a quienes corresponda, den al B. de Hamboldt todo el favor, auxilio y proteccion que necessite. (*De Aranjuez, 7 de mayo 1799.*)

de rappeler ici, qu'au milieu des privations les plus pénibles, et luttant contre des obstacles qui naissent de l'état sauvage de ces pays, nous n'avons jamais eu à nous plaindre de l'injustice des hommes.

Plusieurs considérations auroient dû nous engager à prolonger notre séjour en Espagne. L'abbé Cavanilles, aussi remarquable par la variété de ses connoissances que par la finesse de son esprit, M. Née, qui, conjointement avec M. Hænke, avoit suivi comme botaniste l'expédition de Malaspina, et qui lui seul a formé un de plus grands herbiers que l'on ait jamais vus en Europe, Don Casimir Ortega, l'abbé Pourret, et les savans auteurs de la Flore du Pérou, MM. Ruiz et Pavon, nous ouvrirent sans réserve leurs riches collections. Nous examinâmes une partie des plantes du Mexique, découvertes par MM. Sesse, Mociño et Cervantes, et dont les dessins avoient été envoyés au Muséum d'histoire naturelle de Madrid. Ce grand établissement, dont la direction étoit confiée à M. Clavijo, auteur d'une élégante traduction des ouvrages de Buffon, ne nous offrit, il est vrai, aucune suite géologique des Cordillères; mais M. Proust, si connu par l'extrême précision de ses travaux chimiques, et un minéralogiste distingué, M. Hergen, nous donnèrent des renseignemens curieux sur plusieurs substances minérales de l'Amérique. Il auroit été utile pour nous d'étudier plus long-temps les productions des pays qui devoient être le but de nos recherches, mais nous étions trop impatiens de profiter de la permission que la cour venoit de nous accorder pour retarder notre départ. Depuis un an j'avois éprouvé tant de difficultés que j'eus de la peine à me persuader que mes vœux les plus ardens seroient enfin remplis.

Nous quittâmes Madrid vers le milieu du mois de mai. Nous traversâmes une partie de la vieille Castille, le royaume de Léon et la Galice, et nous nous rendîmes à la Corogne, où nous devions nous embarquer pour l'île de Cuba. L'hiver ayant été très-rude et très-prolongé, nous jouîmes pendant le voyage de cette douce température du printemps qui, sous une latitude si méridionale, n'appartient ordinairement qu'aux mois de mars et d'avril. Les neiges couvroient encore les hautes cimes granitiques de la Guadarama;

mais dans les vallées profondes de la Galice qui rappellent les sites les plus pittoresques de la Suisse et du Tyrol, des Cistes chargés de fleurs, et des bruyères arborescentes tapissoient tous les rochers. On quitte sans regret le plateau des Castilles, qui presque partout est dénué de végétation, et sur lequel on éprouve un froid assez rigoureux en hiver, et une chaleur accablante en été. D'après les observations peu nombreuses que j'ai pu faire par moi-même, l'intérieur de l'Espagne forme une vaste plaine qui, élevée de trois cents toises (584^m.) au-dessus du niveau de l'Océan, est couverte de formations secondaires, de grès, de gypse, de sel gemme et de la pierre calcaire du Jura. Le climat des Castilles est beaucoup plus froid que celui de Toulon et Gênes; car sa température moyenne s'élève à peine à 15° du thermomètre centigrade[1]. On

---

[1] Chaque fois que, dans cet ouvrage, le contraire n'est pas expressément indiqué, les variations de la température sont exprimées d'après l'échelle centigrade du thermomètre à mercure; mais, pour éviter les erreurs qui peuvent naître des réductions des différentes échelles et de la suppression fréquente des fractions décimales, j'ai fait imprimer les observations

est étonné de voir que, sous la latitude de la Calabre, de la Thessalie et de l'Asie mineure, les Orangers ne viennent point en plein air¹. Le plateau central est entouré d'une zone basse et étroite, où végètent, sur plusieurs points, sans souffrir des rigueurs de l'hiver, le Chamærops, le Dattier, la Canne à sucre, le Bananier et beaucoup de plantes communes à l'Espagne et à l'Afrique septentrionale. Sous les 36 à 40 degrés de latitude, la température moyenne de cette zone est de 17 à 20 degrés; et, par une réunion de circonstances qu'il seroit trop long de développer ici, cette région heureuse est devenue le siége principal de l'industrie et de la culture intellectuelle.

partielles telles que les a données l'instrument dont je me suis servi. J'ai cru devoir suivre, sous ce rapport, la marche adoptée par l'illustre auteur de la *Base du Système métrique*.

¹ Comme dans le cours de cette Relation historique il est souvent question de l'influence de la température moyenne sur le développement de la végétation et les produits de l'agriculture, il sera utile de consigner ici les données suivantes, fondées sur des observations précises et propres à fournir des termes de comparaison. J'ai ajouté un astérisque aux noms des villes dont le climat est singulièrement modifié, soit par leur

CHAPITRE I. 87

En remontant dans le royaume de Valence, des bords de la Méditerranée vers les hautes plaines de la Manche et des Castilles, on croit reconnoître fort en avant dans les terres, dans

élévation au-dessus du niveau de l'Océan, soit par d'autres circonstances indépendantes de la latitude.

	Latitude.	Temp. moy.	
Umeo......	63° 50′	0°,7	(Næzen et Buch).
Pétersbourg*..	59° 56′	3°,8	(Euler). Posit. très-orient.
Upsal.......	59° 51′	5°,5	(Buch).
Stockholm...	59° 20′	5°,7	(Wargentin).
Copenhague..	55° 41′	7°,6	(Bugge).
Berlin.......	52° 31′	8°,1	
Paris........	48° 50′	10°,7	(Bouvard), moyen. de 7 ans.
Genève*....	46° 12′	10°,1	Hauteur, 396 m.
Marseille....	43° 17′	14°,5	Saint-Jacques.
Toulon*....	43° 3′	17°,5	Des montagnes au nord.
Rome.......	41° 53′	15°,7	(Guillaume de Humboldt).
Naples......	40° 50′	18°,0	
Madrid*.....	40° 25′	15°,0	Hauteur, 603 m.
Mexico*.....	19° 25′	17°,0	Hauteur, 2277 m.
Vera-Cruz*..	19° 11′	25°,4	Côte aride. Sables.
Équateur au niveau de l'Océan....	0° 0′	27°,0	
Quito*......	0° 14′	15°,0	Hauteur, 2908 m.

Cette table diffère légèrement de celle que j'ai donnée dans l'Introduction de la *Chimie de Thomson*, T. I, p. 99, et qui n'a pas été construite sur des observations également précises.

des escarpemens prolongés, l'ancienne côte de la péninsule. Ce phénomène curieux rappelle les traditions des Samothraces, et d'autres témoignages historiques, d'après lesquels on suppose que l'irruption des eaux par les Dardanelles, en agrandissant le bassin de la Méditerranée, a déchiré et englouti la partie australe de l'Europe. Si l'on admet que ces traditions doivent leur origine, non à de simples rêveries géologiques, mais au souvenir d'une ancienne catastrophe, on voit le plateau central de l'Espagne résister aux effets de ces grandes inondations, jusqu'à ce que l'écoulement des eaux par le détroit, formé entre les colonnes d'Hercule, ait fait baisser progressivement le niveau de la Méditerranée, et reparoître, au-dessus de sa surface, d'un côté la Basse-Égypte, et de l'autre les plaines fertiles de Tarragone, de Valence et de Murcie. Tout ce qui tient à la formation de cette mer[1], dont l'existence a

---

[1] *Diodor. Sicul., ed. Wesseling. Amstelodam.*, 1746, Lib. IV, C. xviii, p. 336. Lib. V, C. xlvii, p. 369. *Dionys. Halicarn., ed. Oxon.*, 1704, Lib. I, C. lxi, p. 49. *Aristot. Opp. omn., ed. Casaub. Lugdun.*, 1590. *Meteorolog.*, Lib. I, C. xiv, T. I, p. 336. *H. Strabo*

influé si puissamment sur la première civilisation de l'espèce humaine, offre un intérêt particulier. On pourroit croire que l'Espagne, formant un promontoire au milieu des mers, a dû sa conservation physique à la

Geogr., ed. *Thomas Falconer.* Oxon. 1807, T. I, p. 76 et 83. (*Tournefort, Voyage au Levant,* p. 124. *Pallas, Voyage en Russie,* T. V, p. 195. *Choiseul-Gouffier, Voyage pittoresque,* T. II, p. 116. *Dureau de la Malle, Géographie physique de la mer Noire,* p. 157, 196 et 341. *Olivier, Voyage en Perse,* T. III, p. 130. *Meiners über die Verschiedenheiten der Menschennaturen,* p. 118). Parmi les géographes anciens, les uns, comme Straton, Ératosthènes et Strabon, pensoient que la Méditerranée, enflée par les eaux du Pont-Euxin, des Palus Méotides, de la mer Caspienne et du lac Aral, avoit brisé les colonnes d'Hercule; les autres, comme Pomponius Mela, admettoient que l'irruption s'étoit faite par les eaux de l'Océan. Dans la première de ces hypothèses, la hauteur du sol entre la mer Noire et la Baltique, et entre les ports de Cette et de Bordeaux, détermine la limite que l'accumulation des eaux peut avoir atteinte avant la réunion de la mer Noire, de la Méditerranée et de l'Océan, tant au nord des Dardanelles qu'à l'est de cette langue de terre qui unissoit jadis l'Europe à la Mauritanie, et dont, du temps de Strabon, il existoit encore des vestiges dans les îles de Junon et de la Lune.

hauteur de son sol; mais, pour donner du poids à ces idées systématiques, il faudroit éclaircir les doutes qu'on a élevés sur la rupture de tant de digues transversales; il faudroit discuter la probabilité que la Méditerranée ait été divisée jadis en plusieurs bassins séparés, dont la Sicile et l'île de Candie paroissent marquer les anciennes limites. Nous ne hasarderons pas ici de résoudre ces problèmes, et nous nous contenterons d'appeler l'attention sur le contraste frappant qu'offre la configuration du sol dans les extrémités orientales et occidentales de l'Europe. Entre la Baltique et la mer Noire, le terrain est aujourd'hui à peine élevé de 50 toises au-dessus du niveau de l'Océan, tandis que le plateau de la Manche, placé entre les sources du Niémen et du Borysthène, figureroit comme un groupe de montagnes d'une hauteur considérable. S'il est intéressant de rappeler les causes qui peuvent avoir changé la surface de notre planète, il est plus sûr de s'occuper des phénomènes tels qu'ils se présentent aux mesures et à l'observation du physicien.

D'Astorga à la Corogne, surtout depuis Lugo, les montagnes s'élèvent graduellement.

Les formations secondaires disparoissent peu à peu, et les roches de transition qui leur succèdent annoncent la proximité des terrains primitifs. Nous trouvâmes des montagnes considérables composées de ce grès ancien, que les minéralogistes de l'École de Freiberg désignent par les noms de *Grauwakke* et de *Grauwakkenschiefer*. J'ignore si cette formation, qui n'est pas fréquente dans le midi de l'Europe, a déjà été découverte dans quelque autre partie de l'Espagne. Des fragmens anguleux de pierre lydique épars dans les vallées sembloient nous annoncer que le chiste de transition sert de base aux couches de Grauwakke. Près de la Corogne même s'élèvent des cimes granitiques qui se prolongent jusqu'au cap Ortegal. Ces granits, qui paroissent avoir été contigus jadis à ceux de la Bretagne et de Cornouaille, sont peut-être les débris d'une chaîne de montagnes détruites et submergées par les flots. De grands et beaux cristaux de feldspath caractérisent cette roche : la mine d'étain commune s'y trouve disséminée, et devient, pour les habitans de la Galice, l'objet d'une exploitation pénible et peu lucrative.

Arrivés à la Corogne, nous trouvâmes ce port bloqué par deux frégates et un vaisseau anglois. Ces bâtimens étoient destinés à interrompre la communication entre la métropole et les colonies de l'Amérique; car c'est de la Corogne, et non de Cadix, que partoient, à cette époque, tous les mois, un *paquet-bot* (*correo maritimo*) pour la Havane, et tous les deux mois un autre pour Buenos-Ayres, ou l'embouchure du Rio de la Plata. Je donnerai dans la suite une notion exacte de l'état des postes dans le nouveau continent. Il suffit de remarquer ici que, depuis le ministère du comte Florida-Blanca, le service des *courriers de terre* a été si bien organisé, que par eux seuls un habitant du Paraguay ou de la province de Jaen de Bracamoros[1] peut correspondre assez régulièrement avec un habitant du Nouveau-Mexique ou des côtes de la Nouvelle-Californie, sur une distance égale à celle qu'il y a de Paris à Siam, ou de Vienne au cap de Bonne-Espérance. De même, une lettre confiée à la poste, dans une petite ville

[1] Sur les rives de l'Amazone.

de l'Aragon, arrive au Chili ou dans les missions de l'Orénoque, pourvu qu'on indique, d'une manière bien précise, le nom du *coregimiento* ou district qui comprend le village indien auquel cette lettre doit parvenir. On se plaît à rappeler des institutions que l'on peut regarder comme un des plus grands bienfaits de la civilisation moderne. L'établissement des courriers maritimes et celui des courriers de l'intérieur ont mis les colonies dans une relation plus intime entre elles et avec la mère-patrie. La circulation des idées est devenue plus rapide; les plaintes des colons se sont fait entendre plus facilement en Europe, et l'autorité suprême a réussi quelquefois à réprimer des vexations qui, par l'éloignement des lieux, lui seroient restées à jamais inconnues.

Le ministre, premier secrétaire d'état, nous avoit recommandés très-particulièrement au brigadier Don Rafael Clavijo qui depuis peu étoit chargé de la direction générale des courriers maritimes. Cet officier, avantageusement connu par son talent pour la construction des vaisseaux, étoit occupé à établir de nouveaux chantiers à la Corogne.

Il ne négligea rien pour nous rendre agréable le séjour que nous fîmes dans ce port, et il nous conseilla de nous embarquer sur la corvette [1] le *Pizarro*, qui étoit destinée pour la Havane et le Mexique. Ce bâtiment, chargé de la correspondance du mois de juin, devoit faire voile conjointement avec l'*Alcudia*, le paquet-bot du mois de mai, qui, à cause du blocus, étoit depuis trois semaines retenu dans le port. Le Pizarro n'étoit pas réputé grand marcheur ; mais, favorisé par un hasard heureux, il avoit échappé à la poursuite des bâtimens anglois, dans la longue navigation qu'il venoit d'exécuter du Rio de la Plata à la Corogne. M. Clavijo ordonna qu'on fît, à bord de cette corvette, les arrangemens convenables pour placer nos instrumens, et pour nous faciliter les moyens de tenter, pendant la traversée, des expériences chimiques sur l'air. Le capitaine du Pizarro reçut ordre de s'arrêter à Ténériffe, le temps que nous jugerions nécessaire pour visiter le port de l'Orotava, et pour monter à la cime du Pic.

[1] D'après la terminologie espagnole, le Pizarro étoit une frégate légère (*fragata lijera*).

Nous n'eûmes à attendre notre embarquement que dix jours, et ce délai nous parut encore bien long. Nous nous occupâmes, pendant cet intervalle, à préparer les plantes recueillies dans les belles vallées de la Galice, qu'aucun naturaliste n'avoit encore visitées : nous examinâmes les fucus et les mollusques que la grosse mer du Nord-Ouest jette abondamment au pied du rocher escarpé sur lequel est construite la vigie de la Tour d'Hercule. Cette tour, appelée aussi la *Tour de Fer*, a été restaurée en 1788. Sa hauteur est de quatre-vingt-douze pieds : ses murs ont quatre pieds et demi d'épaisseur, et sa construction prouve incontestablement qu'elle est l'ouvrage des Romains. Une inscription trouvée près de ses fondemens, et dont je dois la copie à l'obligeance de M. de Laborde, nous apprend que ce phare a été construit par Caius Sevius Lupus, architecte de la ville d'*Aqua flavia* (Chaves), et qu'il étoit dédié à Mars. Pourquoi la Tour de Fer porte-t-elle dans ce pays le nom d'Hercule ? Les Romains l'auroient-ils bâtie sur les ruines d'un édifice grec ou phénicien ? Strabon affirme en effet que la Galice, le pays des Gallæci, avoit été peuplée par des colonies grecques. D'après une notice tirée de la géographie d'Espagne d'Asclépiades le Myrléen, une tradition antique portoit que les compagnons d'Hercule s'étoient établis dans ces contrées [1].

Je fis les observations nécessaires pour constater la marche du garde-temps de Louis Berthoud, et je vis avec satisfaction qu'il n'avoit pas changé son retard diurne, malgré les secousses auxquelles il avoit été exposé pendant le trajet de Madrid à la Corogne. Cette circonstance étoit d'autant plus importante, qu'il existoit beaucoup d'incertitude sur la véritable longitude du Ferrol, ville dont le centre se trouve de 10′ 20″ à l'est de la Tour d'Hercule de la Corogne. Une occultation d'Aldebaran, et une longue suite d'éclipses de satellites de Jupiter, observées par l'amiral Mazarredo et calculées par Méchain, sembloient prouver que, dans l'Atlas

---

[1] *Strabo, ed. Casaub. Lutet. Par.*, 1620, Lib. III, p. 157. Les Phéniciens et les Grecs visitoient les côtes de la Galice (*Gallæcia*), à cause du commerce de l'étain qu'ils tiroient de ce pays comme des îles Cassitérides. *Strabo*, Lib. III, p. 147. *Plin.*, Lib. XXXIV, Cap. XVI.

maritime de Tofiño, qui est d'ailleurs si exact pour l'indication des distances partielles, les positions absolues de la Corogne et du Ferrol étoient fausses de deux à trois lieues marines. Mon garde-temps ajouta à ces doutes en déposant contre les opérations de Tofiño. Je trouvai[1] l'observatoire de la marine du Ferrol, de $0^h 42' 21''$ à l'ouest de Paris. La moyenne de toutes les observations faites par des astronomes espagnols, et publiées récemment par M. Espinosa, donne $0^h 41' 21'',5$. J'ai déjà fait observer ailleurs que, beaucoup d'expéditions étant sorties de ce dernier port, la fausse position qui lui a été attribuée, a influé désavantageusement sur les longitudes de plusieurs

---

[1] *Obsev. astron., Introd.,* p. xxxvi, Tom. I, p. 24 et 33. *Espinosa, Memorias sobre las observaciones astron. hechas por los navegantes españoles*, 1809, Tom. I, p. 23. Si l'on suppose que mon chronomètre n'a pas augmenté son retard diurne pendant le voyage de Madrid à la Corogne, ce qui seroit contraire aux expériences directes faites à Marseille, la longitude du Ferrol sera encore de $23''$ en temps plus grande que celle à laquelle s'est arrêté M. Tofiño.

villes de l'Amérique, déterminées, non par des observations absolues, mais par le seul transport du temps. Les montres marines, tout en étendant la masse de nos connoissances géographiques, contribuent souvent à propager l'erreur dont est affectée la longitude du point de départ, parce qu'elles rendent dépendant de ce seul point le gisement des côtes dans les régions les plus éloignées.

Le port du Ferrol et celui de la Corogne communiquent avec une même baie, de sorte qu'un bâtiment qui, par un mauvais temps, est chargé sur la terre, peut mouiller dans l'un ou l'autre de ces ports, selon que le vent le lui permet. Cet avantage est inappréciable dans les parages où la mer est presque constamment grosse et houleuse, comme entre le cap Ortegal et le cap Finistère qui sont les promontoires Trileucum et Artabrum[1] des geographes anciens. Un canal étroit, bordé de rochers granitiques coupés à pic, conduit au vaste bassin du Ferrol. L'Europe entière n'offre pas un mouillage

---

[1] Ptolémée cite le port des Artabres: *Geogr.*, Lib. II, Cap. VI. (*Bertii Theatr. geograph. vet. Amstel.,* 1618, p. 34.)

si extraordinaire, sous le rapport de sa position avancée dans l'intérieur des terres. On diroit que cette passe étroite et tortueuse, par laquelle les vaisseaux entrent dans le port, a été ouverte, soit par l'irruption des flots, soit par les secousses répétées des tremblemens de terre les plus violens. Dans le nouveau monde, sur les côtes de la Nouvelle-Andalousie, la *Laguna del Obispo, lac de l'Évêque*, offre exactement la même forme que le port du Ferrol. Les phénomènes géologiques les plus curieux se trouvent répétés à de grandes distances sur la surface des continens; et les physiciens qui ont eu occasion d'examiner diverses parties du globe, sont frappés de la ressemblance extrême que l'on observe dans le déchirement des côtes, dans les sinuosités des vallées, dans l'aspect des montagnes, et dans leur distribution par groupes. Le concours accidentel des mêmes causes a dû produire partout les mêmes effets ; et, au milieu de cette variété que présente la nature, une analogie de structure et de formes s'observe dans l'arrangement des matières brutes comme dans l'organisation intérieure des plantes et des animaux.

Pendant la traversée de la Corogne au Ferrol, sur un bas-fond, près du *Signal blanc*, dans la baie qui, selon d'Anville, est le *Portus magnus* des anciens, nous fîmes, au moyen d'une sonde thermométrique à soupapes, quelques expériences sur la température de l'Océan et sur le décroissement du calorique dans les couches d'eau superposées les unes aux autres. L'instrument montra, sur le banc, à la surface, 12°,5 à 13°,3 centigrades ; tandis que, partout ailleurs où la mer étoit très-profonde, le thermomètre marquoit 15° ou 15°,3, l'air étant à 12°,8. Le célèbre Franklin et M. Jonathan Williams, auteur de l'ouvrage qui a paru à Philadelphie, sous le titre de *Navigation thermométrique*, ont fixé les premiers l'attention des physiciens sur les phénomènes qu'offre la température de l'Océan, au-dessus des bas-fonds et dans cette zone d'eaux chaudes et courantes, qui, depuis le golfe du Mexique, se porte au banc de Terre-Neuve et aux côtes septentrionales de l'Europe. L'observation, que la proximité d'un banc de sable est indiquée par un abaissement rapide de la température de la mer à sa surface, n'intéresse pas seulement la physique, elle peut aussi devenir très-importante pour la sûreté de la navigation. L'usage du thermomètre ne doit certainement pas faire négliger celui de la sonde ; mais des expériences que je citerai dans le cours de cette Relation, prouvent suffisamment que des variations de température, sensibles pour les instrumens les plus imparfaits, annoncent le danger, long-temps avant que le vaisseau se trouve sur les hauts-fonds. Dans ce cas, le refroidissement de l'eau peut engager le pilote à jeter la sonde dans des parages où il se croyoit dans la plus parfaite sécurité. Nous examinerons, dans un autre endroit, les causes physiques de ces phénomènes compliqués ; il suffit de rappeler ici que les eaux qui couvrent les hauts-fonds, doivent en grande partie la diminution de leur température à leur mélange avec les couches d'eau inférieures qui remontent vers la surface sur les acores des bancs.

Une grosse mer du nord-ouest nous empêcha de continuer, dans la baie du Ferrol, nos expériences sur la température de l'Océan. La grande élévation des lames étoit l'effet d'un vent impétueux qui avoit soufflé au large, et par lequel les vaisseaux anglois avoient été forcés de s'éloigner de la côte. On voulut profiter de cette occasion pour mettre dehors; on embarqua sur-le-champ nos instrumens, nos livres et le reste de nos effets; mais le vent d'ouest, qui fraîchit de plus en plus, ne nous permit pas de lever l'ancre. Nous profitâmes de ce délai pour écrire à nos amis en Allemagne et en France. Le moment où, pour la première fois, on quitte l'Europe, a quelque chose d'imposant. On a beau se rappeler de la fréquence des communications entre les deux mondes, on a beau réfléchir sur l'extrême facilité avec laquelle, par le perfectionnement de la navigation, on traverse l'Atlantique, qui, comparée au Grand-Océan, n'est qu'un bras de mer de peu de largeur; le sentiment qu'on éprouve en entreprenant un premier voyage de long cours n'en est pas moins accompagné d'une émotion profonde. Il ne ressemble à aucune des impressions que nous avons reçues dès notre première jeunesse. Séparés des objets de nos plus chères affections, entrant pour ainsi dire dans une vie nouvelle, nous sommes forcés de nous replier sur nous-mêmes, et nous nous trouvons dans un isolement que nous n'avions jamais connu.

Parmi les lettres que j'écrivis, au moment de notre embarquement, il y en eut une dont l'influence a été très-grande sur la direction de nos voyages et sur les travaux auxquels nous nous sommes livrés dans la suite. Lorsque je quittai Paris dans le dessein de me rendre sur les côtes d'Afrique, l'expédition de découvertes dans la mer du Sud sembloit ajournée pour plusieurs années. J'étois convenu avec le capitaine Baudin que si, contre son attente, son voyage avoit lieu à une époque plus rapprochée, et que la nouvelle pût m'en parvenir à tèmps, je tâcherois de passer d'Alger à un port de France ou d'Espagne pour rejoindre l'expédition. Je réitérai cette promesse en partant pour le nouveau continent. J'écrivis à M. Baudin que si le Gouvernement persistoit à lui faire prendre la route du cap de Horn, je chercherois les moyens de le trouver, soit à Monte-Video, soit au Chili, soit à Lima, partout où il relâcheroit dans les colonies espagnoles. Fidèle à cet engagement, j'ai changé le plan de mon voyage dès que les journaux américains ont annoncé, en 1801, que l'expédition françoise étoit sortie du Havre pour faire le tour du globe de l'est à l'ouest. J'ai frété une petite embarcation pour me rendre du Batabano dans l'île de Cuba à Portobelo, et de là, en traversant l'isthme, aux côtes de la mer du Sud. L'erreur d'un journaliste nous a fait faire, à M. Bonpland et à moi, un chemin de plus de huit cents lieues dans un pays que nous n'avions pas le projet de traverser. Ce n'est qu'à Quito, qu'une lettre de M. Delambre, secrétaire perpétuel de la première classe de l'Institut, nous apprit que le capitaine Baudin prenoit la route du cap de Bonne-Espérance, sans toucher les côtes orientales ou occidentales de l'Amérique. Je ne me rappelle pas sans regret une expédition qui est liée à plusieurs événemens de ma vie, et dont l'histoire vient d'être tracée par un savant [1] aussi distingué par le nombre des découvertes attachées à son nom que par le noble et cou-

---

[1] M. Peron, enlevé aux sciences à l'âge de trente-cinq ans, après une maladie longue et douloureuse. Voyez une Notice intéressante sur la vie de ce voyageur, par M. Deleuze, dans les *Annales du Muséum*, Tom. XVII.

rageux dévouement qu'il a déployé dans sa carrière au milieu des privations et des souffrances les plus cruelles.

En partant pour l'Espagne, je n'avois pu emporter la collection complète de mes instrumens de physique, de géodésie et d'astronomie : j'en avois déposé les doubles à Marseille, dans le dessein de les faire expédier directement pour Alger ou pour Tunis, dès que j'aurois trouvé une occasion de passer sur les côtes de Barbarie. Dans les temps calmes, on ne sauroit assez engager les voyageurs à ne pas se charger de l'ensemble de leurs instrumens ; il vaut mieux les faire venir successivement pour remplacer, après quelques années, ceux qui ont le plus souffert par l'usage et par le transport. Cette précaution est surtout nécessaire lorsqu'on est obligé de déterminer un grand nombre de points par des moyens purement chronométriques. Mais à l'époque d'une guerre maritime, la prudence exige qu'on ne se sépare pas de ses instrumens, de ses manuscrits et de ses collections. De tristes expériences, dont j'ai déjà parlé dans l'introduction de cet ouvrage, m'ont confirmé la justesse de ce principe.

Notre séjour à Madrid et à la Corogne avoit été trop court pour que je fisse venir de Marseille l'appareil météorologique que j'y avois laissé. Je demandai en vain qu'on me l'expédiât pour la Havane, après notre retour de l'Orénoque; ni cet appareil, ni les lunettes achromatiques et le garde-temps d'Arnold, que j'avois demandés à Londres, ne me sont parvenus en Amérique. Voici la liste des instrumens que j'avois réunis pour mon voyage, depuis l'année 1797, et qui, à l'exception d'un petit nombre, faciles à remplacer, m'ont servi jusqu'en 1804.

Liste des instrumens de physique et d'astronomie.

Une *montre à longitude de Louis Berthoud*, n. 27. Ce garde-temps avoit appartenu au célèbre Borda. J'ai publié le détail de sa marche dans l'introduction de mon Recueil d'observations astronomiques;

Un *demi-chronomètre de Seyffert*, servant pour le transport du temps dans de courts intervalles;

Une *lunette achromatique de Dollond*, de trois

pieds, destinée à l'observation des satellites de Jupiter;

Une *lunette de Caroché*, d'une moindre dimension, avec un appareil propre à fixer l'instrument à un tronc d'arbre dans les forêts;

Une *lunette d'épreuve*, munie d'un micromètre gravé sur verre par M. Kölher, astronome à Dresde. Cet appareil, placé sur le plateau de l'horizon artificiel, sert à niveler des bases, à mesurer les progrès d'une éclipse du soleil ou de la lune, et à déterminer la valeur des angles très-petits sous lesquels paroissent des montagnes très-éloignées;

Un *sextant de Ramsden*, de 10 pouces de rayon, avec un limbe d'argent et des lunettes qui grossissent douze à seize fois;

Un *sextant à tabatière, snuffbox-sextant, de Troughton*, de 2 pouces de rayon, muni d'un vernier divisé de minute en minute, de lunettes qui grossissent quatre fois, et d'un horizon artificiel de cristal. Ce petit instrument est très-utile aux voyageurs qui se trouvent forcés de relever en canot les sinuosités d'une rivière, ou qui veulent prendre des angles sans descendre de cheval;

Un *cercle répétiteur à réflexion de Le Noir*, de 12 pouces de diamètre, muni d'un grand miroir en platine [1];

Un *téodolite de Hurter*, dont le cercle azimutal avoit 8 pouces de diamètre;

Un *horizon artificiel de Caroché*, à verre plan, de 6 pouces de diamètre, muni d'un niveau à bulle d'air, dont les divisions équivalent à deux secondes sexagésimales;

Un *quart de cercle de Bird*, d'un pied de rayon, à double division du limbe en 90 et 96 degrés, la vis micrométrique indiquant deux secondes sexagésimales, et la perpendicularité du plan pouvant être déterminée au moyen d'un fil d'aplomb et d'un grand niveau à bulle d'air;

Un *graphomètre de Ramsden*, placé sur une canne, muni d'une aiguille aimantée et

---

[1] J'ai comparé, dans un autre endroit, les avantages et les désavantages qu'offrent, dans des voyages de terre, les instrumens à réflexion et les cercles répétiteurs astronomiques. (*Observ. astron.*, *Intr.*, Tom. I, p. xvij.)

d'une méridienne filaire servant à prendre des azimuts magnétiques ;

Une *boussole d'inclinaison*, de 12 pouces de diamètre, construite d'après les principes de Borda, par M. *Le Noir*. Cet instrument, d'une exécution très-parfaite, m'avoit été cédé, lors de mon départ, par le bureau des longitudes de France. Il se trouve figuré dans la Relation du voyage de d'Entrecasteaux [1], dont la partie astronomique est due aux soins d'un savant navigateur, M. de Rossel. Un cercle azimutal sert pour trouver le plan du méridien magnétique, soit par des inclinaisons correspondantes, soit en cherchant la position dans laquelle l'aiguille est verticale, soit en observant le minimum des inclinaisons. On vérifie l'instrument par le retournement et en changeant les pôles ;

Une *boussole de déclinaison de Le Noir*, construite d'après les principes de Lambert, et garnie d'une méridienne filaire. Le vernier étoit divisé de deux en deux minutes ;

Une *aiguille* de 12 pouces de longueur, munie

[1] Tom. II, p. 14.

de pinnules, et suspendue à un fil sans torsion, d'après la méthode de Coulomb. Cet appareil, semblable à la *lunette aimantée de Prony*, m'a servi à déterminer les petites variations horaires de la déclinaison magnétique, et l'intensité des forces qui change avec les latitudes. Les oscillations de la grande aiguille d'inclinaison de M. Le Noir offrent aussi une mesure très-exacte de ce dernier phénomène ;

Un *magnétomètre de Saussure* [1], construit par M. Paul, à Genève, avec un limbe qui correspond à un arc de 3 pieds de rayon ;

Un *pendule invariable*, construit par M. Mégnié à Madrid ;

Deux *baromètres de Ramsden* ;

Deux *appareils barométriques* [2], à l'aide desquels ou trouve la hauteur moyenne du

---

[1] Ce magnétomètre, que j'ai trouvé très-peu exact, le téodolite et le cercle à réflexion, sont les seuls instrumens que je n'ai pu embarquer avec moi à la Corogne.

[2] J'ai décrit ces appareils dans le Journal de Physique, Tom. XLVII, p. 468, et dans mes *Observ. astron.*, Tom. I, p. 366.

baromètre, en plongeant successivement dans une cuvette plusieurs tubes de verre que l'on transporte remplis de mercure, fermés à une de leurs extrémités par une vis d'acier, et placés dans des étuis de métal;

Plusieurs *thermomètres de Paul, de Ramsden, de Mégnié et de Fortin;*

Deux *hygromètres de Saussure et de Deluc,* à cheveux et à baleine ;

Deux *électromètres de Bennet et de Saussure,* à feuilles d'or battu et à moelle de sureau, munis de conducteurs de 4 pieds de haut, pour réunir, d'après la méthode prescrite par M. Volta, l'électricité de l'atmosphère, au moyen d'une substance enflammée qui répand de la fumée;

Un *cyanomètre de Paul.* Pour me mettre à même de comparer avec quelque précision la teinte bleue du ciel, telle qu'elle se présente sur le dos des Alpes et sur celui des Cordillères, M. Pictet avoit bien voulu faire colorier ce cyanomètre d'après celui dont M. de Saussure s'étoit servi à la cime du Mont-Blanc et pendant son séjour mémorable au Col du Géant;

Un *eudiomètre de Fontana,* à gaz nitreux. Sans

connoître rigoureusement combien de parties de ce gaz sont nécessaires pour saturer une partie d'oxygène, on peut encore déterminer avec précision la quantité d'azote atmosphérique, et par conséquent la pureté de l'air, en employant, outre le gaz nitreux, l'acide muriatique oxygéné ou la dissolution du sulfate de fer. L'eudiomètre de Volta, le plus exact de tous, est embarrassant pour les voyageurs qui parcourent des pays humides, à cause de la petite décharge électrique qu'exige l'inflammation des gaz oxygène et hydrogène. L'appareil eudiométrique le plus portatif, le plus prompt et le plus recommandable à tous égards, est celui que M. Gay-Lussac a fait connoître dans les mémoires de la société d'Arcueil [1];

Un *eudiomètre à phosphore de Reboul.* D'après les belles recherches de M. Thenard, sur le carbone mêlé au phosphore,

---

[1] Tom. II. p. 235. Voyez aussi le Mémoire sur la composition de l'air, que j'ai publié, conjointement avec M. Gay-Lussac, dans le *Journal de Physique*, Tom. LX, p. 129, et mes *Observ. zool.* Tom. I, p. 256.

il est prouvé que l'action lente de cette base acidifiable [1] donne des résultats moins exacts que la combustion vive;

Un *appareil de Paul*, propre à déterminer avec une extrême précision le *degré de l'eau bouillante* à différentes hauteurs au-dessus du niveau de l'Océan. Le thermomètre à double vernier avoit été construit d'après l'appareil que M. de Saussure a employé dans ses courses;

Une *sonde thermométrique de Dumotier*, consistant dans un vase cylindrique muni de deux soupapes coniques, et renfermant un thermomètre;

Deux *aréomètres de Nicholson et de Dollond;*

Un *microscope composé de Hofmann*, décrit dans l'histoire des Cryptogames de M. Hedwig; un *étalon métrique de Le Noir;* une *chaîne d'arpenteur;* une *balance d'essai;* un *hyétomètre;* des *tubes d'absorption* propres à indiquer de petites quantités d'acide carbonique ou d'oxygène, au moyen de l'eau de chaux ou d'une dissolution de

---

[1] *Bulletin de la Société philomatique*, 1812, n.° 37, p. 93.

sulfure de potasse; des *appareils électroscopiques de Haüy*; des vases destinés à mesurer la quantité de l'*évaporation* des liquides à l'air libre; un *horizon artificiel* à mercure; de petites *bouteilles de Leyde*, propres à être chargées par frottement; des *appareils galvaniques*; des *réactifs* pour tenter quelques essais sur la composition chimique des eaux minérales, et un grand nombre de petits outils nécessaires aux voyageurs pour raccommoder les instrumens qui se trouvent dérangés par les chutes fréquentes des bêtes de somme.

Séparés de nos instrumens qui étoient à bord de la corvette, nous passâmes encore deux jours à la Corogne. Une brume épaisse qui couvroit l'horizon annonçoit à la fin le changement de temps si vivement désiré. Le 4 juin au soir, le vent tourna au nord-est, direction qui, sur les côtes de la Galice, est regardée comme très-constante pendant la belle saison. Le *Pizarro* appareilla en effet le 5, quoiqu'on eût eu, peu d'heures avant, la nouvelle qu'une escadre angloise avoit été signalée à la vigie de Sisarga, et qu'elle paroissoit faire route vers l'embouchure du Tage. Les personnes qui virent lever l'ancre à notre corvette disoient tout haut, qu'en moins de trois jours nous serions pris, et que, forcés de suivre le bâtiment sur lequel nous nous trouvions, nous serions conduits à Lisbonne. Ce pronostic nous causoit d'autant plus d'inquiétude, que nous avions connu à Madrid des Mexicains qui, pour retourner à la Vera-Cruz, s'étoient embarqués à trois reprises à Cadix, et qui, ayant été pris chaque fois presque au sortir du port, étoient rentrés en Espagne par la voie du Portugal.

Le *Pizarro* étoit sous voile à deux heures de l'après-midi. Le canal par lequel on navigue pour sortir du port de la Corogne est long et étroit : comme la passe s'ouvre vers le nord, et que le vent nous étoit contraire, nous eûmes à courir huit petites bordées, dont trois étoient à peu près perdues. Un virement de bord ne se fit qu'avec une lenteur extrême, et pendant quelques instans nous fûmes en danger au pied du fort Saint-Amarro, le courant nous ayant portés très-près des récifs sur lesquels la mer brise avec violence. Nos yeux restèrent fixés sur le

8*

château Saint-Antoine, où l'infortuné Malaspina[1] gémissoit alors dans une prison d'état. Au moment de quitter l'Europe pour visiter des contrées que cet illustre voyageur avoit parcourues avec tant de fruit, j'aurois désiré occuper ma pensée d'un objet moins attristant.

A six heures et demie nous passâmes la Tour d'Hercule, qui est le phare de la Corogne, dont nous avons parlé plus haut, et sur laquelle, depuis les temps les plus reculés, on entretient un feu de charbon de terre pour diriger les vaisseaux. La clarté de ce feu ne répond pas à la belle construction d'un si vaste édifice; elle est si foible que les bâtimens ne l'aperçoivent que lorsqu'ils se trouvent déjà en danger d'échouer sur la côte. Vers l'entrée de la nuit, la mer devint très-rude, et le vent fraîchit beaucoup. Nous fîmes route au nord-ouest pour éviter la rencontre des frégates angloises que l'on supposoit croiser dans ces parages. Vers les neuf heures, nous vîmes la lumière d'une cabane de pêcheurs de Sisarga : c'étoit le der-

---

[1] *Essai politique sur le Mexique*, Tom. II, p. 484 de l'édition in-8°. *Observ. astron.*, Tom. I, p. xxxiv.

CHAPITRE I. 117

nier objet que nous offroient les côtes de l'Europe. A mesure que nous nous éloignions, cette foible lumière se confondoit avec celle des étoiles qui se levoient sur l'horizon, et nos regards y restoient involontairement attachés. Ces impressions ne s'effacent point de la mémoire de ceux qui ont entrepris des navigations lointaines à un âge où les émotions de l'ame sont encore dans toute leur force. Que de souvenirs réveille dans l'imagination un point lumineux qui, au milieu d'une nuit obscure, paroissant par intervalles au-dessus des flots agités, désigne la côte du pays natal!

Nous fûmes forcés de courir sur les basses voiles. Nous filâmes dix nœuds, quoique la construction de la corvette ne fût pas avantageuse pour la marche. Le 6 au matin, le roulis devint si vif qu'il brisa le petit mât de perroquet. Cet accident n'eut aucune suite fâcheuse. Comme notre traversée de la Corogne aux îles Canaries dura treize jours, elle fut assez assez longue pour nous exposer, dans des parages aussi fréquentés que le sont les côtes du Portugal, au danger de rencontrer des bâtimens anglois. Les premiers trois jours, aucune voile ne parut à l'horizon, ce qui commença à rassurer l'équipage, qui n'étoit pas en état de soutenir un combat.

Le 7, nous coupâmes le parallèle du cap Finistère. Le groupe de rochers granitiques, auquel appartient ce promontoire, de même que celui de Torianes et le Mont-de-Corcubion, porte le nom de la Sierra de Toriñona. Le cap Finistère est plus bas que les terres voisines; mais la Torinona est visible au large à 17 lieues de distance, ce qui prouve que l'élévation de ses plus hautes cimes n'est pas moindre de 300 toises (582^m). Les navigateurs espagnols prétendent que, dans ces attérages, la déclinaison magnétique diffère extraordinairement de celle que l'on observe au large. En effet, M. Bory[1], dans l'expédition de la corvette l'*Amaranthe*, a trouvé, en 1751, que la variation de l'aiguille, déterminée à terre au cap même, étoit de 4 degrés plus petite qu'on ne pouvoit le supposer d'après les observations faites à la même époque le long de ces côtes. De même que le granit de la Galice contient de la

---

[1] *Mémoires de l'Académie des sciences*, 1768, p. 280. *Fleurieu, Voyage de l'Isis*, Tom. I, p. 225.

mine d'étain disséminée dans sa masse, celui du cap Finistère renferme peut-être du fer micacé. Les montagnes du Haut-Palatinat offrent en effet des roches granitiques dans lesquelles des cristaux de fer micacé remplacent le mica commun.

Le 8, au coucher du soleil, on signala, du haut des mâts, un convoi anglois qui rangeoit la côte vers le sud-est. Pour l'éviter, nous fîmes fausse route pendant la nuit. Dès ce moment il ne nous fut plus permis d'avoir de la lumière dans la grande chambre, de peur d'être aperçus de loin. Cette précaution, employée à bord de tous les bâtimens marchands, et prescrite dans les réglemens des paquet-bots de la marine royale, nous a causé un ennui mortel pendant les traversées que nous avons faites dans le cours de cinq années consécutives. Nous avons été constamment forcés de nous servir de fanaux sourds pour examiner la température de l'eau de la mer, ou pour lire la division du limbe des instrumens astronomiques. Dans la zone torride, où le crépuscule ne dure que quelques minutes, on se trouve réduit à l'inaction dès six heures du soir. Cet état de choses m'a contrarié d'autant plus que, par l'effet de ma constitution, je n'ai jamais connu le mal de mer, et que je sens une ardeur extrême pour le travail pendant tout le temps que je me trouve embarqué.

Un voyage des côtes d'Espagne aux îles Canaries, et de là à l'Amérique méridionale, n'offre presque aucun événement qui mérite de fixer l'attention, surtout lorsqu'il a lieu pendant la belle saison. C'est une navigation moins dangereuse que ne l'est souvent la traversée des grands lacs de la Suisse. Je me bornerai par conséquent à exposer dans cette Relation les résultats généraux des expériences magnétiques et météorologiques que j'ai faites dans cette partie de l'Océan, et à ajouter quelques notions propres à intéresser les navigateurs. Tout ce qui concerne les variations de la température de l'air et de celle de la mer, l'état hygrométrique de l'atmosphère, la couleur bleue du ciel, l'inclinaison et l'intensité des forces magnétiques, se trouve réuni dans le Journal de route placé à la fin du troisième chapitre. On verra, par le détail et par le nombre de ces expériences, que nous avons tâché de tirer parti des instrumens que nous avions embarqués. Il seroit à désirer que ces mêmes observations pussent être répétées dans les mers d'Afrique et d'Asie, pour faire connoître avec précision la constitution de l'atmosphère qui couvre le grand bassin des mers.

Le 9 juin, nous trouvant par les 39° 50′ de latitude et les 16° 10′ de longitude à l'ouest du méridien de l'Observatoire de Paris, nous commençâmes à sentir l'effet du grand courant qui, des îles Açores, se dirige sur le détroit de Gibraltar et sur les îles Canaries. En comparant le point déduit de la marche de la montre marine de Louis Berthoud à celui de l'estime des pilotes, j'étois en état de découvrir les plus petits changemens dans la direction et la vitesse des courans. Depuis les 37° jusqu'aux 30° de latitude, le vaisseau fut porté quelquefois, en vingt-quatre heures, de 18 à 26 milles à l'est. La direction du courant étoit d'abord E. $\frac{1}{4}$ S. E. ; mais, plus près du détroit, elle devient directement Est. Le capitaine Maskintosh, et l'un des navigateurs les plus instruits de notre temps, sir Erasmus Gower, ont observé les modifications qu'éprouve ce mouvement des eaux dans les différentes saisons de l'année. Beaucoup de pilotes qui fréquentent les îles Canaries, se sont vus sur les côtes de Lancerotte, quand ils s'attendoient à faire leur attérage sur l'île de Ténériffe. M. de Bougainville[1], dans son trajet du cap Finistère aux îles Canaries, se trouva, à la vue de l'île de Fer, de 4° plus à l'est que son estime ne le lui indiquoit.

On attribue vulgairement le courant qui se fait sentir entre les îles Açores, les côtes méridionales du Portugal et les îles Canaries, à cette tendance vers l'est, que le détroit de Gibraltar imprime aux eaux de l'Océan Atlantique. M. de Fleurieu, dans les notes ajoutées au voyage du capitaine Marchand[2], observe même que la Méditerranée, perdant par l'évaporation plus d'eau que les fleuves ne peuvent en verser, cause un mouvement dans l'Océan voisin, et que l'influence du détroit se fait sentir au large dans un éloignement de six cents lieues. Sans déroger aux sentimens d'estime que je conserve pour un navigateur dont les ouvrages justement

[1] *Voyage autour du monde*, Vol. I, p. 10.
[2] Vol. II, p. 9 et 229.

célèbres m'ont fourni beaucoup d'instruction, il me sera permis de considérer cet objet important sous un point de vue beaucoup plus général.

Quand on envisage d'un coup d'œil l'Atlantique, ou cette vallée profonde qui sépare les côtes occidentales de l'Europe et de l'Afrique des côtes orientales du nouveau continent, on distingue une direction opposée dans le mouvement des eaux. Entre les tropiques, surtout depuis les côtes du Sénégal jusqu'à la mer des Antilles, le courant général, et le plus anciennement connu des marins, porte constamment d'orient en occident. On le désigne sous le nom de *courant équinoxial*. Sa rapidité moyenne, correspondant à différentes latitudes, est à peu près la même dans l'Atlantique et dans la mer du Sud. On peut l'évaluer à 9 ou 10 milles en vingt-quatre heures, par conséquent à 0,59 ou à 0,65 pieds par seconde [1]. Dans

[1] En réunissant les observations que j'ai eu occasion de faire dans les deux hémisphères avec celles qui sont rapportées dans les Voyages de Cook, Lapérouse, d'Entrecasteaux, Vancouver, Macartnay, Krusenstern et Marchand, je trouve que la

ces parages, les eaux courent vers l'ouest avec une vîtesse égale au quart de celle de la plupart des grandes rivières de l'Europe. Le mouvement de l'Océan, opposé à celui de la rotation du globe, n'est vraisemblablement lié à ce dernier phénomène qu'autant que la rotation change en vents alizés les vents polaires qui, dans les basses régions de l'atmosphère, ramènent l'air froid des hautes latitudes vers l'équateur[1]. C'est à l'impulsion générale que ces vents alizés donnent à la surface des mers qu'on doit attribuer le courant équinoxial, dont les variations locales de l'atmosphère ne modifient pas sensiblement la force et la rapidité.

Dans le canal que l'Atlantique a creusé entre la Guyane et la Guinée, sur le méridien

vîtesse du courant général des tropiques varie de 5 à 18 milles en vingt-quatre heures, ou de 0,3 à 1,2 pieds par seconde.

[1] *Halley on the cause of the general trade winds*, dans les *Phil. Trans. for the year* 1735, p. 58. Dalton, *Meteorogical Exp. and. Essays*, 1793, p. 89. La Place, *Exposition du système du monde*, p. 277. Les limites des vents alizés ont été déterminées pour la première fois par Dampierre, en 1666.

de 20 ou 23 degrés, depuis les 8 ou 9 jusqu'aux 2 ou 3 degrés de latitude boréale, où les vents alizés sont souvent interrompus par des vents qui soufflent du sud et du sud-sud-ouest, le courant équinoxial est moins constant dans sa direction. Vers les côtes d'Afrique, les vaisseaux se trouvent entraînés au sud-est ; tandis que, vers la baie de tous les Saints et vers le cap Saint-Augustin, dont les attérages sont redoutés par les navigateurs qui se dirigent sur l'embouchure du Rio de la Plata, le mouvement général des eaux est masqué par un courant particulier. Les effets de ce dernier courant s'étendent depuis le cap Saint-Roch jusqu'à l'île de la Trinité : il porte dans le nord-ouest avec une vitesse moyenne d'un pied à un pied et demi par seconde.

Le courant équinoxial se fait sentir, quoique foiblement, même au-delà du tropique du Cancer, par les 26 et 28 degrés de latitude. Dans le vaste bassin de l'Océan Atlantique, à six ou sept cents lieues des côtes d'Afrique, les vaisseaux d'Europe, destinés aux îles Antilles, trouvent leur marche accélérée avant qu'ils parviennent à la zone torride. Plus au nord, sous les 28 et 35 degrés, entre les parallèles de Ténériffe et de Ceuta, par les 46 et 48 degrés de longitude, on ne remarque aucun mouvement constant : car une zone de 140 lieues de largeur sépare le courant équinoxial, dont la tendance est vers l'occident, de cette grande masse d'eau qui se dirige vers l'orient, et se distingue par sa température singulièrement élevée. C'est sur cette masse d'eau, connue sous le nom de *Gulf-stream*[1], que les belles observations de Franklin et de sir Charles Blagden ont appelé l'attention des physiciens, dès l'année 1776. Comme sa direction est devenue récemment un objet important de recherches parmi les navigateurs américains et anglois, nous devons remonter plus haut pour embrasser ce phénomène dans sa généralité.

Le courant équinoxial pousse les eaux de l'Océan Atlantique vers les côtes habitées par les Indiens Mosquitos et vers celles de Honduras. Le nouveau continent, prolongé du sud au nord, s'oppose comme une

---

[1] Sir Francis Drake remarqua déjà ce mouvement extraordinaire des eaux, mais il ne connoissoit pas leur température élevée.

digue à ce courant. Les eaux se portent d'abord au nord-ouest; et, passant dans le golfe du Mexique, par le détroit que forment le cap Catoche et le cap Saint-Antoine, elles suivent les sinuosités de la côte mexicaine, depuis la Vera-Cruz jusqu'à l'embouchure du Rio del Norte, et de là aux bouches du Mississipi et aux bas-fonds situés à l'ouest de l'extrémité australe de la Floride. Après ce grand tournoiement à l'ouest, au nord, à l'est et au sud, le courant se porte de nouveau au nord, en se jetant avec impétuosité dans le canal de Bahama. J'y ai observé, au mois de mai 1804, sous les 26 et 27 degrés de latitude, une célérité de 80 milles en vingt-quatre heures, ou de 5 pieds par seconde, quoiqu'à cette époque le vent du nord soufflât avec une force extraordinaire. Au débouquement du canal de Bahama, sous le parallèle du cap Cañaveral, le *Gulf-stream*, ou *courant de la Floride*, se dirige au nord-est. Sa vîtesse ressemble à celle d'un torrent : elle y est quelquefois de cinq milles par heure. Le pilote peut juger, avec quelque certitude, de l'erreur de son point d'estime et de la proximité de son attérage sur New-

York, sur Philadelphie ou sur Charlestown [1], dès qu'il atteint le bord du courant : car la température élevée des eaux, leur forte salure, leur couleur bleu-indigo, et les traînées de varech qui en couvrent la surface, de même que la chaleur de l'atmosphère environnante, très-sensible en hiver, font reconnoître le *Gulf-stream*. Sa vîtesse diminue vers le nord en même temps que sa largeur augmente et que les eaux se refroidissent. Entre Cayo Biscaino et le banc de Bahama [2], cette lar-

---

[1] Le courant de la Floride s'éloigne de plus en plus des côtes des États-Unis, à mesure qu'il avance vers le nord. Sa position étant assez exactement indiquée sur les nouvelles cartes marines, le navigateur trouve la longitude du vaisseau avec la précision d'un demi-degré, lorsque, sur le bord du courant où commence le *Eddy* ou *Contre-Courant*, il obtient une bonne obervation de latitude. Cette méthode est pratiquée par un grand nombre de capitaines de bâtimens marchands qui font le trajet d'Europe à l'Amérique septentrionale.

[2] *Journal of Andrew Ellicott, Commissioner of the United States for determining the boundary on the Ohio and Mississipi*, 1803, p. 260. *Hydraulic and naut. obser. on the Atlantic Ocean, by Gov. Pownall.* (Lond. 1787).

geur n'est que de 15 lieues, tandis que sous les 28 degrés et demi de latitude elle est déjà de 17, et, sur le parallèle de Charlestown, vis-à-vis du cap Henlopen, de 40 à 50 lieues. La rapidité du courant atteint trois à cinq milles par heure là où la rivière est le plus étroite : elle n'est plus que d'un mille en avancement vers le nord. Les eaux du golfe mexicain, entraînées avec force au nord-est, conservent à tel point leur haute température, que, sous les 40 et 41 degrés de latitude, je les ai encore trouvées de 22°,5 (18° R.), quand, hors du courant, la chaleur de l'Océan, à sa surface, étoit à peine de 17°,5 (14° R.). Sur le parallèle de New-York et d'Oporto, la température du *Gulfstream* égale par conséquent celle que les mers des tropiques nous offrent par les 18 degrés de latitude, c'est-à-dire sur le parallèle de Porto-Rico et des îles du cap Vert.

A l'est du port de Boston, et sur le méridien de Halifax, sous les 41° 25′ de latitude et les 67 degrés de longitude, le courant atteint près de 80 lieues marines de largeur. C'est là qu'il se dirige tout d'un coup à l'est, de manière que son bord occidental, en se recourbant, devient la limite boréale des eaux courantes, et qu'il rase l'extrémité du grand banc de Terre-Neuve, que M. de Volney appelle très-ingénieusement la barre de l'embouchure de cet énorme fleuve marin[1]. Les eaux froides de ce banc qui, selon mes expériences, ont une température de 8°,7 à 10° (7° ou 8° R.), offrent un contraste frappant avec les eaux de la zone torride, poussées au nord par le *Gulf-stream*, dont la température est de 21° à 22°,5 (17° à 18° R.). Dans ces parages, le calorique se trouve réparti dans l'Océan d'une manière étrange: les eaux du banc sont de 9°,4 plus froides que la mer voisine, et cette mer est de 3° plus froide que le courant. Ces zones ne peuvent se mettre en équilibre de température, parce que chacune d'elles a une source de chaleur ou une cause de refroidissement qui lui est propre, et dont l'influence est permanente[2].

[1] *Tableau du climat et du sol des États-Unis*, T. I, p. 230. Romme, *Tableau des vents, des marées et des courans*, T. I, p. 223.

[2] En traitant de la température de l'Océan, il faut distinguer avec soin quatre phénomènes très-différens;

Depuis le banc de Terre-Neuve, ou depuis les 52 degrés de longitude jusqu'aux îles Açores, le *Gulf-stream* continue à se porter vers l'est et l'est-sud-est. Les eaux y conservent encore une partie de l'impulsion qu'elles ont reçue près de mille lieues plus loin dans le détroit de la Floride, entre l'île de Cuba et les bas-fonds de la Tortue. Cette distance est le double de la longueur du cours de la rivière des Amazones, depuis Jaën ou le détroit de Manseriche au Grand-Parà. Sur le méridien des îles de Corvo et de Flores, les plus occidentales du groupe des Açores, le courant occupe une étendue de mer de 160 lieues de large. Lorsque, à leur retour de l'Amérique méridionale en Europe, les bâtimens vont reconnoître ces deux îles pour rectifier leur point en longitude, ils res-

---

savoir : 1.° la température de l'eau à sa surface correspondante à diverses latitudes, l'Océan étant considéré en repos; 2.° le décroissement du calorique dans les couches d'eau superposées les unes aux autres; 3.° l'effet des bas-fonds sur la température de l'Océan; 4.° la température des courans qui font passer, avec une vîtesse acquise, les eaux d'une zone à travers les eaux immobiles d'une autre zone.

sentent constamment le mouvement des eaux au sud-est. Par les 33 degrés de latitude, le courant équinoxial des tropiques se trouve extrêmement rapproché du *Gulf-stream*. Dans cette partie de l'Océan, on peut entrer dans un seul jour des eaux qui courent vers l'ouest dans celles qui se portent au sud-est ou à l'est-sud-est.

Depuis les îles Açores, le courant de la Floride se dirige vers le détroit de Gibraltar, l'île de Madère et le groupe des îles Canaries. L'ouverture des colonnes d'Hercule a accéléré sans doute le mouvement des eaux vers l'est. Sous ce rapport, on peut dire avec raison que le détroit par lequel la Méditerranée communique avec l'Atlantique fait sentir son effet à une grande distance; mais il est probable aussi que, sans l'existence de ce détroit, les vaisseaux qui font voile à Ténériffe seroient poussés au sud-est par une cause qu'il faut chercher sur les côtes du nouveau monde. Tous les mouvemens se propagent dans le vaste bassin des mers comme dans l'Océan aérien. En poursuivant les courans jusqu'à leurs sources les plus éloignées, en réfléchissant sur leur célérité variable, tantôt décroissante comme entre le canal de Bahama et le banc de Terre-Neuve, tantôt renforcée comme dans le voisinage du détroit de Gibraltar et près des îles Canaries, on ne sauroit douter que la même cause qui fait tournoyer les eaux dans le golfe du Mexique, ne les agite aussi près de l'île de Madère.

C'est au sud de cette île que l'on peut poursuivre le courant dans sa direction au sud-est et au sud-sud-est vers les côtes de l'Afrique, entre le cap Cantin et le cap Bojador. Dans ces parages, un vaisseau resté en calme se trouve engagé sur la côte quand il s'en croit encore très-éloigné, d'après l'estime non corrigée. Si le mouvement des eaux étoit causé par l'ouverture du détroit de Gibraltar, pourquoi au sud de ce détroit ne suivroit-il pas une direction opposée? Au contraire, par les 25 et les 26 degrés de latitude, le courant se dirige d'abord directement au sud et puis au sud-ouest. Le cap Blanc qui, après le cap Vert, est le promontoire le plus saillant, paroît influer sur cette direction, et c'est sur son parallèle que les eaux dont nous avons suivi le cours depuis les côtes d'Hondura jusqu'à celles d'Afrique se mêlent au grand courant des tropiques pour recommencer le tour d'orient en occident. Nous avons observé plus haut que plusieurs centaines de lieues à l'ouest des îles Canaries. le mouvement qui est propre aux eaux équinoxiales se fait déjà sentir dans la zone tempérée dès les 28 et 29 degrés de latitude nord; mais, sur le méridien de l'île de Fer, les vaisseaux avancent au sud jusqu'au tropique du Cancer, avant de se trouver par l'estime à l'est de leur véritable position.

J'ai cru donner quelque intérêt à la Carte de l'Océan Atlantique boréal que j'ai publiée [1], en y traçant, avec un soin particulier, la direction de ce courant rétrograde qui, semblable à un fleuve dont le lit s'élargit graduellement, parcourt la vaste étendue des mers. Je me flatte que les navigateurs qui ont étudié les Cartes de Jonathan Williams, du gouverneur Pownall, de Heater et de

[1] Cette Carte, que j'ai commencé à tracer en 1804, offre, outre la température de l'eau de la mer, des observations sur l'inclinaison de l'aiguille aimantée, les lignes sans déclinaison, l'intensité des forces magnétiques, les bandes de varech flottant, et d'autres phénomènes qui intéressent la géographie physique.

Stricklan [1], trouveront dans la mienne plusieurs objets dignes de leur attention. Outre les observations que j'ai faites pendant six traversées, savoir : d'Espagne à Cumana, de Cumana à la Havane, de l'île de Cuba à Carthagène des Indes, de la Vera-Crux à la Havane, de ce port à Philadelphie, et de Philadelphie aux côtes de France, j'y ai réuni tout ce qu'une curiosité active m'a fait découvrir dans les journaux de route, dont les auteurs ont pu employer des moyens astronomiques pour déterminer l'effet des courans. J'ai indiqué en outre les parages dans lesquels le mouvement des eaux ne se fait pas sentir constamment; car, de même que la limite boréale du courant des tropiques et celle des vents alizés sont variables selon les saisons, le *Gulf-stream* change aussi de place et de direction. Ces changemens deviennent très-sensibles depuis les 38 degrés de latitude jusqu'au grand banc de Terre-Neuve. On les remarque de même entre les

---

[1] *Amer. Trans.*, Vol. II, p. 328; Vol. III, p. 82 et 194; Vol. V, p. 90; et un Mémoire intéressant sur les courans, par M. Delamétherie, *Journ. de Phys.*, 1808, T. 67, p. 91.

48 degrés de longitude occidentale de Paris et le méridien des îles Açores. Les vents variables de la zone tempérée, et la fonte des glaces du pôle boréal, d'où reflue, dans les mois de juillet et d'août, une grande quantité d'eau douce vers le sud, peuvent être regardés comme les causes principales qui modifient, dans ces hautes latitudes, la force et la direction du *Gulf-stream*.

Nous venons de voir qu'entre les parallèles de 11 et de 43 degrés, les eaux de l'Océan Atlantique sont entraînées, par les courans, dans un tourbillon perpétuel. En supposant qu'une molécule d'eau revienne à la même place d'où elle est partie, on peut évaluer, d'après nos connoissances actuelles sur la vîtesse des courans, que ce circuit de 3800 lieues n'est achevé que dans l'espace de deux ans et dix mois. Un bateau qui seroit censé ne pas recevoir l'impulsion du vent, parviendroit en treize mois des îles Canaries aux côtes de Caracas. Il lui faudroit dix mois pour faire le tour du golfe du Mexique, et pour arriver à la sonde de la Tortue, vis-à-vis le port de la Havane ; mais quarante à cinquante jours suffiroient pour le porter de l'entrée du détroit de la Floride au banc de Terre-Neuve. Il est difficile de fixer la rapidité du courant rétrograde, depuis ce banc jusqu'aux côtes d'Afrique; en évaluant la vitesse moyenne des eaux à sept ou huit milles en vingt-quatre heures, on trouve, pour cette dernière distance, dix à onze mois. Tels sont les effets de ce mouvement lent, mais régulier, qui agite les eaux de l'Océan. Celles de la rivière des Amazones mettent à peu près quarante-cinq jours pour parvenir de Tomependa au Grand-Pará.

Peu de temps avant mon arrivée à Ténériffe, la mer avoit déposé sur la rade de Sainte-Croix un tronc de Cedrela odorata couvert de son écorce. Cet arbre américain végète exclusivement sous les tropiques ou dans les régions qui en sont les plus voisines. Il avoit été arraché sans doute, soit à la côte de la Terre-Ferme, soit à celle d'Honduras. La nature du bois et les lichens qui en couvroient l'écorce, prouvoient assez que ce tronc n'avoit pas appartenu à ces forêts sous-marines que d'anciennes révolutions du globe ont déposées dans les terrains de transport des régions polaires. Si le Cedrela, au lieu d'avoir été jeté sur la plage à Ténériffe, avoit été porté plus au sud, il auroit probablement fait le tour entier de l'Océan Atlantique, en revenant dans son pays natal à la faveur du courant général des tropiques. Cette conjecture est appuyée par un fait plus ancien, rapporté dans l'histoire générale des Canaries de l'abbé Viera. En 1770, un petit bâtiment, chargé de blé et destiné à passer de l'île de Lancerotte à Sainte-Croix de Ténériffe, fut poussé au large dans un moment où pas un homme de l'équipage ne se trouvoit à bord. Le mouvement des eaux d'orient en occident le porta en Amérique où il échoua sur les côtes de la Guayra, près de Caracas [1].

Dans un temps où l'art de la navigation étoit encore peu avancé, le *Gulf-stream* a fourni au génie de Christophe Colomb des indices certains de l'existence des terres occidentales. Deux cadavres, dont les traits annonçoient une race d'hommes inconnue,

---

[1] *Viera*, Hist. général de las Islas Canarias, T. II, p. 167.

furent jetés, vers la fin du quinzième siècle, sur les côtes des îles Açores. Presque à la même époque, le beau-frère de Colomb, Pierre Correa, gouverneur de Porto-Santo, ramassa, sur une plage de cette île, des morceaux de bambou d'une grosseur énorme que les courans et les vents d'ouest y avoient portés [1]. Ces cadavres et ces bambous fixèrent l'attention du navigateur génois : il devina que les uns et les autres venoient d'un continent situé vers l'ouest. Nous savons aujourd'hui que, dans la zône torride, les vents alizés et le courant des tropiques s'opposent à tout mouvement des flots dans le sens de la rotation de la terre. Les productions du nouveau monde ne peuvent parvenir à l'ancien que par des latitudes très-élevées et en suivant la direction du courant de la Floride. Souvent des fruits de plusieurs arbres des Antilles sont jetés sur les côtes des îles de Fer et de la Gomere. Avant la découverte de l'Amérique, les Canariens regardoient ces fruits comme provenant de l'île enchantée

---

[1] *Muñoz, Hist. del nuevo mundo*, Lib. II, § 14. *Fernan Colon, vida del Almirante*, Cap. IX, *Herera, Decad I*, Cap. II.

de Saint-Borondon qui, d'après les rêveries des pilotes et d'après quelques légendes, étoit placée vers l'ouest dans une partie inconnue de l'Océan, que l'on supposoit ensevelie dans des brouillards perpétuels.

En traçant ici le tableau des courans de l'Atlantique, mon but principal a été de prouver que le mouvement des eaux vers le sud-est, depuis le cap Saint-Vincent jusqu'aux îles Canaries, est l'effet du mouvement général qu'éprouve la surface de l'Océan à son extrémité occidentale. Nous n'indiquerons donc que très-succinctement le bras du *Gulf-stream* qui, par les 45 et 50 degrés de latitude, près du banc du Bonnet-Flamand, se dirige du sud-ouest au nord-est vers les côtes de l'Europe. Ce courant partiel acquiert beaucoup de force lorsque les vents ont soufflé long-temps du côté de l'ouest. Semblable à celui qui rase les îles de Fer et de Gomere, il dépose, annuellement, sur les côtes occidentales de l'Irlande et de la Norwège, les fruits des arbres qui sont propres à la zone torride de l'Amérique. Sur les plages des îles Hébrides, on recueille des graines de Mimosa scandens, de Dolichos urens, de

Guilandina bonduc, et de plusieurs autres plantes de la Jamaïque, de l'île de Cuba et du continent voisin [1]. Le courant y apporte beaucoup de tonneaux de vin de France, bien conservés, restes du chargement des vaisseaux naufragés dans la mer des Antilles [2]. A ces exemples de migrations lointaines des végétaux, se lient d'autres faits propres à frapper l'imagination. Les débris du vaisseau anglois *the Tilbury*, incendié près de l'île de la Jamaïque, ont été trouvés sur les côtes de l'Écosse. Dans ces mêmes parages, on voit de temps en temps arriver plusieurs espèces de tortues qui habitent la mer des Antilles. Lorsque les vents de l'ouest sont de longue durée, il s'établit dans les hautes latitudes un courant qui porte directement vers l'est-sud-est, depuis les côtes du Grœnland et du Labrador jusqu'au nord de l'Écosse. Wallacé rapporte qu'à deux reprises, en 1682 et 1684,

[1] Pennant, *Voyage to the Hebrides*, 1772, p. 232. *Gunneri Acta Nidrosiensia*, T. II, p. 410. *Sloane*, dans les *Trans. phil.*, n.° 222, p. 398, Linné, *Amœn. acad.*, Vol. VII, p. 477.

[2] *Necker*, Coup d'œil sur la nature dans les îles Hébrides, dans la *Bibl. britt.*, Vol. XLII, p. 90.

des sauvages américains de la race des Eskimaux, poussés au large dans leurs canaux de cuirs, pendant une tempête, et abandonnés à la force des courans, sont arrivés aux îles Orcades¹. Ce dernier exemple est d'autant plus digne d'attention qu'il prouve en même temps comment, à une époque où l'art nautique étoit encore dans l'enfance, le mouvement des eaux de l'Océan a pu contribuer à répandre les différentes races d'hommes sur la surface du globe.

Le peu que nous savons jusqu'à ce jour sur la position absolue et la largeur du *Gulfstream*, de même que sur sa prolongation vers les côtes de l'Europe et de l'Afrique, a été observé accidentellement par un petit nombre de personnes instruites qui ont traversé l'Atlantique en différentes directions. Comme la connoissance des courans est de la plus haute importance pour abréger les navigations, il seroit aussi utile pour la pratique du pilotage, qu'intéressant pour la

---

² *James Wallace (of Kirkwall), account of the Islands of Orkney*, 1700, p. 60. *Fischer*, dans *Pallas, Neue Nordische Beiträge*, B. 3, p. 320. Les Grœnlandois ont été aperçus vivans aux îles Eda et Westram.

physique, que des vaisseaux, munis d'excellens chronomètres, croisassent tout exprès dans le golfe du Mexique et dans l'Océan septentrional, entre les 30 et 54 degrés de latitude, pour déterminer à quelle distance se trouve le *Gulf-stream* dans différentes saisons et sous l'influence de différens vents au sud des bouches du Mississipi et à l'est des caps Hatteras et Codd. Les mêmes navigateurs pourroient être chargés d'examiner si le grand courant de la Floride rase constamment l'extrémité australe du banc de Terre-Neuve, et sur quel parallèle, entre les 32 et 40 degrés de longitude occidentale, les eaux qui coulent de l'est à l'ouest se trouvent le plus près de celles qui suivent une direction contraire. Ce dernier problème est d'autant plus important à résoudre, que les parages que nous venons d'indiquer sont traversés par la plupart des bâtimens qui retournent en Europe, en venant des îles Antilles, ou du cap de Bonne-Espérance. Outre la direction et la vîtesse des courans, cette expédition pourroit servir à faire connoître la température de la mer à sa surface, les lignes sans variation, l'inclinaison de l'aiguille aimantée et l'intensité des forces magnétiques. Des observations de ce genre deviennent extrêmement précieuses, lorsque la position du lieu où elles ont été faites a été déterminée par des moyens astronomiques. Dans les mers les plus fréquentées par les Européens, loin de la vue des terres, un navigateur habile peut encore se livrer à des travaux importans. La découverte d'un groupe d'îles inhabitées offre moins d'intérêt que la connoissance des lois qui enchaînent un grand nombre de faits isolés.

En réfléchissant sur les causes des courans, on reconnoît qu'elles sont beaucoup plus multipliées qu'on ne le croit généralement; car les eaux de la mer peuvent être mises en mouvement soit par une impulsion extérieure, soit par une différence de chaleur et de salure, soit par la fonte périodique des glaces polaires, soit enfin par l'inégalité de l'évaporation qui a lieu à diverses latitudes. Tantôt plusieurs de ces causes concourent au même effet, tantôt elles produisent des effets opposés. Des vents foibles, mais agissant, comme les vents alizés, sans interruption sur une zone entière, causent un mouvement de translation que nous n'observons pas dans les plus fortes tempêtes, parce que ces dernières sont circonscrites à une petite étendue. Lorsque, dans une grande masse d'eau, les molécules placées à la surface acquièrent une pesanteur spécifique différente, il se forme un courant superficiel qui est dirigé vers le point où se trouve l'eau la plus froide ou celle qui est la plus chargée de muriate de soude, de sulfate de chaux et de muriate ou de sulfate de magnésie. Dans les mers des tropiques, on trouve qu'à de grandes profondeurs, le thermomètre ne se soutient qu'à 7 ou 8 degrés centésimaux. C'est le résultat des nombreuses expériences du commodore Ellis et de celles de M. Peron. La température de l'air ne baissant jamais dans ces parages au-dessous de 19 à 20 degrés, ce n'est pas à la surface que les eaux peuvent avoir acquis un degré de froid si voisin du point de la congélation et du maximum de la densité de l'eau. L'existence de ces couches froides dans les basses latitudes, prouve par conséquent un courant inférieur qui se porte des pôles vers l'équateur : il prouve aussi que les substances salines qui altèrent la pesanteur spécifique de l'eau, sont distribuées dans l'Océan de manière ¹ à ne pas anéantir l'effet produit par les différences de température.

¹ En effet, si la salure moyenne de la mer étoit de 0,005 plus forte sous l'équateur que dans la zone tempérée, comme beaucoup de physiciens le prétendent, il en résulteroit à la profondeur un courant de l'équateur vers le pôle : car un demi-centième produit une différence de densité de 0,0017 ; tandis que, d'après les tables de Hallstrom, un refroidissement de 16° centésimaux, entre 20 et 4 degrés, ne cause encore, dans le poids spécifique, qu'un changement de 0,00015. En examinant attentivement les résultats des expériences de Bladh, réduits par M. Kirwan à la température de 16°, je trouve, terme moyen, la densité de l'eau de mer.

  de   0° à 14° de latitude de 1,0272
  de 15° à 25°   de 1,0282
  de 30° à 44°.   de 1,0278
  de 54° à 60°   de 1,0271

Les proportions de sel correspondantes à ces quatre zones sont, d'après M. Watson, 0,0374; 0,0394, 0,0386 et 0,0372. Ces nombres prouvent suffisamment que les expériences publiées jusqu'ici ne justifient aucunement l'opinion reçue que la mer est plus salée sous l'équateur que sous les 30 et 44 degrés de latitude. Ce n'est donc pas une plus grande quantité de substances salines tenues en dissolution qui s'op-

En considérant la vîtesse des molécules variables selon les parallèles, à cause du mouvement de rotation du globe, on pourroit être tenté d'admettre que tout courant, dirigé du sud vers le nord, tend en même temps vers l'est, tandis que des eaux qui se portent du pôle vers l'équateur tendent à dévier vers l'ouest. On pourroit penser aussi que ces tendances diminuent, jusqu'à un certain point, la vîtesse du courant des tropiques, de même qu'elles altèrent la direction du courant polaire qui, aux mois de juillet et d'août, se fait sentir régulièrement, pendant la fonte des glaces, sur le parallèle du banc de Terre-Neuve, et plus au nord. Des observations nautiques, très-anciennes, et que j'ai

---

pose à ce courant inférieur, par lequel l'Océan équinoxial reçoit des molécules d'eau qui, pendant l'hiver des zones tempérées, sont descendues vers le fond de la mer, sous les 30 à 44 degrés de latitude boréale et australe. Baumé a analysé l'eau de mer recueillie par Pagès, sur différens parallèles : il a trouvé cette eau d'un demi-centième moins salée à 1° 16' de latitude qu'entre les 25 et 40 degrés (*Kirvan, Geol. Essays,* p. 350. *Pagès, Voyage autour du monde,* T. II, p. 6 et 275).

eu occasion de confirmer en comparant la longitude donnée par le chronomètre avec celle que les pilotes obtenoient par l'estime, sont contraires à ces idées théoriques. Dans les deux hémisphères, les courans polaires, lorsqu'ils se font sentir, déclinent un peu vers l'est; et nous pensons que la cause de ce phénomène doit être cherchée dans la constance des vents d'ouest qui dominent dans les hautes latitudes. D'ailleurs les molécules d'eau ne se meuvent point avec la même rapidité que les molécules d'air; et les courans de l'Océan, que nous regardons comme les plus rapides, n'ont qu'une vîtesse de 8 à 9 pieds par seconde : il est par conséquent très-probable que l'eau, en passant par les différens parallèles, acquiert peu à peu la vîtesse qui leur correspond, et que la rotation de la terre ne change pas la direction des courans.

Les pressions variables qu'éprouve la surface des mers, par les changemens du poids de l'air, sont une autre cause du mouvement qui mérite une attention particulière. Il est connu que les variations barométriques n'ont généralement pas lieu simultanément sur deux points éloignés qui se trouvent au même niveau. Si, dans un de ces points, le baromètre se soutient de quelques lignes plus bas que dans l'autre, l'eau s'y élèvera à cause de la moindre pression de l'air, et cette intumescence locale durera jusqu'à ce que, par l'effet du vent, l'équilibre de l'air soit rétabli. M. Vaucher pense que les marées du lac de Genève, connues sous le nom de *seiches*, tiennent à cette même cause. Sous la zone torride, les variations horaires du baromètre peuvent produire de petites oscillations à la surface des mers, le méridien de 4^h, qui correspond au minimum de la pression de l'air, se trouvant situé entre les méridiens de 21^h et de 11^h sur lesquels la hauteur du mercure est la plus grande ; mais ces oscillations, si toutefois elles sont sensibles, ne seront accompagnées d'aucun mouvement de translation.

Partout où ce dernier mouvement est produit par l'inégalité de la pesanteur spécifique des molécules, il se forme un double courant, dont le supérieur a une direction contraire à l'inférieur. C'est ainsi que, dans la plupart des détroits, de même que dans les mers des tropiques qui reçoivent les eaux froides des régions boréales, toute la masse d'eau est agitée jusqu'à de grandes profondeurs. Nous ignorons s'il en est de même lorsque le mouvement de translation, qu'il ne faut pas confondre avec l'oscillation des vagues, est l'effet d'une impulsion extérieure. M. de Fleurieu, dans la relation du voyage de l'Isis [1], cite plusieurs faits qui rendent probable que la mer est beaucoup moins calme au fond que les physiciens ne l'admettent généralement. Sans entrer ici dans une discussion dont nous nous occuperons dans la suite, nous observerons seulement que si l'impulsion extérieure est constante dans son action, comme celle des vents alizés, le frottement qu'exercent les molécules d'eau les unes sur les autres doit nécessairement propager le mouvement de la surface de l'Océan jusque dans les couches inferieures. Aussi les navigateurs admettent-ils depuis long-temps cette propagation dans le *Gulf-stream* : ils croient en reconnoître les effets dans la grande profondeur que la mer a partout où elle est traversée par le courant de la Floride, même au milieu des

---

[1] *Voyage fait par ordre du roi en* 1768 *et* 1769 *pour éprouver les horloges marines*, T. I, p. 513.

bancs de sable qui entourent les côtes septentrionales des États-Unis. Cette immense rivière d'eaux chaudes, après avoir parcouru, en cinquante jours, depuis les 24 jusqu'aux 45 degrés de latitude, une longueur de 450 lieues, ne perd pas, malgré les rigueurs de l'hiver dans la zone tempérée, 3 à 4 degrés de la température qui lui est propre sous les tropiques. La grandeur de la masse et le peu de conductibilité de l'eau pour le calorique empêchent un refroidissement plus prompt. Or, si le *Gulf-stream* s'est creusé un lit au fond de l'Océan Atlantique, et si ses eaux sont en mouvement jusqu'à des profondeurs considérables, elles doivent aussi conserver dans leurs couches inférieures une température moins basse que celle que l'on observe sur le même parallèle, dans une portion de la mer dépourvue de courans et de bas-fonds. Ces questions ne peuvent être éclaircies que par des expériences directes faites avec des sondes thermométriques.

Sir Erasmus Gower observe que, dans la traversée d'Angleterre aux îles Canaries, on entre dans le courant qui entraîne les vaisseaux vers le sud-est, depuis les 39 degrés de latitude. Pendant notre navigation de la Corogne aux côtes de l'Amérique méridionale, l'effet de ce mouvement des eaux se fit sentir encore plus au nord. Du 37.ᵉ au 30.ᵉ degré, la déviation fut très-inégale; l'effet diurne moyen étoit de 12 milles, c'est-à-dire que notre corvette se trouva poussée vers l'est, en six jours, de 75 milles. En coupant le parallèle du détroit de Gibraltar, à 140 lieues de distance, nous eûmes occasion d'observer que, dans ces parages, le maximum de la vîtesse ne correspond pas à l'ouverture du détroit même, mais à un point plus septentrional, qui se trouve sur le prolongement d'une ligne qui passe par le détroit et le cap Saint-Vincent. Cette ligne est parallèle à la direction que suivent les eaux, depuis le groupe des îles Açores jusqu'au cap Cantin. Il faut observer de plus, et ce fait n'est pas sans intérêt pour ceux qui s'occupent du mouvement des fluides, que dans cette partie du courant rétrograde, sur une largeur de 120 à 140 lieues, toute la masse d'eau n'a pas la même vîtesse, et qu'elle ne suit pas exactement la même direction. Lorsque la mer est parfaitement calme, il paroît à sa surface des bandes étroites, semblables à de petits ruisseaux, et dans lesquelles les eaux courent avec un bruit très-sensible pour l'oreille d'un pilote experimenté. Le 13 juin, par les 34° 36′ de latitude boréale, nous nous trouvâmes au milieu d'un grand nombre de ces lits de courans. Nous pûmes en relever la direction avec la boussole : les uns portoient au nord-est, d'autres à l'est-nord-est, quoique le mouvement général de l'Océan, indiqué par la comparaison de l'estime et de la longitude chronométrique, continuât à être au sud-est. Il est très-commun de voir une masse d'eaux immobiles traversée par des filets d'eau qui courent dans différentes directions ; on peut observer ce phénomène journellement à la surface de nos lacs : mais il est plus rare de trouver des mouvemens partiels imprimés par des causes locales à de petites portions d'eau au milieu d'une rivière pélagique qui occupe un espace immense, et qui se meut dans une direction constante, quoique avec une vîtesse peu considérable. Dans le conflit des courans, comme dans l'oscillation des vagues, notre imagination est frappée de ces mouvemens qui semblent se pénétrer, et dont l'Océan est sans cesse agité.

Nous passâmes le cap Saint-Vincent, qui est de formation basaltique, à plus de 80 lieues de distance. On cesse de le voir distinctement lorsqu'on en est éloigné de plus de 15 lieues ; mais la montagne granitique appelée la Foya de Monchique, située près du cap, se découvre, à ce que prétendent les pilotes, jusqu'à 26 lieues en mer [1]. Si cette assertion est exacte, la Foya a une élévation de 700 toises (1363.^{m}) ; elle est par conséquent de 116 toises (225.^{m}) plus haute que le Vésuve. On est surpris que le gouvernement portugais n'entretienne pas de feu dans un endroit qui doit être reconnu par tous les vaisseaux qui viennent du cap de Bonne-Espérance ou du cap de Horn ; c'est l'objet dont ils attendent la vue avec le plus d'impatience. Entre le Ferrol et Cadix, il n'y a qu'un seul phare, celui du cap La Rocque, qui puisse guider le navigateur sur des côtes dont l'accès est très-dangereux.

[1] *Elementos de Navegacion de Don Dionisio Macarte*, p. 47. Borda, *Voyage de la Flore*, Vol. I, p. 39, Pl. II. Link et Hofmannsegg, *Voyage en Portugal*, T. II, p. 128; T. III, p. 323.

CHAPITRE I.

Les feux de la Tour d'Hercule et du cap Spichel sont si foibles et si peu visibles au loin que l'on ne peut les citer. D'ailleurs le couvent des capucins qui domine le cap Saint-Vincent seroit un des endroits les plus propres à établir un fanal giratoire semblable à ceux de Cadix ou de l'embouchure de la Garonne.

Depuis notre départ de la Corogne jusqu'aux 36 degrés de latitude, nous n'avions aperçu, à l'exception des hirondelles de mer et de quelques dauphins, presque aucun être organisé. Nous attendions en vain des fucus et des mollusques. Le 11 juin nous fûmes frappés d'un spectacle curieux, mais qui dans la suite s'est répété souvent pour nous dans la mer du Sud. Nous entrâmes dans une zone où toute la mer étoit couverte d'une prodigieuse quantité de méduses. Le vaisseau étoit presque en calme, mais les mollusques se portoient vers le sud-est avec une rapidité quadruple de celle du courant. Leur passage dura près de trois quarts d'heure. Bientôt nous ne vîmes plus que quelques individus épars, suivant de loin la foule, comme s'ils étoient lassés du voyage. Ces animaux viennent-ils du fond de la mer qui, dans ces parages, a peut-être plusieurs milliers de toises de profondeur? ou font-ils, par bandes, des voyages lointains? On sait que les mollusques aiment les bas-fonds; et si les huit roches à fleur d'eau, que le capitaine Vobonne affirme avoir vues en 1732, au nord de l'île de Porto Santo, existent effectivement, on peut admettre que cette innombrable quantité de méduses en a été détachée : car nous n'étions qu'à 28 lieues de cet écueil. Nous reconnûmes, outre le Medusa aurita de Baster et le M. pelagica de Bosc, à huit tentacules (Pelagia denticula, Peron), une troisième espèce qui se rapproche du M. hysocella, et que Vandelli a trouvée à l'embouchure du Tage. Elle se distingue par sa couleur d'un brun-jaunâtre et par ses tentacules qui sont plus longues que le corps. Plusieurs de ces orties de mer avoient 4 pouces de diamètre : leur reflet presque métallique, leurs couleurs chatoyantes en violet et en pourpre, contrastoient agréablement avec la teinte azurée de l'Océan.

Au milieu de ces méduses, M. Bonpland observa des paquets de Dagysa notata, mollusque d'une structure bizarre que sir Joseph Banks a fait connoître le premier. Ce sont de petits sacs gélatineux, transparens, cylindriques, quelquefois polygones, qui ont 13 lignes de long, sur 2 à 3 lignes de diamètre. Ces sacs sont ouverts aux deux bouts.

A l'une de ces ouvertures, on observe une vessie hyaline marquée d'une tache jaune. Les cylindres sont longitudinalement collés les uns aux autres comme des cellules d'abeilles, et forment des chapelets de 6 à 8 pouces de longueur. J'essayai en vain l'électricité galvanique sur ces mollusques : elle ne produisit aucune contraction. Il paroît que le genre Dagysa, formé à l'époque du premier voyage de Cook, appartient aux Salpas (Biphores de Bruguière) auxquels M. Cuvier a réuni le Thalia de Brown et le Tethis vagina de Tilesius. Les Salpas voyagent aussi par groupes en se réunissant en chapelets, comme nous l'avons observé dans le Dagysa [1].

Le 13 juin, le matin, par les 34° 33′ de latitude, nous vîmes encore passer de grands

---

[1] *Relation des Voyages entrepris par ordre de S. M. Britannique*, 1789, T. III, p. 261. *Annales du Muséum*, T. IV, p. 360.

amas de ce dernier mollusque, la mer étant parfaitement calme. Nous observâmes pendant la nuit que des trois espèces de méduses que nous avions recueillies aucune ne répandoit de lueur qu'au moment d'un choc très-léger. Cette propriété n'appartient donc pas exclusivement au Medusa noctiluca que Forskæl a décrite dans sa Fauna Ægyptiaca, et que Gmelin a rapportée à la Medusa pelagica de Lœfling, malgré ses tentacules rouges et les tubérosités brunâtres de son corps. En plaçant une méduse très-irritable sur une assiette d'étain, et en frappant contre l'assiette avec un métal quelconque, les petites vibrations de l'étain suffisent pour faire luire l'animal. Quelquefois, en galvanisant des méduses, la phorphorescence paroît au moment que la chaîne se ferme, quoique les excitateurs ne soient pas en contact immédiat avec les organes de l'animal. Les doigts, avec lesquels on l'a touché, restent luisans pendant deux ou trois minutes, comme on l'observe aussi en brisant la coquille des Pholades. Si l'on frotte du bois avec le corps d'une méduse, et que l'endroit frotté ait déjà cessé de luire, la phosphorescence renaît si l'on passe la main sèche sur le bois. Quand la lumière s'éteint une seconde fois, on ne peut plus la reproduire, quoique l'endroit frotté soit encore humide et visqueux. De quelle manière doit-on envisager l'effet du frottement ou celui du choc? C'est une question difficile à résoudre. Est-ce une légère augmentation de température qui favorise la phosphorescence, ou la lumière renaît-elle parce qu'on renouvelle la surface, en mettant en contact, avec l'oxygène de l'air atmosphérique, les parties animales propres à dégager de l'hydrogène phosphoré? J'ai constaté, par des expériences publiées en 1797, que le bois luisant s'éteint dans le gaz hydrogène et dans le gaz azote pur, et que sa lueur reparoît dès que l'on y mêle la plus petite bulle de gaz oxygène. Ces faits, auxquelles nous en ajouterons plusieurs autres dans la suite, conduisent à découvrir les causes de la phosphorescence de la mer et de cette influence particulière que le choc des vagues exerce sur la production de la lumière.

Lorsque nous nous trouvâmes entre l'île de Madère et les côtes d'Afrique, nous eûmes de petites brises et des calmes plats, très-favorables aux observations magnétiques, dont je m'occupois dans cette traversée. Nous ne pouvions nous lasser d'admirer la beauté des nuits : rien n'approche de la transparence et de la sérénité du ciel africain. Nous fûmes frappés de la prodigieuse quantité d'étoiles filantes qui tomboient à chaque instant. Plus nous avancions vers le sud, et plus ce phénomène devenoit fréquent, surtout près des îles Canaries. Je crois avoir observé, pendant mes courses, que ces météores ignés sont en général plus communs et plus lumineux dans certaines régions de la terre que dans d'autres. Je n'en ai jamais vu de si multipliés que dans le voisinage des volcans de la province de Quito, et dans cette partie de la mer du Sud qui baigne les côtes volcaniques de Guatimala. L'influence que les lieux, les climats et les saisons paroissent avoir sur les étoiles filantes, distingue cette classe de météores de ceux qui donnent naissance aux aérolithes, et qui vraisemblablement existent hors des limites de notre atmosphère. D'après les observations correspondantes de MM. Benzenberg[1] et

---

[1] *Gilbert. Annalen de Physik*, Th. XII, p. 368.

Brandes, beaucoup d'étoiles filantes vues en Europe n'avoient que 30000 toises de hauteur. On en a même mesuré une dont l'élévation n'excédoit pas 14000 toises ou cinq lieues marines. Ces mesures, qui ne peuvent donner que des résultats par approximation, mériteroient bien d'être répétées. Dans les climats chauds, surtout sous les tropiques, les étoiles filantes laissent fréquemment derrière elles une traînée qui reste lumineuse pendant 12 ou 15 secondes : d'autres fois elles paroissent crever en se divisant en plusieurs étincelles, et généralement elles sont beaucoup plus basses que dans le nord de l'Europe. On ne les voit que par un ciel serein et azuré ; peut-être n'en a-t-on jamais aperçu au-dessous d'un nuage. Souvent les étoiles filantes suivent une même direction pendant quelques heures, et cette direction est alors celle du vent [1]. Dans le golfe de Naples, nous avons observé, M. Gay-Lussac et moi, des phénomènes lumi-

[1] C'est le résultat des nombreuses observations de M. Arago qui, lors de la prolongation de la méridienne en Espagne, a pu suivre la direction des météores pendant des nuits entières sur le *Tosal d'Encanade*, montagne du royaume de Valence.

neux très-analogues à ceux qui ont fixé mon attention pendant un long séjour à Mexico et à Quito. Ces météores sont peut-être modifiés par la nature du sol et de l'air, comme certains effets du mirage et de la réfraction terrestre propres aux côtes de la Calabre et de la Sicile.

Nous ne vîmes dans notre navigation ni les îles Désertes ni Madère. J'aurois désiré pouvoir vérifier la longitude de ces îles, et prendre les angles de hauteur des montagnes volcaniques qui s'élèvent au nord de Funchal. M. de Borda[1] rapporte que ces montagnes se voient à 20 lieues de distance, ce qui ne prouveroit qu'une hauteur de 414 toises (806m.) : mais nous savons, par des mesures récentes, que la cime la plus élevée[2] de Madère a 5162 pieds anglois, ou 807 toises. Les petites

---

[1] *Voyage de la Flore*, T. I, p. 65. Le Salvage est visible à 8 lieues; les petites îles Désertes le sont à 12 lieues de distance. *Borda*, T. I, p. 67 et 70.

[2] *Smith, Tour of the Continent*, Vol. I, p. 200. *Irish Trans.*, Vol. VIII, p. 124. D'après Heberdeen, le pic Ruivo de Madère est élevé de 595 toises au-dessus de la plaine qui environne sa base. *Premier voyage de Cook*, Tom. I. p. 272.

îles Désertes et le Salvage, sur lequel on recueille de l'Orseille et du Mesembryanthenum crystallinum, n'ont pas 200 toises de hauteur perpendiculaire. Je pense qu'il est utile de fixer l'attention des navigateurs sur ces déterminations, parce que, d'après une méthode dont cette relation offre plusieurs exemples, et que Borda, lord Mulgrave, M. de Rossel et don Cosme Churruca, ont employée avec succès dans leurs expéditions, on peut, par des angles de hauteur pris avec de bons instrumens à réflexion, connoître avec une précision suffisante la distance à laquelle le vaisseau se trouve d'un cap ou d'une île hérissée de montagnes.

Lorsque nous nous trouvâmes à 40 lieues dans l'est de l'île de Madère, une hirondelle vint se placer sur le hunier. Elle étoit si fatiguée, qu'elle se laissa prendre aisément. C'étoit l'hirondelle des cheminées [1]. Qu'est-ce qui peut engager un oiseau, dans cette saison et par un temps calme, à voler si loin ? Dans l'expédition de d'Entrecasteaux, on vit également une hirondelle de cheminée

---

[1] *Hirundo rustica*, Lin.

à 60 lieues de distance du cap Blanc; mais c'étoit vers la fin d'octobre, et M. Labillardière la crut nouvellement arrivée d'Europe. Nous traversions ces parages au mois de juin, à une époque où, depuis long-temps, la mer n'avoit pas été agitée par des tempêtes. J'insiste sur cette dernière circonstance, parce que de petits oiseaux, et même des papillons, sont quelquefois jetés au large par l'impétuosité des vents, comme nous l'avons observé dans la mer du Sud, étant à l'ouest des côtes du Mexique.

Le Pizarro avoit ordre de toucher à l'île de Lancerotte (*Lanzarote*), une des sept grandes îles Canaries, pour s'informer si les Anglois bloquoient la rade de Sainte-Croix de Ténériffe. Depuis le 15 juin on étoit inquiet sur la route qu'on devoit suivre. Jusque-là, les pilotes, à qui l'usage des horloges marines n'étoit pas très-familier, avoient montré peu de confiance dans la longitude que j'obtenois assez régulièrement deux fois par jour, par le transport du temps, en prenant des angles horaires le matin et le soir. Ils hésitèrent de gouverner au sud-est, de peur d'attaquer le cap de Nun, ou du moins de laisser l'île de Lancerote à l'ouest. Enfin, le 16 juin, à neuf heures du matin, lorsque nous nous trouvions déjà par 29° 26' de latitude, le capitaine changea de rumb et fit route à l'est. La précision du garde-temps de Louis Berthoud fut bientôt reconnue : à deux heures de l'après-midi, nous eûmes la vue de la terre, qui paroissoit comme un petit nuage fixé à l'horizon. A cinq heures, le soleil étant plus bas, l'île de Lancerote se présenta si distinctement que je pus prendre l'angle de hauteur d'une montagne conique qui domine majestueusement sur les autres cimes, et que nous crûmes être le grand volcan qui avoit fait tant de ravage dans la nuit du 1.er septembre 1730.

Le courant nous entraîna vers la côte plus rapidement que nous ne le désirions. En avançant, nous découvrîmes d'abord l'île de Fortaventure (*Forteventura*), célèbre par le grand nombre de chameaux [1] qu'elle nourrit;

[1] Ces chameaux, qui servent aux labours et dont le peuple mange quelquefois la chair salée, n'y existoient pas avant que les Béthencourts fissent la conquête des îles Canaries. Au seizième siècle, les ânes

et, peu de temps après, nous vîmes la petite île de Lobos, dans le canal qui sépare Fortaventure de Lancerote. Nous passâmes une partie de la nuit sur le tillac. La lune éclairoit les cimes volcaniques de Lancerote, dont les pentes, couvertes de cendres, réflétoient une lumière argentée. Antarès brilloit près du disque lunaire, qui n'étoit élevé que de peu de degrés au-dessus de l'horizon. La nuit étoit d'une sérénité et d'une fraîcheur admirables. Quoique nous fussions très-peu éloignés des côtes d'Afrique et du bord de la zone torride, le thermomètre centigrade ne se soutenoit cependant pas au-dessus de 18°. La phosphorescence de l'Océan paroissoit augmenter la masse de lumière répandue dans l'air. Je pouvois lire, pour la première fois, le vernier d'un sextant de Troughton de deux pouces, dont la division

s'étoient tellement multipliés dans l'île de Fortaventure, qu'ils étoient devenus sauvages, et qu'il fallut leur donner la chasse. On en tua plusieurs milliers pour sauver les récoltes. Les chevaux de Fortaventure sont d'une beauté remarquable et de race barbaresque. *Noticias de la historia general de las islas Canarias, por don Jose de Viera*, Tom. II, p. 436.

étoit très-fine, sans éclairer le limbe par une bougie. Plusieurs de nos compagnons de voyage étoient Canariens : comme tous les habitans des îles, ils vantoient avec enthousiasme la beauté de leur pays. Après minuit, de gros nuages noirs s'élevant derrière le volcan couvrirent par intervalles la lune et la belle constellation du scorpion. Nous vîmes du feu que l'on portoit çà et là sur le rivage. C'étoient vraisemblablement des pêcheurs qui se préparoient à leurs travaux. Nous nous étions occupés, pendant toute la route, à lire les anciens voyages des Espagnols, et ces lumières mouvantes nous rappeloient celles que Pedro Gutierrez, page de la reine Isabelle, vit à l'île de Guanahani, dans la nuit mémorable de la découverte du nouveau monde.

Le 17 au matin, l'horizon étoit brumeux, et le ciel légèrement couvert de vapeurs. Les contours des montagnes de Lancerotte en paroissoient d'autant plus tranchés. L'humidité, en augmentant la transparence de l'air, semble en même temps rapprocher les objets. Ce phénomène est très-connu de ceux qui ont eu occasion de faire des observations hygrométriques dans des endroits d'où l'on voit la chaîne des hautes Alpes ou celle des Andes. Nous passâmes, la sonde à la main, par le canal qui sépare l'île d'Alegranza de Montaña Clara. Nous examinâmes cet archipel d'îlots situés au nord de Lancerote, et qui sont si mal figurés, tant dans la carte, d'ailleurs très-exacte de M. de Fleurieu, que dans celle qui est jointe au voyage de la frégate la Flore. La carte de l'Océan Atlantique publiée en 1786, par ordre de M. de Castries, offre les mêmes erreurs. Comme les courans sont extrêmement rapides dans ces parages, il est important, pour la sûreté de la navigation, d'observer ici que la position des cinq petites îles Alegranza, Clara, Graciosa, Roca del Este et Infierno ne se trouve indiquée avec exactitude que dans la carte des îles Canaries de M. de Borda et dans l'Atlas de Tofiño, fondé pour cette partie sur les observations de don Jose Varela, qui sont assez conformes à celles de la frégate la Boussole.

Au milieu de cet archipel, qui est rarement traversé par les vaisseaux destinés pour Ténériffe, nous fûmes singulièrement frappés de la configuration des côtes. Nous nous crûmes transportés aux Monts-Euganéens dans le Vicentin, ou aux rives du Rhin près de Bonn [1]. La forme des êtres organisés varie selon les climats, et c'est cette extrême variété qui rend si attrayante l'étude de la géographie des plantes et des animaux; mais les roches, plus anciennes peut-être que les causes qui ont produit la différence des climats sur le globe, sont les mêmes dans les deux hémisphères[2]. Les porphyres renfermant du feldspath vitreux et de l'amphibole, les phonolites[3], les grünsteins, les amygdaloïdes et les basaltes affectent des formes presque aussi constantes que les matières simples cristallisées. Aux îles Canaries, comme en Auvergne, dans le Mittelgebirge en Bohême, comme au Mexique et sur les bords du Gange, la formation de trapp s'annonce par une disposition symétrique des montagnes, par des cônes tronqués, tantôt isolés [4], tantôt

---

[1] *Siebengebirge*, décrit par M. Nose.
[2] *Monum. Amer.*, p. 122.
[3] *Porphyrschiefer* de Werner.
[4] *Monti gemelli*, *Zwillingsberge*.

accouplés, par des plateaux dont les deux extrémités sont couronnées d'un mamelon.

Toute la partie occidentale de Lancerote, que nous vîmes de près, porte le caractère d'un pays récemment bouleversé par des feux volcaniques. Tout est noir, aride, et dénué de terre végétale. Nous distinguâmes, avec la luuette, du basalte stratifié en couches assez minces et fortement inclinées. Plusieurs collines ressemblent au Monte-Novo, près de Naples, ou à ces monticules de scories et de cendres que la terre entr'ouverte a élevés dans une seule nuit au pied du volcan de Jorullo, au Mexique. En effet, l'abbé Viera[1] rapporte qu'en 1730, plus de la moitié de l'île changea de face. Le *Grand Volcan*, dont nous avons parlé plus haut, et que les habitans appellent le volcan de *Temanfaya*, ravagea la région la plus fertile et la mieux cultivée: neuf villages furent alors entièrement détruits par le débordement des laves. Un violent tremblement de terre avoit précédé cette catastrophe, et des secousses également fortes se firent sentir pendant plusieurs

[1] *Viera*, Tom. II, p. 404.

années. Ce dernier phénomène est d'autant plus remarquable qu'il se présente rarement à la suite d'une irruption, lorsque les vapeurs élastiques ont pu se faire jour par le cratère, après l'écoulement des matières fondues. La cime du grand volcan est une colline arrondie, qui n'est pas entièrement conique. D'après les angles de hauteur que j'ai pris à différentes distances, son élévation absolue ne paroît pas excéder de beaucoup 300 toises. Les monticules voisins et ceux de l'Alegranza et d'Isla Clara ont à peine 100 à 120 toises. On est surpris de ne pas trouver plus élevés des sommets qui, vus de la mer, offrent un spectacle si imposant. Mais rien n'est plus incertain que notre jugement sur la grandeur des angles, que soutendent les objets tout près de l'horizon. C'est d'après des illusions de ce genre, qu'avant les mesures faites par MM. de Churruca et Galeano, au cap Pilar, les navigateurs ont regardé comme extrêmement élevées les montagnes du détroit de Magellan et celles de la Terre de Feu.

[1] *Churruca, Apendice a la Relacion del Viaje al Magellanes*, 1793, p. 76.

L'île de Lancerote portoit jadis le nom de *Titeroigotra*. Lors de l'arrivée des Espagnols, ses habitans se distinguoient des autres Canariens par les traces d'une civilisation plus avancée. Ils avoient des maisons construites en pierres de taille, tandis que les Guanches de Ténériffe, en vrais Troglodytes, demeuroient dans les cavernes. A Lancerote, régnoit alors une institution très-singulière, et dont on ne trouve d'exemple que chez les Tibétains. Une femme avoit plusieurs maris qui jouissoient alternativement des prérogatives dues à un chef de famille. Un mari n'étoit regardé comme tel que pendant une révolution lunaire; et, tandis que ses droits étoient exercés par d'autres, il restoit confondu avec les domestiques de la maison. On doit regretter que les religieux qui ont accompagné Jean de Béthencourt, et qui ont tracé l'histoire de la conquête des Canaries, ne nous

[1] *Viera*, Tom. I, p. 150, 171, 191. *Du Halde, Descript. de la Chine*, Tom. IV, p. 461. Au Tibet, la polyandrie est cependant moins commune qu'on ne le pense, et réprouvée par le clergé. *Hakmann* dans *Pallas, Neue Nordische Beiträge*, B. III, p. 282.

aient pas donné plus de renseignemens sur les mœurs d'un peuple chez lequel on trouvoit des usages si bizarres. Au quinzième siècle, l'île de Lancerote renfermoit deux petits états distincts et séparés par une muraille, genre de monumens qui survivent aux haines nationales et qui se retrouvent en Écosse, au Pérou et en Chine.

Les vents nous forcèrent de passer entre les îles Alegranza et Montaña Clara. Comme personne, à bord de la corvette, n'avoit navigué dans cette passe, il fallut jeter la sonde. Nous trouvâmes fond à vingt-cinq et trente-deux brasses. Le plomb rapporta une substance organique, d'une structure si singulière, que nous restâmes long-temps indécis si c'étoit un Zoophyte ou une espèce de Fucus. Le dessin que j'en ai fait sur les lieux est gravé dans le second volume de nos *Plantes équinoxiales*[1]. Sur une tige brunâtre de trois pouces de long, s'élèvent des feuilles rondes, lobées et crénelées au bord. Leur couleur est d'un vert tendre : elles sont membraneuses et striées comme les feuilles

---

[1] *Pl. équin.*, T. II, p. 8, Pl. LXIX.

des Adiantes et du Ginkgo biloba. Leur surface est couverte de poils roides et blanchâtres; avant leur développement, elles sont concaves et enchâssées les unes dans les autres. Nous n'y observâmes aucun vestige de mouvement spontané, aucun signe d'irritabilité, pas même en appliquant l'électricité galvanique. La tige n'est pas ligneuse, mais d'une substance presque cornée, semblable à l'axe des Gorgones. L'azote et le phosphore ayant été trouvés abondamment dans plusieurs plantes cryptogames, il auroit été inutile d'en appeler à la chimie pour décider si ce corps organisé appartient au règne végétal ou au règne animal. La grande analogie qu'il offre avec quelques plantes marines à feuilles d'Adiante, surtout avec le genre Caulerpa de M. Lamoureux, dont le Fucus prolifer de Forskäl est une des nombreuses espèces, nous a engagés à le ranger provisoirement parmi les varechs ou goêmons, et à lui donner le nom de Fucus vitifolius. Les poils, dont cette plante est hérissée, se retrouvent dans beaucoup d'autres Fucus[1]. La feuille,

---

[1] Fucus lycopodiïdes, et F. hirsutus.

examinée au microscope à l'instant où l'on venoit de la retirer de l'Océan, ne présentoit pas, il est vrai, ces glandes conglobées ou ces points opaques qui renferment les parties de la fructification dans les genres Ulva et Fucus; mais combien de fois ne trouve-t-on pas des varechs dans un état tel qu'on ne distingue encore aucune trace de graines dans leur parenchyme transparent?

Je ne serois pas entré dans ces détails, qui appartiennent à l'histoire naturelle descriptive, si le Fucus à feuilles de vigne n'offroit pas un phénomène physiologique d'un intérêt plus général. Fixée sur un morceau de madrépore, cette algue marine végétoit au fond de l'Océan, à une profondeur de 192 pieds, et cependant ses feuilles étoient aussi vertes que celles de nos graminées. D'après des expériences de Bouguer[1], la lumière est affoiblie après un trajet de 180

---

[1] *Traité d'Optique*, p. 256, 264 et 346. Le Fucus vitifolius ne peut avoir été éclairé, à trente-deux brasses de profondeur, que par une lumière 203 fois plus forte que celle de la lune, et par conséquent égale à la moitié de la lumière que répand une chandelle vue à un pied de distance. Or, d'après mes

pieds, dans le rapport de 1 à 1477,8. Le varech de l'Alegranza présente par conséquent un nouvel exemple de plantes qui végètent dans une grande obscurité sans être étiolées. Plusieurs germes, encore enveloppés dans les bulbes des Liliacées, l'embryon des Malvacées, des Rhamnoïdes, du Pistacia, du Viscum et du Citrus, les branches de quelques plantes souterraines; enfin des végétaux, transportés dans des mines où l'air ambiant contient de l'hydrogène ou une grande quantité d'azote, verdissent sans lumière. D'après ces faits, on est tenté d'admettre que ce n'est pas seulement sous l'influence des rayons solaires que se forme, dans les organes des végétaux, ce carbure d'hydrogène dont la présence fait paroître le parenchyme d'un vert plus ou moins foncé, selon que le carbonne prédomine dans le mélange [1].

expériences directes, le Lepidium sativum ne verdit presque pas sensiblement à la lumière vive de deux lampes d'Argand. Voyez aussi *Lambert, Photometria,* p. 223.

[1] Ces idées se trouvent en partie exposées dans mon mémoire sur les phénomènes de l'étiolement (*Jour-*

M. Turner, qui a si bien fait connoître la famille des varechs, et beaucoup d'autres botanistes célèbres, pensent que la plupart des Fucus que nous recueillons à la surface de l'Océan, et qui, par les 23 et 35 degrés de latitude et les 32° de longitude, offrent au navigateur le spectacle d'une vaste prairie inondée, croissent primitivement au fond de la mer, et ne voyagent que dans l'état adulte, lorsqu'ils sont arrachés par le mouvement des flots. Si cette opinion est exacte, il faut convenir que la famille des algues marines présente de grandes difficultés aux physiciens qui persistent à croire que toute absence de lumière doit produire un étiolement: car comment admettre que tant d'espèces d'Ulvacées et de Dictyotées à tiges et à feuilles vertes, qui nagent sur la surface de l'Océan, aient végété sur des rochers presque à fleur d'eau?

D'après des notions puisées dans un vieux routier portugais, le capitaine du *Pizarro* crut se trouver vis-à-vis d'un petit fort situé

nal de Physique, Tom. XL, p. 154), et dans mes *Aphorismes sur la physiologie chimique des végétaux*. (*Flora Freibergensis*, p. 179.) Voyez aussi *Trans. of the Irish Academy*, Vol. VIII, p. 260.

au nord de Teguise, capitale de l'île de Lancerote. On prit un rocher de basalte pour un château : on le salua en arborant pavillon espagnol, et l'on mit le canot à l'eau pour qu'un des officiers allât s'informer, près du commandant de ce prétendu fort, si des bâtimens anglois croisoient dans ces parages. Notre surprise fut assez grande, lorsque nous apprîmes que la terre qu'on avoit regardée comme un prolongement de la côte de Lancerote étoit la petite île de la Graciosa, et qu'à plusieurs lieues à la ronde il n'y avoit pas un endroit habité.

Nous profitâmes du canot pour reconnoître la terre qui fermoit l'enceinte d'une large baie. Rien ne sauroit exprimer l'émotion qu'éprouve un naturaliste lorsqu'il touche pour la première fois un sol qui n'est pas européen. L'attention est fixée sur un si grand nombre d'objets qu'on a de la peine à se rendre compte des impressions que l'on reçoit. A chaque pas on croit trouver une production nouvelle; et, dans cette agitation, on ne reconnoît souvent pas celles qui sont les plus communes dans nos jardins de botanique et dans nos collections d'histoire naturelle. A cent toises de la côte nous aperçûmes un homme qui pêchoit à la ligne. On dirigea le canot sur lui; mais il prit la fuite, et se cacha derrière un rocher. Les matelots parvinrent avec peine à le ramener. La vue de la corvette, le canon tiré dans un endroit solitaire, mais quelquefois visité par des corsaires barbaresques ; le débarquement du canot, tout avoit intimidé ce pauvre pêcheur. Il nous apprit que la petite île de la Graciosa, à laquelle nous venions d'aborder, étoit séparée de Lancerote par un canal étroit appelé El Rio. Il nous proposa de nous conduire au port de Los Colorados pour y prendre des informations sur le blocus de Ténériffe ; mais comme il assura en même temps n'avoir aperçu, depuis plusieurs semaines, aucun bâtiment au large, le capitaine résolut de continuer sa route pour Sainte-Croix.

La petite partie de l'île de la Graciosa que nous parcourûmes ressemble à ces promontoires de laves que l'on observe près de Naples, entre Portici et Torre del Greco. Les rochers sont nus, dénués d'arbres et d'arbustes, le plus souvent sans trace de terreau. Quelques plantes licheneuses crustacées, des Variolaires, des Lepraria et des Urcéolaires[1] se trouvent éparses sur le basalte. Les laves qui ne sont pas couvertes de cendres volcaniques, restent des siècles sans aucune apparence de végétation. Sur le sol africain, l'excessive chaleur et de longues sécheresses ralentissent le développement des plantes cryptogames.

Les basaltes de la Graciosa ne sont pas colonnaires, mais divisés par couches de 10 à 15 pouces d'épaisseur. Ces couches sont inclinées sous un angle de 80 degrés au nord-ouest. Le basalte compacte alterne avec des couches de basalte poreux et de marne. La roche ne contient pas d'amphibole, mais de grands cristaux d'olivine lamelleuse, qui ont un triple clivage[2]. Cette

---

[1] Nous reconnûmes les Lecidea atrovirens, Urceolaria ocellata, U. diamarta (à laquelle M. Acharius rapporte le Lichen Kœnigii de ma Flore de Freiberg), Parmelia parietina, P. tenella (Lichen hispidus Wild.), P. atra, Lecidea fusco-atra, et plusieurs autres espèces qu'on avoit cru jusqu'ici appartenir exclusivement au nord de l'Europe. (*Achar. Methodus Lichenum*, Tom. I, p. 152.)

[2] *Blättriger Olivin.*

substance se décompose très-difficilement. M. Haüy la regarde comme une variété du pyroxène. Le basalte poreux, qui fait transition au mandelstein, a des cavités alongées de deux jusqu'à huit lignes de diamètre, tapissées de calcédoine, et enchâssant des fragmens de basalte compacte. Je n'ai pas observé que ces cavités fussent dirigées dans un même sens, ni que la roche poreuse fût superposée sur les couches compactes, comme cela arrive dans les courans de laves de l'Etna et du Vésuve. La marne[1], qui alterne plus de cent fois avec le basalte, est jaunâtre, friable par décomposition, très-cohérente dans l'intérieur, et souvent divisée en prismes irréguliers analogues aux prismes trapéens. Le soleil décolore leur surface comme il blanchit plusieurs schistes en débrûlant un principe hydrocarburé qui paroît combiné avec les terres. La marne de la Graciosa contient beaucoup de chaux, et fait vivement effervescence avec l'acide nitrique, même sur des points où elle se trouve en contact avec le basalte. Ce fait est d'autant plus

---

[1] *Mergel.*

remarquable que cette substance ne remplit pas les fentes de la roche, mais que ses couches sont parallèles à celles du basalte : on doit en conclure que les deux fossiles sont d'une même formation et ont une origine commune. Le phénomène d'une roche basaltique, renfermant des masses de marne endurcie et fendillée en petites colonnes, se retrouve d'ailleurs dans le Mittelgebirge en Bohême. En visitant ces contrées, en 1792, M. Freiesleben[1] et moi, nous avons même reconnu dans la marne du Stiefelberg l'empreinte d'une plante voisine du Cerastium ou de l'Alsine. Ces couches de marne que renferment les montagnes trapéennes, sontelles dues à des éruptions boueuses, ou doiton les considérer comme des dépôts aqueux qui alternent avec des dépôts volcaniques? Cette dernière hypothèse paroît d'autant plus forcée, que, d'après les recherches de sir James Hall sur l'influence que la pression exerce dans les fusions, l'existence de l'acide carbonique dans des substances que renferme le basalte, n'offre rien de surprenant.

[1] *Bergmannisches Journal*, 1792, p. 215.

Beaucoup de laves du Vésuve présentent des phénomènes analogues. Dans la Lombardie, entre Vicenza et Abano, où le calcaire du Jura contient de grandes masses de basalte, j'ai vu ce dernier faire effervescence avec les acides là où il touche la roche calcaire.

Nous n'eûmes pas le loisir d'atteindre le sommet d'une colline très-remarquable, en ce que son pied est formé de bancs d'argile sur lesquels reposent des couches de basalte, exactement comme dans une montagne de la Saxe [1] qui est devenue célèbre par les disputes des géologues volcanistes et neptuniens. Ces basaltes étoient recouverts d'une substance mamelonée que j'ai vainement cherchée au Pic de Ténériffe, et que l'on désigne sous les noms de verre volcanique, verre de Müller ou Hyalite : elle fait le passage de l'opale à la calcédoine. Nous en détachâmes avec peine quelques beaux échantillons ; il fallut laisser intactes des masses qui avoient 8 à 10 pouces en carré. Je n'ai jamais vu en Europe de si belles

[1] *Scheibenberger Hügel.*

Hyalites qu'à l'île de la Graciosa et sur le rocher porphyritique appelé *el Peñol de los baños*, au bord du lac de Mexico.

Il y a sur le rivage deux sortes de sable : l'un est noir et basaltique, l'autre blanc et quartzeux. Dans un endroit exposé aux rayons du soleil, le premier fit monter le thermomètre à 51°,2 (41° R.), et le second à 40° (32° R.). La température de l'air, observée à l'ombre, étoit de 27°,7, ou de 7°,5 plus élevée que celle de l'air de mer. Le sable quartzeux contient des fragmens de feldspath. Il est rejeté par la mer, et forme, pour ainsi dire, à la surface des rochers, de petits îlots sur lesquels végètent des plantes grasses et salines. Des fragmens de granite ont été observés à Ténériffe : l'île de la Gomère, d'après des renseignemens qui m'ont été fournis par M. Broussonet, renferme un noyau de schiste micacé : le quartz, disséminé dans le sable que nous avons trouvé sur les plages de la Graciosa, est une substance étrangère aux laves et aux porphyres trapéens qui ont tant de rapports avec les produits volcaniques. L'ensemble de ces faits paroît prouver qu'aux îles Canaries, comme dans les Andes de Quito, en Auvergne, en Grèce et dans la majeure partie du globe, les feux souterrains se sont fait jour à travers des roches de formation primitive. En indiquant dans la suite un grand nombre de sources chaudes que nous avons vu sortir du granite, du gneiss et du schiste micacé, nous aurons occasion de revenir sur cet objet qui est un des plus importans de l'histoire physique du globe.

Rembarqués au coucher du soleil, nous mîmes à la voile avec une brise trop foible pour continuer notre route à Ténériffe. La mer étoit calme ; une vapeur roussâtre couvroit l'horizon et sembloit agrandir les objets. Dans cette solitude, au milieu de tant d'îlots inhabités, nous jouîmes pendant long-temps de l'aspect d'une nature sauvage et imposante. Les montagnes noires de la Graciosa présentoient des murs taillés à pic de cinq ou six cents pieds de hauteur. Leurs ombres, projetées sur la surface de l'Océan, donnoient au paysage un caractère lugubre. Semblables aux débris d'un vaste édifice, des rochers de basalte sortoient du sein des eaux. Leur existence nous rappeloit cette époque reculée où des volcans sous-marins donnèrent naissance à de nouvelles îles ou déchirèrent les continens. Tout ce qui nous environnoit de près sembloit annoncer la destruction et la stérilité ; mais au fond de ce tableau les côtes de Lancerote offroient un aspect plus riant. Dans une gorge étroite, entre deux collines couronnées de touffes d'arbres épars, se prolongeoit un petit terrain cultivé. Les derniers rayons du soleil éclairoient des blés prêts à être moissonnés. Le désert même s'anime dès qu'on y reconnoît les traces de la main laborieuse de l'homme.

Nous essayâmes de sortir de cette anse par la passe qui sépare l'Alegranza de Montaña Clara, et par laquelle nous étions entrés sans difficulté, pour débarquer à la pointe septentrionale de la Graciosa. Le vent ayant molli beaucoup, les courans nous portèrent très-près d'un écueil sur lequel la mer brisoit avec force, et que les cartes anciennes désignent sous le nom d'*Enfer* ou *Infierno*. Comme nous aperçûmes cet écueil à deux encablures de l'avant de la corvette, nous reconnûmes que c'est une butte de lave de trois à quatre toises de hauteur, remplie de cavités et couverte de scories qui ressemblent au *coak* ou à la masse spongieuse de la houille désoufrée. On peut supposer que le rocher de l'Infierno [1], que les cartes plus récentes appellent la *Roche de l'Ouest* (*Roca del Oeste*), a été soulevé par le feu volcanique. Il se peut même qu'il ait été jadis beaucoup plus élevé; car l'*Ile Neuve* des Açores, qu'on a vue sortir de la mer à plusieurs reprises, en 1638 et 1719, avoit atteint jusqu'à 354 pieds (115^m) de hauteur [2] lors-

[1] Borda, *Voyage de la Flore*, Tom. I, p. 386. Bory-Saint-Vincent, *Essai sur les îles Fortunées*, p. 20. Je dois faire observer ici que cet écueil se trouve déjà marqué sur la célèbre carte vénitienne d'Andrea Bianco, mais que le nom d'*Infierno* y est donné, comme dans la plus ancienne carte de Picigano, construite en 1367, à l'île de Ténériffe, sans doute parce que les Guanches regardoient le Pic comme l'entrée de l'*Enfer*. Dans ces mêmes parages, une île reparut en 1811.

[2] En 1720, cette île étoit visible à 7 ou 8 lieues de distance. *Mém. de l'Académie*, 1722, p. 12. Fleurieu, *Voyage de l'Isis*, Tom. I, p. 565.

qu'elle disparut entièrement en 1723, et que l'on trouva quatre-vingts brasses de fond à l'endroit qu'elle avoit occupé. L'idée que j'énonce sur l'origine de la butte basaltique de l'Infierno, se trouve confirmée par un phénomène qui a été observé, vers le milieu du dernier siècle, dans ces mêmes parages. Lors de l'éruption du volcan de Temanfaya, deux collines pyramidales de laves lithoïdes s'élevèrent du fond de l'Océan, et se réunirent peu à peu à l'île de Lancerote.

La foiblesse du vent et les courans ne nous permettant pas de débouquer par le canal de l'Alegranza, on résolut de passer la nuit à courir des bordées entre l'Isla Clara et la Roche de l'Est. Cette résolution manqua de nous devenir funeste. Il est très-dangereux de se trouver en calme près de ce dernier rocher, vers lequel le courant porte avec une force extraordinaire. A minuit, nous commençâmes à sentir les effets de ce courant. La proximité des masses pierreuses, qui s'élèvent perpendiculairement au-dessus des eaux, nous ôtoit le peu de vent qui souffloit : la corvette ne gouvernoit presque pas, et à chaque instant on craignoit de toucher. Il est difficile de concevoir comment une butte basaltique, isolée au milieu de la vaste étendue de l'Océan, peut causer un mouvement si considérable dans les eaux. Ces phénomènes, bien dignes de l'attention des physiciens, sont cependant très-connus des marins : on les observe d'une manière très-effrayante dans la mer du Sud, surtout dans le petit archipel des îles Galapagos. La différence de température qui existe entre le fluide et la masse des rochers ne peut expliquer la direction qu'affectent ces courans ; et comment admettre que l'eau s'engouffre à la base de ces écueils qui souvent ne sont pas d'origine volcanique, et que cet engouffrement continuel détermine les molécules d'eau à remplacer le vide qui se forme [1].

[1] On est surpris de lire dans un ouvrage d'ailleurs très-utile qui se trouve entre les mains de tous les marins, dans la neuvième édition du *Pratical Navigator de Hamilton Moore*, p. 200, que c'est par l'effet de l'attraction des masses ou de la gravitation universelle, qu'un vaisseau s'éloigne difficilement des côtes, et que la chaloupe d'une frégate est attirée par la frégate même.

Le vent ayant fraîchi un peu le 18 au matin, nous réussîmes à passer par le canal. Nous nous approchâmes beaucoup une seconde fois de l'*Infierno*, et nous reconnûmes de grandes crevasses par lesquelles les fluides gazeux se sont probablement fait jour lors du soulèvement de cette butte basaltique. Nous perdîmes de vue les petites îles de l'Alegranza, Montaña Clara et Graciosa, qui paroissent n'avoir jamais été habitées par les Guanches. On ne les fréquente aujourd'hui que pour y recueillir de l'orseille; cette production est cependant moins recherchée depuis que tant d'autres plantes licheneuses de l'Europe boréale offrent des matériaux précieux pour la teinture. Montaña Clara est célèbre par les beaux serins qu'on y trouve. Le chant de ces oiseaux varie par peuplades, comme celui de nos pinçons qui souvent n'est pas le même dans deux cantons voisins. Montaña Clara nourrit aussi des chèvres, ce qui prouve que l'intérieur de cet îlot est moins aride que les côtes que nous avons observées. Le nom d'Alegranza est formé sur celui de *La Joyeuse*, que donnèrent à cette terre les premiers conquérans des Canaries, deux barons normands, Jean de Béthencourt et Gadifer de Salle. C'étoit le premier point auquel ils avoient abordé. Après avoir demeuré plusieurs jours à la Graciosa, dont nous avons examiné une petite partie, ils conçurent le projet de s'emparer de l'île voisine de Lancerote, où Guadarfia, le souverain des Guanches, les accueillit avec cette même hospitalité que Cortez trouva dans le palais de Montézuma. Le roi pasteur, qui n'avoit d'autres richesses que ses chèvres, fut aussi lâchement trahi que le sultan mexicain.

Nous longeâmes les côtes de Lancerote, de l'île Lobos et de Fortaventure. La seconde de ces îles paroît avoir tenu anciennement aux deux autres. Cette hypothèse géologique a déjà été énoncée au dix-septième siècle, par un religieux franciscain, Juan Galindo. Cet écrivain supposa même que le roi Juba n'avoit nommé que six îles Canaries, parce que, de son temps, trois d'entre elles étoient contiguës. Sans admettre cette hypothèse peu probable, de savans géographes ont cru reconnoître, dans l'archipel des Canaries, les deux îles Junoniæ, la Nivaria, l'Ombrios, la Canaria et la Capraria des anciens[1].

L'horizon étant brumeux, nous ne pûmes, pendant toute la traversée de Lancerote à Ténériffe, découvrir la cime du Pic de Teyde. Si la hauteur de ce volcan est de 1905 toises, comme l'indique la dernière mesure trigonométrique de Borda, sa cime doit être visible à une distance de 43 lieues marines, en supposant l'œil au niveau de l'Océan et une réfraction égale à 0,079 de la distance. On a révoqué en doute[2] que le Pic ait jamais été aperçu dans le canal qui sépare Lancerote de Fortaventure, et qui est éloigné du volcan, d'après la carte de Varela, de 2° 29′, ou de près de 50 lieues. Ce phénomène paroît cependant avoir été vérifié par plusieurs officiers de la marine royale d'Espagne : j'ai eu entre les mains, à bord de la corvette le *Pizarro*, un journal de route dans lequel il étoit marqué que le Pic de Ténériffe avoit été relevé à

---

[1] *Gosselin, Rech. sur la Géogr. des Anciens*, Tom. I, p. 146, 156,, 163.

[2] *Voyage de la Flore*, Tom. I, p. 380. Mon chronomètre m'a donné, la côte nord-ouest de Lancerote, de 15° 52′ 10″ à l'ouest du méridien de Paris.

135 milles de distance, près le cap méridional de Lancerote, appelé Pichiguera. Son sommet se présenta encore sous un angle assez considérable pour faire croire à l'observateur, Don Manuel Baruti, que le volcan auroit pu être visible 9 milles plus loin. C'étoit au mois de septembre, vers le soir, et par un temps très-humide. En comptant 15 pieds pour l'élévation de l'œil, je trouve que, pour rendre compte de ce phénomène, on doit supposer une réfraction égale à 0,158 de l'arc, ce qui n'est pas très-extraordinaire pour la zone tempérée. D'après les observations du général Roy, les réfractions varient en Angleterre de $\frac{1}{20}$ à $\frac{1}{5}$; et s'il étoit vrai que sur les côtes d'Afrique elles atteignissent ces limites extrêmes, ce dont je doute beaucoup, le Pic, dans de certaines circonstances, pourroit être visible sur le pont d'un vaisseau, jusqu'à la distance de 61 lieues marines.

Les navigateurs qui ont beaucoup fréquenté ces parages, et qui réfléchissent sur les causes physiques des phénomènes, sont surpris que le Pic de Teyde et celui des Azores [1] soient

[1] La hauteur de ce Pic est, d'après Fleurieu, de 1100 t.; d'après Ferrer, de 1238 t.; d'après Toñino,

quelquefois visibles de très-loin, quand d'autres fois on ne les découvre pas à des distances beaucoup moins grandes, quoique le ciel paroisse serein, et que l'horizon ne soit pas embrumé. Ces circonstances sont d'autant plus dignes de fixer l'attention du physicien, que plusieurs bâtimens, à leur retour en Europe, attendent avec impatience la vue de ces montagnes pour rectifier leur point en longitude, et qu'ils s'en croient plus éloignés qu'ils ne le sont effectivement, lorsque, par un temps clair, ils ne les aperçoivent pas à des distances auxquelles les angles soutendus devroient déjà être très-considérables. La constitution de l'atmos-

de 1260 t. : mais ces mesures ne sont que des évaluations par approximation. Le capitaine du Pizarro, Don Manuel Cagigal, m'a prouvé, par son journal, qu'il a relevé le Pic des Açores à 37 lieues de distance, à une époque où il étoit sûr de sa latitude, au moins à deux minutes près. Le volcan fut relevé au S. 4° E., de sorte que l'erreur en longitude ne pouvoit influer qu'insensiblement sur l'évaluation de la distance. Cependant l'angle que soutendoit le Pic des Açores étoit si grand, que M. Cagigal pense que ce volcan doit être visible à plus de 40 ou 42 lieues. La distance de 37 lieues suppose une élévation de 1431 toises.

phère influe singulièrement sur la visibilité des objets éloignés. On peut admettre en général que le Pic de Ténériffe s'aperçoit assez rarement de très-loin par les temps chauds et secs des mois de juillet et d'août, et qu'au contraire on le découvre à des distances extraordinaires dans les mois de janvier et de février, quand le ciel est légèrement couvert, et immédiatement après une pluie abondante, ou bien peu d'heures avant. Il paroît que la transparence de l'air augmente prodigieusement, comme nous l'avons déjà remarqué plus haut, lorsqu'une certaine quantité d'eau est uniformément répandue dans l'atmosphère. D'ailleurs il ne faut pas être surpris que le Pic de Teyde soit plus rarement visible de très-loin, que les sommets des Andes que j'ai eu occasion d'observer si long-temps. Ce Pic, moins élevé que les parties de l'Atlas auxquelles est adossée la ville de Maroc, n'est pas, comme elles [1], couvert de neiges perpétuelles. Le *Piton*, ou *Pain de Sucre*, qui termine le Pic, réfléchit sans doute beaucoup

---

[1] D'après Haest et *Jackson*, *Account of the empire of Marocco*, p. 43.

de lumière, à cause de la couleur blanchâtre de la pierre ponce rejetée par le cratère; mais la hauteur de ce petit cône tronqué ne forme qu'un vingt-deuxième de la hauteur totale. Les flancs du volcan sont couverts ou de blocs de laves noires et scorifiées, ou d'une végétation vigoureuse, dont les masses renvoient d'autant moins de lumière, que les feuilles des arbres sont séparées les unes des autres par des ombres d'une étendue plus considérable que celle de la partie éclairée.

Il résulte de là, qu'abstraction faite du *Piton*, le Pic de Teyde appartient à ces montagnes que, d'après l'expression de Bouguer, on ne voit, à de grands éloignemens, que d'une *manière négative*, parce qu'elles interceptent la lumière qui nous est transmise des limites extrêmes de l'atmosphère, et que nous nous apercevons de leur existence seulement à cause de la différence d'intensité qui subsiste entre la lumière aérienne qui les entoure et celle que renvoient les molécules d'air placées entre la montagne et l'œil de l'observateur [1].

[1] *Traité d'Optique*, p. 365. Il suit des expériences du même auteur que, pour que cette différence devienne sensible pour nos organes et que la montagne

En s'éloignant de l'île de Ténériffe, le Piton ou Pain de Sucre se voit assez long-temps d'une *manière positive*, parce qu'il réfléchit une lumière blanchâtre et qu'il se détache du ciel en clair; mais ce cône n'ayant que 80 toises d'élévation sur 40 toises de largeur à son sommet, on a agité récemment la question [1] de savoir si par la petitesse de sa masse il peut être visible à des distances qui excèdent 40 lieues, et s'il n'est pas plutôt probable que les navigateurs ne distinguent le Pic, comme un petit nuage au-dessus de l'horizon, que lorsque la base du Piton commence à s'y montrer. Si l'on admet que la largeur moyenne du *Pain de Sucre* est de 100 toises, on trouve que le petit cône, à 40 lieues de distance, soutend encore, dans le sens horizontal, un angle de plus de trois minutes. Cet angle est assez considérable pour rendre un objet visible; et si la hauteur du Piton excédoit de beaucoup la largeur de sa base, l'angle, dans le sens horizontal, pourroit être plus petit

puisse se détacher distinctement sur le ciel, une des lumières doit être au moins d'un soixantième plus forte que l'autre.

[1] *Voyage de Marchand*, Tom. II, p. 19.

encore, sans que l'objet cessât de faire une impression sur nos organes : car des observations micrométriques ont prouvé que la limite de la vision n'est d'une minute que lorsque les dimensions des objets sont les mêmes dans tous les sens. On distingue de loin, à la simple vue, des troncs d'arbres isolés dans une vaste plaine, quoique l'angle soutendu soit au-dessous de 25 secondes.

Comme la visibilité d'un objet qui se détache en brun dépend des quantités de lumière que l'œil rencontre sur deux lignes, dont l'une aboutit à la montagne, et dont l'autre se prolonge jusqu'à la surface de l'Océan aérien, il en résulte que plus on s'éloigne de l'objet, et plus aussi devient petite la différence entre la lumière de l'atmosphère circonvoisine et celle des couches d'air placées devant la montagne. C'est pour cela que des cimes moins élevées, lorsqu'elles commencent à paroître au-dessus de l'horizon, se présentent d'abord sous une teinte plus obscure que les cimes que l'on découvre à de très-grands éloignemens. De même la visibilité des montagnes qui ne s'aperçoivent que d'une manière négative, ne dépend pas uniquement de l'état des basses régions de l'air, auxquelles se bornent nos observations météorologiques, mais aussi de sa transparence et de sa constitution physique dans les parties les plus élevées : car l'image se détache d'autant mieux que la lumière aérienne qui vient des limites de l'atmosphère a été originairement plus intense, ou bien qu'elle a éprouvé moins de perte dans son trajet. Cette considération explique jusqu'à un certain point pourquoi, par un ciel également serein, l'état du thermomètre et de l'hygromètre étant exactement le même dans l'air qui avoisine la terre, le Pic est tantôt visible, tantôt invisible aux navigateurs qui en sont également éloignés. Il est même probable que la chance d'apercevoir ce volcan ne seroit pas plus grande, si le cône de cendre au sommet duquel se trouve l'ouverture du cratère égaloit, comme au Vésuve, le quant de la hauteur totale. Ces cendres, qui sont de la pierre ponce réduite en poussière, ne réfléchissent pas autant de lumière que la neige des Andes. Elles font que la montagne, vue de très-loin, sans se détacher en clair, se détache beaucoup plus foiblement en brun. Elles contribuent, pour ainsi dire, à égaliser les portions de lumière aérienne dont la différence variable rend l'objet plus ou moins distinctement visible. Des montagnes calcaires, dénuées de terre végétale, des sommets couverts de sable granitique, les hautes savanes des Cordillères [1], qui sont d'un jaune doré, se distinguent mieux sans doute à de petites distances que les objets qui se voient d'une manière négative; mais la théorie indique une certaine limite au delà de laquelle ces derniers se détachent plus distinctement sur la voûte azurée du ciel.

Les cimes colossales de Quito et du Pérou, élevées au-dessus de la limite des neiges perpétuelles, réunissent tous les avantages qui peuvent les faire apercevoir sous des angles très-petits. Nous avons vu plus haut que le sommet arrondi du Pic de Ténériffe n'a que près de cent toises de diamètre. D'après les mesures que j'ai faites à Riobamba, en 1803, le dôme du Chimborazo, 153 toises au-dessous de sa cime, par conséquent dans un point

---

[1] *Los Pajonales*, de *paja*, paille. C'est le nom de la *région des graminées* qui entoure la zone des neiges perpétuelles. *Géogr. Vég.*, p. 70.

CHAPITRE I.　　　201

qui est de 1300 toises plus élevé que le Pic, a encore 673 toises (1312^m.) de largeur. De plus, la zone des neiges perpétuelles forme le quart de la hauteur de la montagne; et la base de cette zone, vue du côté de la mer du Sud, occupe une étendue de 3437 toises (6700^m). Mais, quoique le Chimborazo soit de $\frac{2}{3}$ plus élevé que le Pic, on ne le voit cependant, à cause de la courbure de la terre, que de 38 milles et un tiers plus loin [1]. L'éclat duquel brillent ses neiges, lorsqu'au port de Guayaquil, à la fin de la saison des pluies, il se montre à l'horizon, peut faire supposer qu'on doit l'apercevoir de très-loin dans la mer du Sud. Des pilotes très-dignes de foi m'ont assuré l'avoir vu près du rocher du Muerto, au sud-ouest de l'île de la Punà, à une distance de 47 lieues [2]. Chaque fois qu'il

---

[1] Sans avoir égard à la réfraction, le Pic de Ténériffe (1904 toises) est visible à 1° 57′ 22″; le Mont-Blanc (2440 toises) à 2° 13′ 0″, et le Chimborazo (3350 toises) à 2° 35′ 30″. La réfraction moyenne supposée de $\frac{8}{100}$ n'augmente cette distance, pour le Chimborazo, que de 14 milles.

[2] D'après les cartes du *Deposito hydrografico* de Madrid. En admettant 1° 13′ 32″ pour la différence

a été vu de plus loin, les observateurs, incertains de leur longitude, n'ont pas été en état de fournir une donnée exacte.

La lumière aérienne, projetée sur les montagnes, augmente la visibilité de celles qui se voient positivement ; son énergie diminue au contraire la visibilité des objets qui, comme le Pic de Ténériffe et celui des Açores, se détachent en brun. Bouguer, en se fondant sur des considérations théoriques, a trouvé que, d'après la constitution de notre atmosphère, les montagnes, vues négativement, ne peuvent s'apercevoir à des distances qui excèdent 35 lieues [1]. Il est important de faire

---

des méridiens de Guayaquil et de Quito, telle que je l'ai trouvée (*Obs. astr.*, Tom. II, p. 298, 357 et 433), le Muerto est un peu moins éloigné du Chimborazo.

[1] Si, d'après la théorie de Bouguer (*Traité d'Optique*, p. 360), l'intensité de la couleur aérienne, que réfléchit la totalité de l'atmosphère vers l'horizon, dans une direction déterminée, est égale à $\frac{2575}{10000}$ q., l'intensité, après un trajet de 30 lieues marines, seroit $\frac{2525}{10000}$ q. Cette quantité diffère de l'autre d'un peu plus de $\frac{1}{60}$, tandis qu'après un trajet de 45 lieues, l'intensité de la couleur aérienne est déjà de $\frac{2565}{10000}$ q.;

observer ici que l'expérience est contraire à ces calculs. Le Pic de Ténériffe a été souvent vu de 36, de 38, et même de 40 lieues. De plus, dans les attérages des îles Sandwich, la cime de Mowna-Roa [1], à une époque où elle

ce qui diffère trop peu de $\frac{7575}{10000}$ q. pour que la différence puisse être sensible pour nos organes. D'après ces données, on trouve, par interpolation, que la visibilité devroit déjà cesser à 35 lieues de distance.

[1] La hauteur de Mowna-Roa est, d'après Marchand, de plus de 2598 toises ; d'après King, elle est de 2577 toises ; mais ces mesures, malgré leur accord accidentel, ne se fondent pas sur des moyens très-précis. C'est un phénomène assez extraordinaire que de voir se dépouiller entièrement de ses neiges une cime placée par les 19° de latitude, et dont l'élévation excède probablement 2500 toises. La forme très-aplatie de Mowna-Roa, la *Mesa* des anciennes cartes espagnoles, son isolement au milieu de l'Océan, et la fréquence de certains vents qui, modifiés par le courant ascendant, soufflent obliquement, peuvent en être les causes principales. Il est difficile de croire que le capitaine Marchand se soit trompé de beaucoup dans l'évaluation de la distance à laquelle il vit, le 10 octobre 1791, le sommet de Mowna-Roa. Il n'avoit quitté l'île d'O-Whyhee que le 7 au soir ; et, d'après le mouvement des eaux et des observations lunaires du 19, il est probable que la distance excédoit même 53 lieues.

étoit dépourvue de neiges, a été aperçue rasant l'horizon, dans un éloignement de 53 lieues. C'est l'exemple le plus frappant que l'on connoisse jusqu'ici de la visibilité d'une montagne; et, ce qui est d'autant plus remarquable, c'est un objet vu négativement qui offre cet exemple.

J'ai cru devoir réunir ces considérations à la fin de ce chapitre, parce qu'en touchant de près un des problèmes de l'optique les plus importans, celui de l'affoiblissement de la lumière par son passage à travers les couches de l'atmosphère, elles offrent en même temps quelque utilité pratique. Les volcans de Ténériffe et des Açores, la Sierra Nevada de Sainte-Marthe, le Pic d'Orizaba, la Silla de Caracas, Mowna-Roa et le Mont-Saint-Élie, isolés dans la vaste étendue des mers, ou placés sur les côtes des continens, servent de balises pour diriger le pilote qui est dépourvu

---

D'ailleurs un navigateur expérimenté, M. de Fleurieu, rapporte que, dans un éloignement de 35 ou 36 lieues, le Pic de Ténériffe est visible, même par un temps qui n'est pas parfaitement clair. (*Voyage de Marchand*, Tom. I, p. 408 et 427; Tom. II, p. 10 et 78).

de moyens propres à déterminer la position du vaisseau par l'observation des astres; tout ce qui a rapport à la visibilité de ces balises naturelles intéresse la sûreté de la navigation.

CHAPITRE II.

Séjour à Ténériffe. — Voyage de Sainte-Croix à l'Orotava. — Excursion à la cime du Pic de Teyde.

Depuis notre départ de la Graciosa, l'horizon resta si embrumé que, malgré la hauteur considérable des montagnes de Canarie [1], nous n'eûmes connoissance de cette île que le 18 juin au soir. C'est le grenier de l'archipel des îles Fortunées ; et, ce qui est un phénomène bien remarquable pour une région située au-delà des limites des tropiques, on assure que, dans quelques cantons, on y obtient deux récoltes de froment par an, l'une en février, et l'autre en juin [2]. Canarie n'a jamais été visitée par un minéralogiste instruit; cette île en seroit cependant d'autant

---

[1] *Isla de la Gran Canaria.*
[2] *Ledru, Voyage à Ténériffe*, Tom. I, p. 37.

plus digne, que la physionomie de ses montagnes, disposées par chaînes parallèles, m'a paru différer entièrement de celle que présentent les cimes de Lancerote et de Ténériffe. Rien de plus intéressant pour le géologue, que d'observer les rapports dans lesquels se trouvent, sur un même point du globe, les terrains volcanisés avec les terrains primitifs et secondaires. Lorsque les îles Canaries auront été un jour examinées dans toutes les parties qui composent le système de ces montagnes, on reconnoîtra qu'on s'est trop hâté en regardant le groupe entier comme soulevé par l'action des feux sous-marins.

Le 19 au matin, nous découvrîmes la pointe de Naga[1] ; mais le pic de Ténériffe resta encore invisible. La terre se dessinoit mal : une brume épaisse en enveloppoit toutes les formes. A mesure que nous approchâmes de la rade Sainte-Croix, nous remarquâmes que cette brume, poussée par le vent, s'approchoit de nous. La mer étoit fortement agitée, comme elle l'est presque toujours dans ces parages. Nous

[1] *Punta de Naga, Anaga* ou *Nago.*

mouillâmes après avoir sondé plusieurs fois; car le brouillard étoit si épais qu'on distinguoit avec peine les objets, à quelques câbles de distance; mais, au moment où l'on commença à saluer la place, la brume se dissipa totalement. Le pic de Teyde se montra alors dans une éclaircie au-dessus des nuages; les premiers rayons du soleil qui n'étoit point encore levé pour nous, éclairoient le sommet du volcan. Nous nous portâmes vers la proue de la corvette pour jouir de ce spectacle majestueux, lorsqu'au même instant on signala quatre vaisseaux anglois qui se tenoient en panne tout près de la poupe. Nous les avions rangés sans en être aperçus; et la même brume qui nous avoit dérobé la vue du Pic, nous avoit soustraits au danger d'être ramenés en Europe. Il auroit été bien pénible pour des naturalistes d'avoir vu de loin les côtes de Ténériffe sans pouvoir toucher un sol bouleversé par des volcans.

Nous relevâmes aussitôt l'ancre, et le Pizarro approcha autant qu'il étoit possible du fort pour être sous sa défense. C'est sur cette plage que, dans le débarquement tenté par les Anglois, deux ans avant notre arrivée, l'amiral Nelson eut le bras emporté [1] par un boulet. Le gouverneur-général des Canaries [2] envoya l'ordre au capitaine de la corvette de faire déposer de suite à terre les dépêches de la cour pour les gouverneurs des colonies, l'argent embarqué et la correspondance du public. Les vaisseaux anglois s'éloignèrent de la rade : ils avoient donné chasse la veille au paquet-bot l'*Alcudia*, qui étoit parti peu de jours avant nous de la Corogne. Il s'étoit vu obligé de relâcher au port de Palmas, dans l'île de Canarie; et plusieurs passagers, qui alloient, dans une chaloupe à Sainte-Croix de Ténériffe, avoient été faits prisonniers.

La position de cette ville ressemble beaucoup à celle de la Guayra, le port le plus fréquenté de la province de Caracas. La chaleur est excessive dans les deux endroits, et par les mêmes causes; mais l'aspect de Sainte-Croix est plus triste. Sur une plage étroite et sablonneuse, des maisons d'une blancheur éclatante, à toits plats et à fenêtres

---

[1] Au mois de juillet 1797.
[2] Don Andrès de Perlasca.

sans vitrage, se trouvent adossées à un mur de rochers noirs taillés à pic et dénués de végétation. Un beau môle construit en pierre de taille, et la promenade publique plantée en peupliers, sont les seuls objets qui interrompent la monotonie du paysage. La vue du Pic, tel qu'il se présente au-dessus de Sainte-Croix, est beaucoup moins pittoresque que celle dont on jouit au port de l'Orotava. Là, une plaine riante et richement cultivée contraste avec l'aspect sauvage du volcan. Depuis les groupes de palmiers et de bananiers qui bordent la côte jusqu'à la région des Arbutus, des lauriers et des pins, la roche volcanique y est couverte d'une végétation vigoureuse. On conçoit comment même des peuples qui habitoient sous le beau climat de la Grèce et de l'Italie, ont cru reconnoître une des îles Fortunées dans la partie occidentale de Ténériffe. La côte orientale, celle de Sainte-Croix, au contraire, porte partout le caractère de la stérilité. Le sommet du Pic n'est pas plus aride que le promontoire de laves balsatiques qui se prolonge vers la pointe de Naga, et sur lequel des plantes grasses, fixées dans les fentes du rocher, commencent à peine à préparer du terreau. Au port de l'Orotava, la cime du piton soutend un angle de hauteur de plus de seize degrés et demi; tandis qu'au môle de Sainte-Croix[1], cet angle excède à peine 4° 36′.

Malgré cette différence, et quoique, dans le dernier endroit, le volcan s'élève au-dessus de l'horizon, à peine autant que le Vésuve vu du môle de Naples, l'aspect du Pic est encore très-majestueux lorsque, mouillé dans la rade, on le découvre pour la première fois. Le piton seul étoit visible pour nous; son cône se projetoit sur un fond du bleu le plus pur, tandis que des nuages noirs et épais enveloppoient le reste de la montagne jusqu'à 1800 toises d'élévation. La pierre ponce, éclairée par les premiers rayons du soleil, réflétoit une lumière rougeâtre, semblable à celle qui teint souvent les sommets des hautes Alpes. Peu à peu cette lumière devint du blanc le plus éclatant; et, trompés, comme la plupart des

---

[1] Les distances obliques de la cime du volcan à l'Orotava et à Sainte-Croix sont à peu près de 8600 toises, et de 22500 toises.

voyageurs, nous crûmes que le Pic étoit encore couvert de neiges, et que nous aurions bien de la difficulté à parvenir au bord de son cratère.

Nous avons observé, dans la Cordillère des Andes, que les montagnes coniques, comme le Cotopaxi et le Tungurahua, se présentent plus souvent dégagés de nuages que les montagnes dont la crête est hérissée de beaucoup de petites inégalités, comme l'Antisana et le Pichincha; mais le Pic de Ténériffe, malgré sa forme pyramidale, est, une grande partie de l'année, enveloppé dans les vapeurs, et l'on reste quelquefois pendant plusieurs semaines dans la rade de Sainte-Croix sans l'apercevoir une seule fois. Sa position à l'ouest d'un grand continent, et son isolement au milieu des mers, sont sans doute les causes de ce phénomène. Les navigateurs savent très-bien que même les îlots les plus petits et les plus dépourvus de montagnes rassemblent au-dessus d'eux et retiennent les nuages. En outre, le décroissement du calorique est différent au-dessus des plaines de l'Afrique [1] et au-dessus

---

[1] *Obs. astr.*, Tom. I, p. 126.

de la surface de l'Océan ; et les couches d'air, amenées par les vents alisés, se refroidissent à mesure qu'elles avancent vers l'ouest. Si l'air a été d'une sécheresse extrême au-dessus des sables brûlans du désert, il s'est saturé rapidement dès qu'il est entré en contact avec la surface de la mer ou avec l'air qui repose sur cette surface. Il est donc aisé de concevoir pourquoi les vapeurs deviennent visibles dans des couches atmosphériques qui, éloignées du continent, n'ont plus la même température à laquelle elles se sont saturées d'eau. De plus, la masse considérable d'une montagne qui s'élève au milieu de l'Atlantique, oppose un obstacle aux nuages que les vents poussent au large.

Nous attendîmes long-temps, et avec impatience, que le gouverneur de la place nous donnât la permission de descendre à terre. J'employai ce loisir à faire les observations nécessaires pour déterminer la longitude du môle de Sainte-Croix, et l'inclinaison de l'aiguille aimantée. Le chronomètre de Louis Berthoud donna pour la première, 18° 33′ 10″. Cette position diffère de 3 à 4 minutes en arc de celle qui résulte des ancientes observations de Fleurieu, Pingré, Borda, Vancouver et La Peyrouse. M. Quenot avoit cependant aussi obtenu 18° 33′ 36″, et l'infortuné capitaine Bligh 18° 34′ 20″. La précision de mon résultat a été confirmée, trois ans plus tard, par l'expédition du chevalier Krusenstern, dans laquelle on a trouvé Sainte-Croix de 16° 12′ 45″ à l'ouest de Greenwich, et par conséquent de 18° 33′ 0″ à l'ouest de Paris. Ces données prouvent que les longitudes que le capitaine Cook attribuoit à Ténériffe et au cap de Bonne-Espérance sont de beaucoup trop occidentales [1]. Le même navigateur avoit trouvé l'inclinaison magnétique, en 1799, de 61° 52′. Nous l'observâmes, M. Bonpland et moi, de 62° 24′, résultat conforme à celui qui a été obtenu, en 1791, par M. de Rossel, dans l'expédition de d'Entrecasteaux [2]. La déclinaison de l'aiguille varie de plusieurs degrés, selon qu'on l'observe au môle ou

---

[1] *Galeano, Viage al Magellanes*, p. 8. *Krusenstern, Reise um die Welt*, Th. I, S. 78, et mes *Obs. astr.*, Tom. I, p. xxxvii, et p. 27 et 33.

[2] *Voyage à la recherche de La Peyrouse*, Tom. II, p. 291.

sur plusieurs points au nord, le long du rivage. On ne sauroit être surpris de ces changemens dans un lieu entouré de roches volcaniques. J'ai observé, avec M. Gay-Lussac, que, sur la pente du Vésuve et dans l'intérieur de son cratère, l'intensité des forces magnétiques est modifiée par la proximité des laves [1].

Après avoir été fatigués, par les questions multipliées des personnes qui visitoient notre bord pour recueillir des nouvelles politiques, nous descendîmes enfin à terre. Le canot fut aussitôt renvoyé vers la corvette, de peur que le ressac, qui est très-dangereux dans cette rade, ne le brisât contre le môle. Le premier objet qui frappa nos regards, étoit une femme d'une taille élancée, extrêmement basanée et mal vêtue, qu'on appeloit la *Capitana*. Elle étoit suivie de plusieurs autres, dont le costume n'étoit pas plus décent : toutes demandoient avec instance de pouvoir aller à bord du Pizarro, permission qui naturellement ne leur fut pas accordée. Dans ce port, si fréquenté par les Européens, le déréglement des mœurs prend les formes

[1] *Mém. de la Société d'Arcueil*, Tom. I, p. 9.

de l'ordre. La *Capitana* est un chef choisi par ses compagnes, sur lesquelles elle exerce une grande autorité. Elle empêche ce qui pourroit nuire au service des vaisseaux ; elle engage les matelots à retourner à leur bord aux heures qui leur sont prescrites. Les officiers s'adressent à elle lorsqu'on craint que quelque personne de l'équipage ne se cache pour déserter.

En entrant dans les rues de Sainte-Croix, nous sentîmes une chaleur suffocante, quoique le thermomètre ne s'élevât pas au-dessus de 25 degrés. Quand on a long-temps respiré l'air de la mer, on souffre chaque fois qu'on débarque, non parce que cet air contient plus d'oxygène que l'air de terre, comme on l'a faussement avancé, mais parce qu'il est moins chargé de ces combinaisons gazeuses [1] que les substances animales et végétales, et le terreau, qui est le résultat de leur décomposition, versent continuellement dans l'atmosphère. Des miasmes, qui échappent à l'analyse chimique, agissent puissamment sur nos organes, surtout lorsque

---

[1] *Nouv.-Esp.*, Tom. IV, p. 561 de l'édit. in-8°.

ces derniers n'ont pas éprouvé depuis long-temps le même genre d'irritation.

Sainte-Croix de Ténériffe, l'*Añaza* des Guanches, est une ville assez jolie, et dont la pupulation s'élève à huit mille ames. Je n'y ai pas été frappé de ce grand nombre de moines et d'ecclésiastiques séculiers que les voyageurs se croient obligés de voir dans tous les pays soumis à l'Espagne. Je ne m'arrêterai pas non plus à décrire les églises, la bibliothéque des Dominicains, qui s'élève à peine à quelques centaines de volumes, le môle où les habitans s'assemblent le soir pour chercher la fraîcheur, et ce fameux monument de marbre de Carare, de trente pieds de haut, dédié à *Notre-Dame de la Candelaria*, en mémoire de l'apparition miraculeuse qu'elle fit, en 1392, à Chimisay, près de Guimar. Le port de Sainte-Croix peut être considéré comme un grand caravanserai, situé sur la route de l'Amérique et de l'Inde. Presque toutes les relations de voyages commencent par une description de Madère et de Ténériffe; et si l'histoire physique de ces îles offre encore un champ immense à exploiter, il faut convenir que la topographie des petites villes de Funchal, de Sainte-Croix, de la Laguna et de l'Orotava, ne laisse presque rien à désirer[1].

Les recommandations de la cour de Madrid nous procurèrent aux Canaries, comme dans toutes les autres possessions espagnoles, la réception la plus satisfaisante. Le capitaine général nous fit délivrer d'abord la permission de parcourir l'île. Le colonel Armiaga, chef d'un régiment d'infanterie, nous logea chez lui et nous combla de politesses. Nous ne pûmes nous lasser d'admirer, dans son jardin, cultivés en plein air, le Bananier, le Papayer, le *Poinciana pulcherrima*, et d'autres végétaux que jusqu'alors nous n'avions vus que dans les serres. Le climat des Canaries n'est cependant pas assez chaud pour mûrir le véritable *Platano Arton*, à fruit triangulaire, de 7 à 8 pouces de longueur, et qui, deman-

---

[1] Borda, *Voyage de la Flore*, Tom. I, p. 86. Viera, *Noticias historicas*, Tom. II, p. 134; Bory de Saint-Vincent, *Essai sur les îles Fortunées*, p. 230; Bedru, *Voyage aux îles de Ténériffe et de Porto Rico*, Tom. I, p. 37; Milbert, *Voyage pittoresque à l'Ile-de-France*, Tom. I, p. 9. *Voyage de Macartney*, Tom. I, p. 74.

dant une température moyenne de près de 24 degrés centésimaux, ne vient pas même dans la vallée de Caracas. Les Bananes de Ténériffe sont celles que les Colons espagnols désignent par les noms de *Camburis* ou *Guineos* et de *Dominicos*. Le Camburi, qui souffre le moins du froid, est même cultivé avec succès à Malaga[1]; mais les fruits que l'on voit de temps en temps à Cadix viennent des îles Canaries, par des vaisseaux qui font le trajet en trois ou quatre jours. En général, le Musa, connu de tous les peuples de la zone torride, et que jusques ici on n'a trouvé nulle part à l'état sauvage, varie dans ses fruits, comme nos pommiers et nos poiriers. Ces variétés[2], que la plupart des naturalistes confondent, quoiqu'elles exigent un climat très-différent, sont devenues constantes par une longue culture.

Nous fîmes le soir une herborisation vers le fort de Passo Alto, le long des rochers basaltiques qui ferment le promontoire de Naga. Nous fûmes très-peu contens de notre

[1] La température moyenne de cette ville n'est que de 18°.

[2] *Nouv.-Esp.*, Tom. III, p. 26 de l'édit. in-8°.

récolte; car la sécheresse et la poussière avoient pour ainsi dire détruit la végétation. Le Cacalia Kleinia, l'Euphorbia canariensis et plusieurs autres plantes grasses qui tirent leur nourriture plutôt de l'air que du sol sur lequel elles sont fixées, nous rappeloient par leur port que ce groupe d'îles appartient à l'Afrique et même à la partie la plus aride de ce continent.

Quoique le capitaine de la corvette eût ordre de s'arrêter assez long-temps à Ténériffe, pour que nous pussions monter à la cime du Pic, si toutefois les neiges le permettoient, on nous avertit, à cause du blocus des vaisseaux anglois, de ne pas compter sur un délai de plus de quatre à cinq jours. Nous nous hâtâmes par conséquent de partir pour le port de l'Orotava, qui est situé sur la pente occidentale du Volcan, et dans lequel nous devions trouver des guides. Je ne pus découvrir personne, à Sainte-Croix, qui eût gravi le Pic : je n'en fus pas surpris. Les objets les plus curieux nous intéressent d'autant moins qu'ils sont plus rapprochés de nous, et j'ai connu des habitans de la ville de Schafhouse, en Suisse, qui n'avoient jamais vu de près la chute du Rhin.

CHAPITRE II. 221

Le 20 juin, avant le lever du soleil, nous nous mîmes en route pour monter à la Villa de la Laguna, élevée de 350 toises [1] au-dessus du port de Sainte-Croix. Nous ne pûmes vérifier cette détermination de hauteur ; car le ressac de la mer ne nous avoit pas permis de retourner, pendant la nuit, à notre bord, pour chercher les baromètres et la boussole d'inclinaison. Comme nous prévoyions que notre voyage au Pic seroit très-précipité, nous nous consolâmes facilement de ne pas exposer des instrumens qui devoient nous servir dans des contrées moins connues des Européens. Le chemin par lequel on monte à la Laguna est sur la droite d'un torrent ou *baranco* qui, dans la saison des pluies, forme de belles cascades : il est étroit et tortueux. On m'a asssuré, depuis mon retour, que M. de Perlasca est parvenu à faire tracer une nouvelle route sur laquelle peuvent rouler des voitures. Près de la ville nous rencontrâmes des chameaux blancs qui paroissoient très-peu chargés. L'emploi principal de ces ani-

[1] Cette évaluation n'est qu'approximative. Voyez la note à la fin du troisième chapitre.

maux est de porter des marchandises de la douane aux magasins des négocians. On les charge ordinairement de deux caisses de sucre de la Havane, qui pèsent ensemble 900 livres; mais on peut augmenter cette charge jusqu'à 13 quintaux ou 52 arrobes de Castille. Les chameaux ne sont guère communs à Ténériffe, tandis qu'ils existent par milliers dans les deux îles de Lancerote et de Fortaventure. Ces dernières, plus rapprochées de l'Afrique, ont aussi un climat et une végétation plus analogue à celle de ce continent. Il est bien extraordinaire que cet animal utile, qui se propage dans l'Amérique méridionale, ne le fasse presque jamais à Ténériffe. Seulement dans le district fertile d'Adexe, où les plantations de la canne à sucre sont les plus considérables [1], on a vu les chameaux se multiplier quelquefois. Ces bêtes de somme, de même que les chevaux, ont été introduites aux îles Canaries au quinzième siècle, par les conquérans normands. Les Guanches ne les connoissoient pas; et ce fait paroît s'ex-

---

[1] Elles ne produisent cependant aujourd'hui pas au delà de 300 quintaux de sucre terré par an.

pliquer très-bien par la difficulté qu'offre le transport d'un animal de si forte taille dans de frêles canots, sans qu'on ait besoin de regarder les Guanches comme un reste des peuples de l'Atlantide, et comme de race différente de celle des Africains occidentaux.

La colline sur laquelle est placée la ville de San Christobal de la Laguna appartient à ce système de montagnes de basalte qui, indépendantes du système de roches volcaniques moins anciennes, forment une large ceinture autour du Pic de Ténériffe. Le basalte sur lequel nous marchions étoit d'un brun noirâtre, compacte, à demi-décomposé, et exhalant au souffle une odeur argileuse. Nous y reconnûmes de l'amphibole, de l'olivine [1] et des pyroxènes [2] translucides, à cassure parfaitement lamelleuse, d'un vert olive peu foncé et souvent cristallisé en prismes à six faces. La première de ces substances est extrêmement rare à Ténériffe; je ne l'ai jamais trouvée dans les laves du Vésuve : celles de l'Etna seules la contiennent abondamment.

---

[1] Peridot granuliforme, Haüy.
[2] Amphigène, Haüy.

Malgré le grand nombre de blocs que nous nous arrêtâmes à casser, au grand ennui de nos guides, nous ne pûmes découvrir ni néphéline, ni leucite [1], ni feldspath. Celui-ci, qui est si commun dans les laves basaltiques de l'île d'Ischia, ne commence à paroître à Ténériffe que lorsqu'on s'approche du volcan même. La roche de la Laguna n'est pas colonnaire, mais divisée en bancs de peu d'épaisseur, et inclinés à l'est sous un angle de 30 à 40 degrés. Nulle part elle n'offre l'aspect d'un courant de laves sorti des flancs du Pic. Si le volcan actuel a donné naissance à ces basaltes, il faut supposer que, semblables aux substances qui composent la Somma, adossée au Vésuve, ils sont l'effet d'un épanchement sous-marin dans lequel la masse liquide a formé de véritables couches. Quelques Euphorbes arborescentes, le Cacalia Kleinia et des Raquettes (Cactus), qui sont devenues sauvages aux îles Canaries, comme dans l'Europe australe et dans tout le continent de l'Afrique, sont les seuls végétaux que l'on observe sur ces rochers arides. Nos mulets glissoient à chaque instant

[1] Augit, Werner.

sur des lits de pierre fortement inclinés. Nous reconnûmes cependant les restes d'un ancien pavé. Dans ces colonies on découvre à chaque pas quelques traces de l'activité que la nation espagnole a déployée au seizième siècle.

A mesure que nous approchâmes de la Laguna nous sentîmes la température de l'atmosphère s'abaisser graduellement. Cette sensation est d'autant plus douce que l'air de Sainte-Croix est très-suffocant. Comme nos organes sont plus affectés par les impressions désagréables, le changement de température devient encore plus sensible quand on retourne de la Laguna au port : on croit alors approcher de l'ouverture d'une fournaise. On éprouve la même chose lorsque, sur les côtes de Caracas, on descend de la montagne d'Avila au port de la Guayra. Selon la loi du décroissement du calorique, trois cent cinquante toises de hauteur ne produisent, sous cette latitude, que trois à quatre degrés de différence de température. La chaleur, qui accable le voyageur en entrant à Sainte-Croix de Ténériffe ou à la Guayra, doit par conséquent être attribuée à la réverbération des rochers auxquels ces villes sont adossées.

C'est la fraîcheur perpétuelle que l'on trouve à la Laguna qui la fait regarder, aux Canaries, comme un séjour délicieux. Située dans une petite plaine, environnée de jardins, dominée par une colline qui est couronnée d'un bois de lauriers, de myrtes et d'arbousiers, la capitale de Ténériffe a en effet une exposition des plus riantes. On se tromperoit si, d'après le récit de quelques voyageurs, on la croyoit placée au bord d'un lac. Les eaux de pluie y forment de temps en temps un marais étendu; et le géologue qui voit partout plutôt l'état passé que l'état présent de la nature, ne peut douter que toute la plaine ne soit un grand bassin desséché. La Laguna, déchue de son opulence, depuis que les éruptions latérales du volcan ont détruit le port de Garachico, et que Sainte-Croix est devenue le centre du commerce de ces îles, ne compte plus que 9000 habitans, parmi lesquels il y a près de 400 moines répartis en six couvens. Quelques voyageurs ont assuré que la moitié de la population portoit le froc. La ville est entourée d'un grand nombre de moulins à vent, qui annoncent la culture du froment dans ces contrées élevées. J'observerai à cette occasion que les graminées céréales étoient connues des Guanches. Ils appeloient le blé, à Ténériffe, *tano*; à Lancerote, *triffa*; l'orge, à l'île Canarie, portoit le nom d'*aramotanoque*, et à Lancerote, celui de *tamosen*. La farine d'orge torréfié (*gofio*) et le lait de chèvre étoient la nourriture principale de ce peuple, sur l'origine duquel on a fait tant de rêves systématiques. Ces alimens indiquent assez que les Guanches tenoient aux peuples de l'ancien continent, peut-être même à ceux de la race du Caucase, et non, comme le reste des Atlantes [1], aux habitans du nouveau monde; ces derniers, avant l'arrivée des Européens, ne connoissoient ni céréales, ni lait, ni fromage.

Un grand nombre de chapelles, que les Espagnols nomment *ermitas*, entourent la ville de la Laguna. Ombragées par des arbres toujours verts et placées sur de petites éminences, ces chapelles ajoutent ici, comme partout, à

[1] Sans entrer ici dans aucune discussion sur l'existence de l'Atlantide, je rappellerai l'opinion de Diodore de Sicile, d'après lequel les Atlantes ignoroient l'usage des céréales, parce qu'ils avoient été séparés du reste du genre humain avant que ces graminées fussent cultivées. *Diod. Sicul.*, Tom. III, p. Wessel. 130.

l'effet pittoresque du paysage. L'intérieur de la ville ne répond pas à son extérieur. Les maisons sont d'une construction solide, mais très-antique, et les rues paroissent désertes. Un botaniste ne doit pas se plaindre de cette vétusté des édifices. Les toits et les murs sont couverts du Sempervivum canariense et de cet élégant Trichomanes dont tous les voyageurs ont parlé : des brouillards fréquens alimentent ces végétaux.

M. Anderson, le naturaliste de la troisième expédition du capitaine Cook, conseille aux médecins de l'Europe d'envoyer leurs malades à l'île de Ténériffe, non sans doute par les motifs qui font préférer à quelques gens de l'art les eaux thermales les plus éloignées, mais à cause de l'extrême douceur et de l'égalité du climat des Canaries. Le sol de ces îles s'élève en amphithéâtre, et présente à la fois, comme le Pérou et le Mexique, quoique sur une petite échelle, tous les climats, depuis les chaleurs de l'Afrique jusqu'au froid des hautes Alpes. Sainte-Croix, le port de l'Orotava, la ville du même nom et celle de la Laguna, offrent quatre endroits dont les températures moyennes forment une série décroissante. Dans l'Europe australe, le changement des saisons est encore trop sensible pour qu'elle puisse présenter les mêmes avantages. Ténériffe, au contraire, située pour ainsi dire à l'entrée des tropiques, quoiqu'à peu de journées de navigation de l'Espagne, participe aux beautés que la nature a prodiguées dans les régions équinoxiales. La végétation y développe déjà quelques-unes de ses formes les plus belles et les plus imposantes, celles des bananiers et des palmiers. L'homme sensible aux beautés de la nature trouve, dans cette île délicieuse, des remèdes encore plus puissans que le climat. Aucun séjour ne me paroît plus propre à dissiper la mélancolie, et à rendre la paix à une ame douloureusement agitée, que celui de Ténériffe et de Madère. Ces avautages ne sont pas uniquement l'effet de la beauté du site et de la pureté de l'air; ils sont dus surtout à l'absence de l'esclavage, dont l'aspect est si révoltant aux Indes et partout où les Colons européens ont porté ce qu'ils appellent leurs lumières et leur industrie.

En hiver, le climat de la Laguna est extrêmement brumeux, et les habitans se plaignent souvent du froid. On n'y a cependant jamais vu tomber de la neige, ce qui pourroit faire croire que la température moyenne de cette ville doit être au-dessus de 18°,7 (15o° R.), c'est-à-dire qu'elle excède encore celle de Naples : je ne donne pas cette conclusion comme rigoureuse; car, en hiver, le refroidissement des nuages ne dépend pas autant de la température moyenne de l'année entière que de la diminution instantanée de chaleur à laquelle un district est exposé par sa situation locale. La température moyenne de la capitale du Mexique, par exemple, n'est que de 16°,8 (13°,5 R.); cependant en cent ans on n'y a vu tomber de la neige qu'une seule fois, tandis que, dans l'Europe australe et en Afrique, il neige encore dans des endroits dont la température moyenne est au délà de 19 degrés.

C'est le voisinage de la mer qui rend la Laguna plus tempérée en hiver qu'elle ne devroit l'être, à cause de son élévation au-dessus du niveau de l'Océan. J'ai même été étonné d'apprendre que M. Broussonet a planté, au milieu de cette ville, dans le jardin du marquis de Nava, des arbres à pin (Artocarpus incisa) et des cannelliers (Laurus Cinnamomum). Ces productions précieuses de la mer du Sud et des Grandes-Indes s'y sont acclimatées aussi bien qu'à l'Orotava. Cet essai ne prouveroit-il pas que l'arbre à pin pourroit végéter en Calabre, en Sicile et en Grenade? La culture du caffier n'a pas également réussi à la Laguna, quoique ses fruits mûrissent à Tegueste, comme entre le port de l'Orotava et le village de Saint-Jean de la Rambla. Il est probable que quelques circonstances locales, peut-être la nature du sol et les vents qui soufflent lors de la floraison, sont la cause de ce phénomène. Dans d'autres régions, par exemple aux environs de Naples, le caffier produit assez abondamment, quoique la température moyenne s'élève à peine au-dessus de 18 degrés centigrades.

Personne n'a déterminé, à l'île de Ténériffe, la moindre hauteur à laquelle on voit tomber annuellement de la neige. Cette détermination, facile à exécuter par des mesures barométriques, a été en général négligée jusqu'ici sous toutes les zones; elle est cependant d'un grand intérêt pour l'agriculture des colonies et pour la météorologie, et tout aussi importante que la mesure de la limite inférieure à laquelle se maintiennent les neiges perpétuelles. Mes observations m'ont fourni les données que je vais réunir dans le tableau suivant :

LATITUDE BORÉALE.	MOINDRE HAUTEUR à laquelle il tombe de la neige.		LIMITE inférieure des neiges perpétuelles.		DIFFÉRENCE des deux colonnes précédentes,		TEMPÉRATURE MOYENNE,	
	en toises.	en mètres.	en toises.	en mètres.	en toises.	en mètres.	centigr.	Réaumur.
0°	2040	3976	2460	4794	420	818	27°	21°,6
20°	1550	3020	2350	4598	810	1578	24°,5	19°,6
40°	0	0	1540	3001	1540	3001	17°	13°,6

Cette table ne présente que l'état moyen de la nature, c'est-à-dire les phénomènes tels qu'on les observe annuellement. Il existe des exceptions fondées sur des localités particulières. Ainsi, il neige quelquefois, quoique très-rarement, à Naples, à Lisbonne, et même à Malaga, par conséquent jusqu'au 37° degré de latitude; et, comme nous venons de l'observer, on a vu tomber de la neige à Mexico, ville dont l'élévation au-dessus du niveau de la mer est de 1173 toises. Ce phénomène, qui ne s'étoit pas présenté depuis plusieurs siècles, eut lieu le jour de l'expulsion des Jésuites, et fut naturellement attribué par le peuple à cet acte de rigueur. Une exception plus frappante encore nous a été offerte pour le climat de Valladolid, capitale de la province de Méchoacan. D'après mes mesures, la hauteur de cette ville, située par les 19° 42′ de latitude, n'est que de mille toises; et cependant peu d'années avant notre arrivée à la Nouvelle-Espagne, les rues y ont été couvertes de neige pendant quelques heures.

On en a vu tomber aussi à Ténériffe dans un terrain situé au-dessus de l'Esperanza de la Laguna, tout près de la ville de ce nom, dont les jardins renferment l'arbre à pin. Ce fait extraordinaire a été rapporté à M. Broussonet par des gens très-âgés. L'Erica arborea, le Mirica Faya et l'Arbutus callycarpa[1] ne souffrirent pas de cette neige; mais elle fit périr tous les porcs qui étoient en plein air. Cette observation est intéressante pour la physiologie végétale. Dans les pays chauds, les plantes sont si vigoureuses que le froid leur est moins nuisible, pourvu qu'il soit de courte durée. J'ai vu cultiver, à l'île de Cuba, le Bananier dans des sites où le thermomètre descend à 7° centésimaux, et quelquefois très-près du point de la congélation. En Italie et en Espagne, les orangers et les dattiers ne périssent pas, quoique le froid pendant la nuit soit de deux degrés au-dessous de zéro. En général, les cultivateurs observent que les arbres qui croissent dans un sol fertile sont moins délicats, et par conséquent moins sensibles à de grands abaissemens de température, que ceux qui végètent

---

[1] Ce bel arbousier, rapporté par M. Broussonet, est bien différent de l'Arbutus laurifolia avec lequel il a été confondu, et qui appartient à la Flore de l'Amérique septentrionale.

dans un terrain duquel ils ne peuvent tirer que peu de sucs nourriciers [1].

Pour passer de la ville de la Laguna au port de l'Orotava et à la côte occidentale de Ténériffe, on traverse d'abord une région montueuse couverte d'un terreau noir et argileux, dans lequel on trouve quelques petits cristaux de pyroxène. Les eaux détachent vraisemblablement ces cristaux des rochers voisins, comme à Frascati près de Rome. Malheureusement des couches de terre ferrugineuse dérobent le sol aux recherches du géologue. Ce n'est que dans quelques ravins que l'on découvre des basaltes colonnaires un peu courbés, et au-dessus d'eux des brèches très-récentes et analogues aux tufs volcaniques. Ces brèches enchâssent des fragmens du même

---

[1] Les mûriers, cultivés dans les terrains maigres et sablonneux des pays limitrophes de la mer Baltique, offrent des exemples de cette foiblesse d'organisation. Les gelées tardives leur font beaucoup plus de mal qu'aux mûriers du Piémont. En Italie, un froid de 5° au-dessous du point de congélation ne fait pas périr des orangers robustes. Selon M. *Galesio*, ces arbres, moins délicats que les limons et les cédrats, ne gèlent qu'à —10° centésimaux.

basalte qu'elles recouvrent, et, à ce que l'on assure, on y observe des pétrifications pélagiques : le même phénomène se répète dans le Vicentin, près de Montechio-Maggiore.

En descendant dans la vallée de Tacoronte on entre dans ce pays délicieux, dont les voyageurs de toutes les nations ont parlé avec enthousiasme. J'ai trouvé, sous la zone torride, des sites où la nature est plus majestueuse, plus riche dans le développement des formes organiques ; mais après avoir parcouru les rives de l'Orénoque, les Cordillères du Pérou et les belles vallées du Mexique, j'avoue n'avoir vu nulle part un tableau plus varié, plus attrayant, plus harmonieux par la distribution des masses de verdure et de rochers.

Le bord de la mer est orné de dattiers et de cocotiers. Plus haut, des groupes de Musa contrastent avec les dragonniers, dont on a justement comparé le tronc au corps d'un serpent. Les coteaux sont cultivés en vignes qui étendent leurs sarmens sur des treillages très-élevés. Des orangers, chargés de fleurs, des myrtes et des cyprès entourent les chapelles que la dévotion a élevées sur des collines isolées. Partout les propriétés sont séparées par des clôtures formées d'Agave et de Cactus. Une innombrable quantité de plantes cryptogames, surtout de fougères, tapissent les murs, humectés par de petites sources d'une eau limpide. En hiver, tandis que le volcan est couvert de neige et de glace, on jouit dans ce canton d'un printemps continuel. En été, au déclin du jour, les vents de mer y répandent une douce fraîcheur. La population de cette côte est très-considérable ; elle paroît l'être encore davantage, parce que les maisons et les jardins sont éloignés les uns des autres, ce qui augmente la beauté du site. Malheureusement le bien-être des habitans ne répond ni aux efforts de leur industrie, ni aux avantages dont la nature a comblé ce canton. Les cultivateurs ne sont généralement pas propriétaires : le fruit de leur travail appartient à la noblesse, et ces mêmes institutions féodales qui, pendant long-temps, ont répandu la misère sur toute l'Europe, entravent encore le bonheur du peuple dans les îles Canaries.

Depuis Tegueste et Tacoronte jusqu'au village de San Juan de la Rambla, qui est célèbre par son excellent vin de Malvoisie, la côte est cultivée comme un jardin. Je la comparerois aux environs de Capoue ou de Valence, si la partie occidentale de Ténériffe n'étoit infiniment plus belle à cause de la proximité du Pic qui offre à chaque pas des points de vue nouveaux. L'aspect de cette montagne n'intéresse pas seulement par sa masse imposante ; il occupe vivement la pensée en la faisant remonter à la source mystérieuse de l'action volcanique. Depuis des milliers d'années, aucune flamme, aucune lueur n'ont été aperçues au sommet du Piton, et cependant d'énormes éruptions latérales, dont la dernière a eu lieu en 1798, prouvent l'activité d'un feu qui est loin de s'éteindre. Il y a d'ailleurs quelque chose d'attristant dans la vue d'un cratère placé au centre d'un pays fertile et bien cultivé. L'histoire du globe nous apprend que les volcans détruisent ce qu'ils ont créé dans un long espace de siècles. Des îles, que l'action des feux sous-marins a fait paroître au-dessus des flots, se parent peu à peu d'une riche et riante verdure ; mais souvent ces terres nouvelles sont déchirées par l'action des mêmes forces qui ont soulevé le fond de l'Océan. Peut-être des îlots, qui n'offrent aujourd'hui que des amas de scories et de cendres volcaniques, ont été jadis aussi fertiles que les coteaux de Tacoronte et du Sauzal. Heureux les pays où l'homme n'a pas à se défier du sol qu'il habite!

En suivant notre route au port de l'Orotava, nous passâmes par les jolis hameaux de Matanza et de Victoria. Ces noms se trouvent réunis dans toutes les colonies espagnoles; ils contrastent désagréablement avec les sentimens de paix et de calme qu'inspirent ces contrées. *Matanza* signifie *boucherie* ou *carnage*, et le mot seul rappelle à quel prix la victoire a été achetée. Dans le nouveau monde, il indique généralement la défaite des indigènes; à Ténériffe, le village de Matanza a été fondé dans un lieu [1] où les Espagnols furent vaincus par ces mêmes Guanches que, bientôt après, on vendit comme esclaves dans les marchés de l'Europe.

Avant d'atteindre l'Orotava, nous nous rendîmes au jardin de botanique situé à une petite distance du port. Nous y trouvâmes M. Legros, vice-consul françois, qui avoit visité souvent le sommet du Pic, et qui fut pour

[1] L'ancien Acantejo.

nous un guide très-précieux. Il avoit suivi le capitaine Baudin dans une expédition aux Antilles, qui a beaucoup contribué à enrichir le jardin des Plantes à Paris. Une horrible tempête, dont M. Ledru a donné les détails dans la relation de son voyage à Porto Rico, força le bâtiment de relâcher à Ténériffe; la beauté du climat de cette île engagea M. Le Gros de s'y établir. C'est lui qui a fourni aux savans de l'Europe les premières notions exactes sur la grande éruption latérale du Pic, que l'on a nommée très-improprement l'explosion du volcan de Chahorra [1].

L'établissement d'un jardin de botanique à Ténériffe est une conception extrêmement heureuse à cause de la double influence que ce jardin peut exercer sur les progrès de la botanique et sur l'introduction de végétaux utiles en Europe. La première idée en est due au marquis de Nava [2], dont le nom mérite d'être placé à côté de celui de M. Poivre, et qui, guidé constamment par l'amour du bien, a fait un noble emploi de sa fortune. C'est avec des

---

[1] Le 8 juin 1798.
[2] Marquis de Villanueva del Prado.

frais immenses qu'il est parvenu à aplanir la colline du Durasno, qui s'élève en amphithéâtre et où les plantations ont été commencées en 1795. M. de Nava a pensé que les îles Canaries, par la douceur de leur climat et par leur position géographique, offroient l'endroit le plus propre pour acclimater les productions des deux Indes, et pour servir d'entrepôt aux végétaux qui doivent s'accoutumer graduellement à la température plus froide de l'Europe australe. En effet, les plantes de l'Asie, celles de l'Afrique et de l'Amérique méridionale peuvent arriver facilement au jardin de l'Orotava; et, pour introduire l'arbre du Quinquina [1] en Sicile, en Portugal ou en Grenade, il faudroit le

---

[1] Je parle des espèces de Quinquina qui, au Pérou et dans le royaume de la Nouvelle-Grenade, végètent sur le dos des Cordillères, entre 1000 et 1500 toises de hauteur dans les endroits où le thermomètre se soutient le jour entre 9 et 10 degrés, et la nuit entre et 4 degrés. Le Quinquina orangé (Cinchona lancifolia) est beaucoup moins délicat que le Quinquina rouge (C. oblongifolia). *Voyez* le Mémoire sur les forêts de Quinquina, que j'ai publié en 1807, dans le *Magazin der Naturkunde*, B. I, p. 118.

planter d'abord au Durasno ou à la Laguna, et transporter ensuite en Europe les rejetons du Quinquina des Canaries. Dans des temps plus heureux, lorsque les guerres maritimes n'entraveront plus les communications, le jardin de Ténériffe pourra aussi devenir très-utile pour le grand nombre de plantes que l'on envoie des Indes en Europe. Avant d'atteindre nos côtes, elles périssent souvent à cause de la longueur d'une navigation pendant laquelle elles respirent un air chargé d'eau salée. Ces végétaux trouveroient à l'Orotava les soins et le climat nécessaires à leur conservation. L'entretien du jardin de botanique devenant d'année en année plus coûteux, le marquis de Nava l'a cédé au gouvernement. Nous y trouvâmes un jardinier instruit, élève de M. Aiton, directeur du jardin royal de Kew. Le terrain est élevé en forme de terrasse et arrosé par une source naturelle. On y jouit de la vue de l'île de Palma, qui s'élève comme un château au milieu de l'Océan. Nous trouvâmes cet établissement peu riche en plantes : on avoit suppléé aux genres qui manquoient, par des étiquettes dont les noms sembloient pris au hasard dans le *Systema vegetabilium* de Linné. Cette distribution des végétaux, d'après les classes du système sexuel, que l'on retrouve malheureusement aussi dans plusieurs jardins de l'Europe, est très-contraire à la culture. Au Durasno, des Protées, le Goyavier, le Jambosier, la Chirimoya du Pérou[1], des Mimoses et des Heliconia, végètent en plein air. Nous y recueillîmes des graines mûres de plusieurs belles espèces de Glycine de la Nouvelle-Hollande, que le gouverneur de Cumana, M. Emparan, a cultivées avec succès, et qui depuis sont devenues sauvages sur les côtes de l'Amérique méridionale.

Nous arrivâmes très-tard au port de l'Orotava[2], si l'on ose nommer port une rade dans laquelle les bâtimens sont obligés de mettre à à la voile lorsque le vent souffle avec violence du nord-ouest. Il est impossible de parler de l'Orotava, sans rappeler aux amis des sciences le nom de M. Cologan, dont la maison, de tout temps, a été ouverte aux voyageurs de toutes les nations. Plusieurs membres de cette

---

[1] *Annona Cherimolia, Lamarck.*
[2] Puerto de la Cruz. Le seul beau port des îles Canaries est celui de Saint-Sébastien, dans l'île de la Gomère.

famille respectable ont été élevés à Londres et à Paris. Don Bernardo Cologan joint à des connoissances solides et variées le zèle le plus ardent pour le bien de sa patrie. On est agréablement surpris de trouver, dans un groupe d'îles situées près des côtes de l'Afrique, cette amabilité sociale, ce goût pour l'instruction, ce sentiment des arts qu'on croit appartenir exclusivement à une petite partie de l'Europe.

Nous aurions désiré pouvoir séjourner quelque temps dans la maison de M. Cologan, et visiter avec lui, près de l'Orotava, les sites délicieux de San Juan de la Rambla et de Rialexo de Abaxo [1]. Mais, dans un voyage comme celui que je venois d'entreprendre, on jouit peu du présent. Tourmenté sans cesse de la crainte de ne pas exécuter les projets du lendemain, on vit dans une inquiétude perpétuelle. Les personnes qui aiment passionnément la nature et les arts, éprouvent ces mêmes sensations en parcourant la Suisse ou l'Italie. Ne pouvant voir qu'une petite partie des

---

[1] Le dernier de ces deux villages est placé au pied de la haute montagne de Tygayga.

objets qui les attirent, ils sont troublés dans leurs jouissances par les privations qu'ils s'imposent à chaque pas.

Le 21 juin au matin, nous étions déjà en route pour le sommet du volcan. M. Le Gros, dont nous ne pouvons assez louer la politesse prévenante, M. Lalande, secrétaire du consulat françois à Sainte-Croix de Ténériffe, et le jardinier anglois du Durasno, partagèrent les fatigues de cette excursion. La journée n'étoit pas très-belle; et le sommet du Pic, qui est généralement visible à l'Orotava, depuis le lever du soleil jusqu'à dix heures, étoit couvert de nuages épais. Un seul chemin conduit au volcan par la *Villa de Orotava*, la *Plaine des Genets* et le *Malpays*; c'est celui qu'ont suivi le père Feuillée, Borda, M. Labillardière, Barrow, et tous les voyageurs qui n'ont pu séjourner que peu de temps à Ténériffe. Il en est de l'excursion au Pic comme de celles qu'on fait communément dans la vallée de Chamouni et à la cime de l'Etna, où l'on est forcé de suivre ses guides; partout on ne voit que ce qui déjà a été vu et décrit par d'autres voyageurs.

Nous fûmes agréablement surpris du

contraste que la végétation de cette partie de Ténériffe offroit avec celle des environs de Sainte-Croix. Sous l'influence d'un climat frais et humide, le sol y étoit couvert d'une belle verdure ; tandis que, sur le chemin de Sainte-Croix à la Laguna, les plantes ne présentoient que des capsules dont les graines étoient déjà tombées. Près du port de la Cruz, la force de la végétation entrave les recherches géologiques. Nous passâmes au pied de deux petites collines qui s'élèvent en forme de cloche. Des observations faites au Vésuve et en Auvergne font croire que ces mamelons doivent leur origine à des éruptions latérales du grand volcan. La colline appelée la *Montañita de la Villa*, paroît en effet avoir jeté jadis des laves ; selon les traditions des Guanches, cette éruption eut lieu en 1430. Le colonel Franqui assura à Borda qu'on distinguoit encore l'endroit où les matières fondues étoient sorties, et que les cendres qui couvroient le terrain voisin n'étoient point encore productives [1].

[1] Ce fait est tiré d'un manuscrit intéressant conservé aujourd'hui à Paris, au *Dépôt des Cartes de la Marine*: il porte le titre de *Résumé des opérations de la campagne de la Boussole* (en 1776), *pour déterminer*

Partout où la roche paroît au jour, nous découvrîmes de l'amygdaloïde basaltique [1] recouverte d'une argile endurcie [2] qui enchâsse des *rapilli* ou fragmens de pierre ponce. Cette dernière formation ressemble au tuff du Pausilippe et aux couches de pouzzolane que j'ai trouvées dans la vallée de Quito, au pied du volcan de Pichincha. L'amygdaloïde a des pores très-alongés, comme les couches supérieures des laves du Vésuve. On croit y reconnoître l'action d'un fluide élastique qui a percé la matière en fusion. Malgré ces analogies, je dois répéter ici que, dans toute la région basse du Pic de Ténériffe, du côté de l'Orotava, je n'ai reconnu aucune coulée de

---

les positions géographiques des côtes d'Espagne et de Portugal sur l'Océan, d'une partie des côtes occidentales de l'Afrique et des îles Canaries, par le chevalier de Borda. C'est le manuscrit dont parle M. de Fleurieu dans les notes qu'il a ajoutées au *Voyage de Marchand*, Tom. II, p. 11, et que M. de Borda m'avoit déjà communiqué en partie avant mon départ. Comme j'en ai extrait des observations importantes, qui n'ont jamais été publiées, je le citerai dans cet ouvrage sous le titre du *Manuscrit du Dépôt.*

[1] *Basaltartiger Mandelstein*, *Werner.*
[2] *Bimstein-Conglomerat*, *W.*

laves, aucun courant dont les limites fussent bien tranchées. Les torrens et les inondations changent la surface du globe; et lorsqu'un grand nombre de coulées de laves se réunissent et s'épanchent dans une plaine, comme je l'ai vu au Vésuve, dans l'*Atrio dei Cavalli*, elles semblent se confondre les unes avec les autres, et prennent l'apparence de véritables couches.

La *Villa de Orotava* s'annonce agréablement de loin, par la grande abondance des eaux qui en traversent les rues principales. La source d'*Agua mansa*, recueillie en deux bassins spacieux, sert à mettre en mouvement plusieurs moulins, et est distribuée ensuite aux vignobles des coteaux voisins. On jouit à la *Villa* d'un climat encore plus frais qu'au port de la Cruz, la brise y soufflant avec force depuis dix heures du matin. L'eau qui a été dissoute dans l'air, à une température plus élevée, se précipite fréquemment et rend le climat très-brumeux. La Villa est à peu près élevée de 160 toises (312^m.) au-dessus de la surface de l'Océan, par conséquent deux cents toises de moins que le sol sur lequel est construite la Laguna; aussi observe-t-on que les mêmes espèces de plantes fleurissent un mois plus tard dans ce dernier endroit.

L'Orotava, l'ancien Taoro des Guanches, est placée sur la pente très-rapide d'une colline : les rues nous ont paru très-désertes ; les maisons, solidement construites, mais d'un aspect lugubre, appartiennent presque toutes à une noblesse que l'on accuse de beaucoup d'orgueil, et qui se désigne elle-même sous le nom fastueux de *dose casas*. Nous longeâmes un aquéduc très-élevé et tapissé d'une infinité de belles fougères. Nous visitâmes plusieurs jardins dans lesquels les arbres fruitiers de l'Europe septentrionale sont mêlés aux Orangers, aux Grenadiers et aux Dattiers. On nous a assuré que ces derniers portent aussi peu de fruits ici qu'à la Terre-Ferme, sur les côtes de Cumana. Quoique nous connussions, par le récit de tant de voyageurs, le Dragonnier du jardin de M. Franqui, nous n'en fûmes pas moins frappés de son énorme grosseur. On assure que le tronc de cet arbre, dont il est question dans plusieurs documens très-anciens, comme désignant les limites d'un champ, étoit déjà aussi monstrueux au quinzième siècle, qu'il l'est aujourd'hui. Sa hauteur nous parut de

50 à 60 pieds; sa circonférence près des racines est de 45 pieds. Nous n'avons pas pu mesurer plus haut; mais sir Georges Staunton a trouvé que, 10 pieds au-dessus du sol, le diamètre du tronc est encore de 12 pieds anglois, ce qui s'accorde bien avec l'assertion de Borda, qui trouva la grosseur moyenne de 33 pieds 8 pouces. Le tronc se divise en un grand nombre de branches qui s'élèvent en forme de candélabre, et qui sont terminées par des bouquets de feuilles, comme dans le Yucca qui orne la vallée de Mexico. C'est cette division qui lui donne un port bien différent de celui des Palmiers [1].

Parmi les êtres organisés, cet arbre est sans doute, avec l'Adansonia ou Baobab du Sénégal, un des habitans les plus anciens de notre globe. Les Baobabs excèdent cependant encore la grosseur du Dragonnier de la Villa d'Orotava. On en connoît qui, près de la racine, ont 34 pieds de diamètre, quoique leur hauteur

---

[1] J'ai donné, dans l'Atlas pittoresque qui accompagne cette relation (Pl. LVIII), la figure du Dragonnier de Franqui, d'après une esquisse faite en 1776, par M. d'Ozonne, lors de l'expédition de MM. de Borda et Varela.

CHAPITRE II. 251

totale ne soit que de 50 à 60 pieds¹. Mais il faut observer que les Adansonia, comme les Ochroma et toutes les plantes de la famille du Bombax, croissent beaucoup plus rapidement² que le Dragonnier, dont la végétation

¹ Adanson est surpris que les Baobabs n'aient pas été cités par d'autres voyageurs. Je trouve, dans le Recueil de Grynæus, qu'Aloysio Cadamosto parle déjà du grand âge de ces arbres monstrueux qu'il vit en 1504, et dont il dit très-bien « *eminentia altitudinis non quadrat magnitudini.* » Cadam. Navig., Cap. XLII. Au Sénégal et près de Praya, aux îles du cap Verd, MM. Adanson et Staunton ont observé des Adansonia dont le tronc avoit 56 à 60 pieds de circonférence. *Voyage au Sénégal,* Tom. I, p. 54. Le Baobab de 34 pieds de diamètre a été vu par M. Golberry, dans la vallée des deux Gagnack. *Fragmens d'un Voyage en Afrique,* Tom. II, p. 92.

² Il en est de même des Platanes (Platanus occidentalis) que M. Michaux a mesurés à Marietta, sur les bords de l'Ohio, et qui, 20 pieds au-dessus du sol, conservoient encore un diamètre de $15 \frac{7}{10}$ pieds. (*Voyage à l'ouest des Monts-Alleghany,* 1804, p. 93). Les taxus, les châtaigners, les chênes, les platanes, les cyprès chauves, les Bombax, les Mimoses, les Cæsalpinia, les Hymenæa et les Dragonniers me paroissent les végétaux qui, sous les différens climats, offrent les exemples de l'accroissement le plus extra-

est très-lente. Celui du jardin de M. Franqui porte encore tous les ans des fleurs et des fruits. Son aspect rappelle vivement « cette jeunesse éternelle [1] de la nature » qui est une source intarissable de mouvement et de vie.

Le Dracæna, que l'on n'observe que dans des endroits cultivés aux îles Canaries, à Madère et à Porto Santo, offre un phénomène curieux sous le rapport de la migration des végétaux. Il n'a point été trouvé dans l'état sauvage, sur le continent de l'Afrique [2], et les

---

ordinaire. Un chêne, trouvé conjointement avec des casques gaulois, en 1809, dans les tourbières de la Somme, près du village d'Yseux, à 7 lieues d'Abbeville, ne le cède pas en grosseur au Dragonnier de l'Orotova. Selon la notice donnée par M. Traullée, le tronc de ce chêne avoit 14 pieds de diamètre.

[1] *Aristot. de Longit. Vitæ*, Cap. VI (ed. Casaub., p. 442).

[2] M. Schousboe, dans sa Flore de Maroc (*Danske Videnskabers-Selskabs Skrivter, B. V.*, p. 4, ne l'indique pas seulement parmi les plantes cultivées, tandis qu'il fait mention du Cactus, de l'Agave et du Yucca. La forme du Dragonnier se retrouve dans différentes espèces du genre Dracæna, au cap de Bonne-Espérance, en Chine et à la Nouvelle-Zélande; mais dans le nouveau monde, elle est remplacée par la forme du Yucca;

Indes orientales sont sa véritable patrie. Par quelle voie cet arbre a-t-il été transplanté à Ténériffe où il n'est guère commun? Son existence prouve-t-elle qu'à une époque très-reculée, les Guanches ont eu des rapports avec d'autres peuples originaires de l'Asie?

En sortant de la Villa de Orotava, un sentier étroit et pierreux nous conduisit, à travers une belle forêt de châtaigniers (*el Monte de Castaños*), dans un site qui est couvert de broussailles, de quelques espèces de lauriers et de la bruyère en arbre. Le tronc de cette dernière plante atteint ici une épaisseur extraordinaire ; et les fleurs dont elle est chargée pendant une grande partie de l'année, contrastent agréablement avec celles de l'Hype-

---

car le Dracæna borealis d'Aiton est un Convallaria dont il a aussi tout le port. Le suc astringent, connu dans le commerce sous le nom de sang de Dragon, est, selon les recherches que nous avons faites sur les lieux, le produit de plusieurs végétaux américains qui n'appartiennent pas au même genre, et dont quelques-uns sont des lianes. A la Laguna, on fabrique, dans des couvens de religieuses, des cure-dents teints du suc du Dragonnier, et dont on nous a vanté l'usage comme très-utile pour la conservation des gencives.

ricum canariense, qui est très-fréquent à cette hauteur. Nous nous arrêtâmes, pour faire notre provision d'eau, sous un beau sapin isolé. Cette station est connue dans le pays sous le nom du *Pino del Dornajito*: sa hauteur, d'après la mesure barométrique de M. de Borda[1], est de 522 toises. On y jouit d'une vue magnifique, de la mer et de toute la partie septentrionale de l'île. Près du Pino del Dornajito, un peu à droite du chemin, jaillit une source assez abondante; nous y plongeâmes un thermomètre qui descendit à 15°,4. A cent toises de distance de cette source il y en a une autre également limpide. Si l'on admet que ces eaux indiquent à peu près la chaleur moyenne du lieu où elles

[1] *Manuscrit du Dépôt, septième cahier*, p. 15. J'ai calculé les hauteurs que j'indique dans le texte, d'après la formule de M. La Place et le coëfficient de M. Ramond. Dans le manuscrit, on trouve 516 toises, d'après la formule de Deluc. Il ne faut pas confondre le *Pino del Dornajito* avec la station du *Pino de la Merienda*, citée par Edens et le père Feuillée, et élevée de plus de 800 toises au-dessus du niveau de l'Océan. Cette dernière station se trouve entre le *Caravela* et le *Portillo*. Voyez, sur l'ensemble de ces mesures, la note ajoutée à la fin du *Journal de route*.

se montrent, on trouve, pour l'élévation absolue de la station, 520 toises, en supposant [1] la température moyenne de la côte de 21°, et un degré de décroissement du calorique correspondant, sous cette zone, à 93 toises. Il ne faudroit pas être surpris si cette source se maintenoit un peu au-dessous de la chaleur moyenne de l'air, parce qu'elle se forme probablement dans un point plus élevé du Pic, et qu'elle communique peut-être même aux petits glaciers souterrains dont nous parlerons dans la

[1] Pour prouver que ces suppositions se fondent sur des observations précises, je rappellerai ici que la température moyenne des régions basses de l'île de Madère, qui est un peu au nord de Ténériffe, est de 20°,4, et que mes observations, faites sous la zone torride, donnent, pour le décroissement du calorique, 98 toises par degré centésimal; tandis que les résultats recueillis par M. Ramond, sous la zone tempérée, par les 45° de latitude, donnent 84 toises. D'après ces extrêmes, il résulte, pour le Dornajito, ou 548 toises ou 470 toises. M. de Borda trouva, en 1776, la température de l'air près de la source de 5° plus froide qu'au port de l'Orotava, ce qui semble prouver que le décroissement que j'ai supposé de 93 toises, n'est pas trop lent. *Phil. Trans.*, Vol. XLVII, p. 358. Ramond, *Mém. sur la Formule barom.*, p. 189.

suite. L'accord que nous venons d'observer entre les mesures barométriques et thermométriques est d'autant plus frappant qu'en général, comme je l'ai exposé ailleurs [1], dans les pays montagneux, à pentes rapides, les sources indiquent un décroissement de calorique trop grand, parce qu'elles réunissent de petits courans d'eau qui s'infiltrent à différentes hauteurs, et que leur température est par conséquent la moyenne entre les températures de ces courans. Les eaux du Dornajito sont célèbres dans le pays; ce sont les seules que l'on connût à l'époque de mon voyage dans le chemin qui conduit à la cime du volcan. La formation des sources exige une certaine régularité dans la direction et l'inclinaison des couches. Sur un sol volcanique, les roches poreuses et fendillées absorbent les eaux pluviales et les conduisent à de grandes profondeurs. De là, cette aridité dans la plupart des îles Canaries, malgré la hauteur considérable

---

[1] *Observ. astr.*, Vol. I, p. 132. C'est ainsi que, dans les Montagnes Bleues de la Jamaïque, M. Hunter a trouvé les sources constamment plus froides qu'elles ne devroient l'être d'après la hauteur à laquelle elles sourdissent.

de leurs montagnes et la masse de nuages que les navigateurs voient sans cesse amoncelés au-dessus de cet archipel.

Depuis le Pino du Dornajito jusqu'au cratère du volcan, on continue de monter sans traverser une seule vallée; car les petits ravins (*barancos*) ne méritent pas ce nom. Aux yeux du géologue, toute l'île de Ténériffe n'est qu'une montagne dont la base presque elliptique est alongée vers le nord-est, et dans laquelle on distingue plusieurs systèmes de roches volcaniques formées à des époques différentes. Ce que dans le pays on regarde comme des volcans isolés, tels que *Chahorra* ou *Montaña Colorada* et *la Urca*, ne sont que des monticules adossés au Pic et qui en masquent la forme pyramidale. Le grand volcan, dont les éruptions latérales ont donné naissance à de vastes promontoires, n'est cependant pas exactement au centre de l'île, et cette particularité de structure paroît moins surprenante, si l'on se rappelle que, d'après les observations d'un minéralogiste distingué [1], ce n'est peut-être pas le petit cratère du Piton

---

[1] M. Cordier.

qui a joué le rôle principal dans les révolutions qu'a éprouvées l'île de Ténériffe.

A la région des bruyères arborescentes, appelée *Monte-Verde*, succède celle des fougères. Nulle part, sous la zone tempérée, je n'ai vu cette abondance de Pteris, de Blechnum et d'Asplenium : cependant aucune de ces plantes n'a le port des fougères en arbre qui, à cinq ou six cents toises de hauteur, font l'ornement principal des forêts de l'Amérique équinoxiale. La racine du Pteris aquilina sert de nourriture aux habitans de Palma et de Gomera ; ils la réduisent en poudre, et ils y mêlent un peu de farine d'orge. Ce mélange grillé s'appelle *gofio ;* l'usage d'un aliment si grossier annonce l'extrême misère du bas-peuple dans les îles Canaries.

Le Monte-Verde est entrecoupé par plusieurs petits ravins (*cañadas*) très-arides. En sortant de la région des fougères on traverse un bois de genévriers (*cedro*) et de sapins qui a beaucoup souffert par la violence des ouragans. C'est dans cet endroit désigné par quelques voyageurs [1] sous le nom

---

[1] Le voyage se fit au mois d'août 1715. *Phil. Trans.*, Vol. XXIX, p. 317. *Carabela* est le nom d'une em-

de *la Caravela*, que M. Edens prétend avoir vu de petites flammes que, d'après la physique de son temps, il attribue à des exhalaisons sulfureuses qui s'enflamment d'elles-mêmes. Nous continuâmes de monter jusqu'à la *Roche de la Gayta* et au *Portillo;* c'est en traversant ce passage étroit entre deux collines basaltiques, qu'on entre dans la grande *Plaine des Genets*[1]. Lors de l'expédition de Lapérouse, M. Manneron avoit réussi à niveler le Pic, depuis le port de l'Orotava jusqu'à cette plaine élevée de près de quatorze cents toises au-dessus du niveau de la mer, mais le manque d'eau et la mauvaise volonté des guides l'empêchèrent de continuer le nivellement jusqu'à la cime du volcan. Les résultats de cette opération, qui a été terminée aux deux tiers, n'ont malheureusement pas été envoyés en Europe, et c'est un travail à recommencer depuis la côte.

Nous mîmes près de deux heures et demie

---

barcation à voile latine. Les pins du Pic servoient jadis pour la mâture des vaisseaux, et la marine royale faisoit ses coupes (*cortes de Madera*) dans le Monte-Verde.

[1] *Los Llanos del Retama.*

à traverser la Plaine des Genets qui n'offre à la vue qu'une immense mer de sable. Malgré l'élévation de ce site, le thermomètre centigrade s'élevoit à l'ombre, vers le coucher du soleil, à 13°,8, c'est-à-dire à 3°,7 de plus que vers le milieu du jour dans le Monte-Verde. Cette augmentation de chaleur ne pouvoit être attribuée qu'à la réverbération du sol et à l'étendue du plateau. Nous souffrîmes beaucoup de la poussière suffocante de pierre ponce, dans laquelle nous étions sans cesse enveloppés. Au milieu de ce plateau s'élèvent des touffes de *Retama*, qui est le Spartium nubigenum d'Aiton. Cet arbuste charmant, que M. de Martinière[1] conseille d'introduire en Languedoc où le combustible est rare, acquiert jusqu'à neuf pieds de hauteur : il est couvert de fleurs odoriférantes, dont les chasseurs de chèvres, que nous rencontrâmes sur la route, avoient orné leurs chapeaux de paille. Les chèvres du Pic, qui ont le poil d'un brun très-foncé, sont regardées comme un mets délicieux : elles

---

[1] Un des botanistes qui ont péri dans l'expédition de Lapérouse.

se nourrissent des feuilles du Spartium, et sont sauvages dans ces déserts depuis un temps immémorial. On les a même transportées à Madère, où elles sont préférées aux chèvres venues d'Europe.

Jusqu'à la Roche de la Gayta, ou à l'entrée du vaste plateau des Genets, le Pic de Ténériffe est couvert d'une belle végétation : rien n'y porte le caractère d'une destruction récente. On croiroit gravir la pente d'un volcan dont le feu est aussi anciennement éteint que celui du Monte-Cavo, près de Rome. A peine arrive-t-on dans la plaine couverte de pierre ponce, que le paysage change d'aspect; à chaque pas on rencontre d'immenses blocs d'obsidienne lancés par le volcan. Tout y annonce une solitude profonde; quelques chèvres et des lapins parcourent seuls ce plateau. La partie stérile du Pic occupe plus de dix lieues carrées; et, comme les régions inférieures vues dans l'éloignement se rétrécissent, l'île paroît un immense amas de matières brûlées, autour duquel la végétation ne forme qu'une lisière étroite.

En sortant de la région du Spartium nubigenum, nous parvînmes, par des gorges resserrées et par de petits ravins que les torrens ont creusés très-anciennement, d'abord à un plateau plus élevé (*el Monton de Trigo*), puis à l'endroit où nous devions passer la nuit. Cette station, qui a plus de 1530 toises d'élévation au-dessus des côtes, porte le nom de la *Halte des Anglois*, *Estancia de los Ingleses*[1], sans doute parce que jadis les voyageurs anglois étoient ceux qui visitoient le plus fréquemment le Pic. Deux rochers inclinés forment une sorte de caverne qui offre un abri contre le vent. C'est jusqu'à ce point, déjà plus élevé que le sommet du Canigou, que l'on peut monter à dos de mulets; aussi beaucoup de curieux qui, en partant de

---

[1]. Cette dénomination étoit déjà usitée au commencement du dernier siècle. M. Edens, qui corrompt tous les mots espagnols, comme font encore de nos jours la plupart des voyageurs, l'appelle la *Stancha* : c'est la *Station des Rochers* de M. de Borda, comme le prouvent les hauteurs barométriques qui y ont été observées. Ces hauteurs étoient, d'après M. Cordier, en 1803, de 19 pouc. 9,5 lig., et, d'après MM. Borda et Varela, en 1776, de 19 pouc. 9,8 lig., le baromètre se soutenant à l'Orotava, à une ligne près, à la même élévation.

l'Orotava, avoient cru parvenir jusqu'au bord du cratère, s'arrêtent-ils à cet endroit. Quoique au fort de l'été et sous le beau ciel de l'Afrique, nous souffrîmes du froid pendant la nuit. Le thermomètre baissa jusqu'à 5°. Nos guides firent un grand feu avec des branches sèches de Retama. Dépourvus de tentes et de manteaux, nous nous étendîmes sur un amas de roches brûlées, et nous fûmes singulièrement incommodés par la flamme et la fumée que le vent chassoit sans cesse vers nous. Nous avions essayé d'établir une sorte de paravent avec des draps liés ensemble; mais le feu prit à cette clôture, et nous ne nous en aperçûmes que lorsque la plus grande partie en étoit consumée par les flammes. Nous n'avions jamais passé la nuit à une si grande élévation, et je ne me doutois pas alors que, sur le dos des Cordillères, nous habiterions un jour des villes dont le sol est plus élevé que la cime du volcan que nous devions atteindre le lendemain. Plus la température diminuoit, et plus le Pic se couvroit de nuages épais. La nuit interrompt le jeu du courant ascendant qui, pendant le jour, s'élève des plaines vers les hautes régions de l'atmosphère, et l'air, en se refroidissant, perd de sa force dissolvante pour l'eau. Le vent du nord chassoit avec beaucoup de force les nuages; la lune perçoit de temps en temps à travers les vapeurs, et son disque se montroit sur un fond d'un bleu extrêmement foncé : l'aspect du volcan donnoit un caractère majestueux à cette scène nocturne. Tantôt le Pic étoit entièrement dérobé à nos yeux par le brouillard, tantôt il paroissoit dans une proximité effrayante; et, semblable à une énorme pyramide, il projetoit son ombre sur les nuages placés au-dessous de nous.

Vers les trois heures du matin, à la lueur lugubre de quelques torches de pin, nous nous mîmes en route pour la cime du Piton. On attaque le volcan du coté du nord-est, où les pentes sont extrêmement rapides, et nous parvînmes, après deux heures, à un petit plateau qui, à cause de sa situation isolée, porte le nom d'*Alta Vista*. C'est aussi la station des *Neveros*, c'est-à-dire des indigènes qui font le métier de chercher de la glace et de la neige qu'ils vendent dans les villes voisines. Leurs mulets, plus

CHAPITRE II. 265

accoutumés à gravir les montagnes que ceux que l'on donne aux voyageurs, arrivent à l'*Alta Vista*, et les *Neveros* sont obligés de porter jusque-là les neiges sur leurs dos. Au-dessus de ce point commence le *Malpays*, dénomination par laquelle on désigne ici, comme au Mexique, au Pérou et partout où il y a des volcans, un terrain dépourvu de terre végétale et couvert de fragmens de laves.

Nous fîmes un détour vers la droite pour examiner la *Caverne de glace*, placée à 1728 toises de hauteur, par conséquent au-dessous de la limite où commencent les neiges perpétuelles sous cette zone. Il est probable que le froid qui règne dans cette caverne, est dû aux mêmes causes qui perpétuent les glaces dans les crevasses du Jura et des Apennins, et sur lesquelles les opinions des physiciens sont encore assez partagées[1]. La

[1] *Saussure, Voyage dans les Alpes*, §. 1406-1414, *Prevost, du calorique rayonnant*, p. 409-422. Dans la plupart des *caves de glace*, par exemple dans celle de Saint-George, entre Niort et Rolle, une couche mince de glace limpide se forme même en été sur les parois du rocher calcaire. M. Pictet a observé qu'à

glacière naturelle du Pic n'a cependant pas de ces ouvertures perpendiculaires par lesquelles l'air chaud peut sortir, tandis que l'air froid demeure immobile au fond. Il paroît que la glace s'y conserve à cause de son accumulation, et parce que sa fonte est ralentie par le froid que produit une évaporation rapide. Ce petit glacier souterrain se trouve dans une région dont la température moyenne n'est vraisemblablement pas au-dessous de 5°, et il n'est pas, comme les véritables glaciers des Alpes, alimenté par des eaux de neige venant du sommet des montagnes. Pendant l'hiver, la cave se remplit de glace et de neige; et, comme les rayons du soleil ne pénètrent pas au-delà de l'ouverture, les chaleurs d'été ne sont pas suffisantes pour vider le réservoir. L'existence d'une glacière naturelle dépend, par conséquent, moins de l'élévation absolue de la crevasse et de la température moyenne de la couche d'air dans laquelle elle se

cette époque le thermomètre ne descend pas, dans l'air de la cave, au-dessous de 2 à 3 degrés, de sorte qu'il faut attribuer la congélation à une évaporation locale et extrêmement rapide.

trouve, que de la quantité de neige qui y entre en hiver et du peu d'action des vents chauds qui soufflent en été. L'air renfermé dans l'intérieur d'une montagne est difficilement déplacé, comme le prouve le Monte-Testaceo à Rome, dont la température est si différente de celle de l'air environnant. Nous verrons par la suite qu'au Chimborazo, d'énormes monceaux de glaces se trouvent couverts de sables, et, de même qu'au Pic, bien au-dessous de la limite inférieure des neiges perpétuelles.

C'est près de la cave de glace (*Cueva del Hielo*) que, dans l'expédition de Lapérouse, MM. Lamanon et Mongès ont fait leur expérience sur la température de l'eau bouillante. Ces physiciens l'ont trouvée de 88°,7, le baromètre se soutenant à 19 pouces 1 ligne. Dans le royaume de la Nouvelle-Grenade, à la chapelle de la Guadeloupe, près de Santa-Fe de Bogota, j'ai vu bouillir l'eau à 89°,9 sous une pression de 19^p 1^l,9. A Tambores, dans la province de Popayan, M. Caldas a trouvé la chaleur de l'eau bouillante de 89°,5, le baromètre se soutenant à 18^p 11^l,6. Ces résultats pourroient faire soupçonner que, dans l'expérience de M. Lamanon, l'eau n'avoit pas tout-à-fait atteint le maximum de sa température[1].

Il commençoit à faire jour lorsque nous quittâmes la caverne de glace. Nous observâmes alors, pendant le crépuscule, un phénomène assez commun sur les hautes montagnes, mais que la position du volcan sur lequel nous nous trouvions rendit singulièrement frappant. Une couche de nuages blancs et floconneux nous déroboit la vue de l'Océan et celle des basses régions de l'île. Cette couche ne paroissoit élevée que de 800 toises; les nuages étoient si uniformément répandus, et se soutenoient dans un niveau si parfait, qu'ils offroient l'aspect d'une vaste plaine couverte de neiges. La pyramide colossale du Pic, les cimes volcaniques de Lancerote, de Fortaventure et de l'île de Palma s'élevoient comme des écueils au milieu de cette vaste mer de vapeurs. Leurs teintes noirâtres contrastoient avec la blancheur des nuées.

Tandis que nous gravissions sur les laves

[1] Le calcul fait d'après les tables de M. Dalton, donne pour la Cueva, 89°, 4, et pour la Guadeloupe, 89°, 5.

brisées du Malpays, en nous aidant souvent des mains, nous aperçûmes un phénomène d'optique très-curieux. Nons crûmes voir du côté de l'est de petites fusées lancées dans l'air. Des points lumineux élevés de 7 à 8 degrés au-dessus de l'horizon, paroissoient d'abord se mouvoir dans le sens vertical; mais peu à peu leur mouvement se convertissoit en une véritable oscillation horizontale, qui duroit pendant huit minutes. Nos compagnons de voyage, nos guides même, furent surpris de ce phénomène, sans que nous eussions besoin de les en avertir. Nous pensâmes au premier coup d'œil que ces points lumineux, qui voltigeoient çà et là, étoient l'indice de quelque nouvelle éruption du Grand Volcan de Lancerote. Nous nous rappelâmes que Bouguer et La Condamine, en montant sur le volcan de Pichincha, avoient été témoins de l'éruption du Cotopaxi; mais l'illusion cessa bientôt, et nous reconnûmes que les points lumineux étoient les images de plusieurs étoiles agrandies par les vapeurs. Ces images restoient immobiles par intervalles; puis elles sembloient s'élever perpendiculairement, se porter de côté en descendant, et revenir au point d'où elles étoient parties. La durée de ce mouvement étoit d'une ou de deux secondes. Quoique dépourvus de moyens assez précis pour mesurer la grandeur du déplacement latéral, nous n'en observâmes pas moins distinctement la marche du point lumineux. Il ne paroissoit pas double par un effet de mirage, et il ne laissoit aucune trace lumineuse derrière lui. En mettant, dans la lunette d'un petit sextant de Troughton, les étoiles en contact avec le sommet élancé d'une montagne de Lancerote, j'observai que l'oscillation étoit dirigée constamment vers le même point, c'est-à-dire vers la partie de l'horizon où le disque du soleil devoit paroître, et que, faisant abstraction du mouvement de l'étoile en déclinaison, l'image revenoit toujours à la même place. Ces apparences de réfraction latérale cessèrent long-temps avant que la clarté du jour rendît les étoiles entièrement invisibles. J'ai rapporté fidèlement ce que nous avons vu pendant le crépuscule, sans entreprendre d'expliquer un phénomène si extraordinaire, que j'ai déjà fait connoître, il y a douze ans, dans le journal astronomique de M. de Zach. Le mouvement des vapeurs vésiculaires, causé par le lever du soleil, le mélange de plusieurs couches d'air dont la température et la densité sont très-différentes, contribuoient sans doute à produire un déplacement des astres dans le sens horizontal. Nous voyons quelque chose d'analogue dans les fortes ondulations du disque solaire lorsqu'il rase l'horizon : mais ces ondulations excèdent rarement vingt secondes, tandis que le mouvement latéral des étoiles, observé au Pic, à plus de 1800 toises de hauteur, se distinguoit facilement à la simple vue, et paroissoit excéder tout ce que l'on a cru pouvoir regarder jusqu'ici comme un effet de la réfraction de la lumière des astres. Sur le dos des Andes, à Antisana, je me suis trouvé, au lever du soleil et pendant une nuit entière, à 2100 de hauteur, mais je n'ai rien aperçu qui ressemblât à ce phénomène.

Je désirois pouvoir observer exactement l'instant du lever du soleil à une élévation aussi considérable que celle que nous avions atteinte au Pic de Ténériffe. Aucun voyageur, muni d'instrumens, n'avoit encore fait une telle observation. J'avois une lunette et un chronomètre dont je connoissois la marche avec beaucoup de précision. Dans la partie où le disque du soleil devoit paroître, l'horizon étoit dégagé de vapeurs. Nous aperçûmes le premier bord à $4^h 48' 55''$ en temps vrai, et, ce qui est assez remarquable, le premier point lumineux du disque se trouvoit immédiatement en contact avec la limite de l'horizon; par conséquent nous vîmes le véritable horizon, c'est-à-dire une partie de la mer, éloignée de plus de 43 lieues. Il est prouvé par le calcul que, sous le même parallèle, dans la plaine, le lever auroit dû commencer à $5^h 1' 5o'',4$ ou $11' 51'',3$ plus tard qu'à la hauteur du Pic. La différence observée étoit de $12' 55''$, ce qui provient sans doute de l'incertitude des réfractions pour une distance au zénith où l'on manque d'observations [1].

[1] On a supposé dans le calcul, pour $91° 54'$ de distance apparente au zénith, $57' 7''$ de réfraction. Le soleil levant paroît plutôt au Pic de Ténériffe que dans la plaine du temps qu'il lui faut pour parcourir un arc de $1° 54'$. La grandeur de cet arc n'augmente que de $41'$ pour le sommet de Chimborazo. Les anciens avoient des idées si exagérées sur l'accélération du lever du soleil à la cime des hautes montagnes,

Nous fûmes surpris de l'extrême lenteur avec laquelle le bord inférieur du soleil paroissoit se détacher de l'horizon. Ce bord ne devint visible qu'à 4ʰ 56′ 55″. Le disque du soleil, très-aplati, étoit bien terminé; il n'y eut, pendant le lever, ni double image, ni alongement du bord inférieur. La durée¹ du lever du soleil étant triple de celle à laquelle nous devions nous attendre à cette latitude, il faut croire qu'un banc de brume très-uniformément répandue cachoit le véritable horizon, et suivoit le soleil à mesure que cet astre s'élevoit. Malgré le balancement des étoiles ², que nous avions observé vers l'est,

qu'ils admettoient que cet astre étoit visible au Mont-Athos trois heures plus tôt que sur les côtes de la mer Égée, (*Strabo, edit. Almeloven*, Lib. VII, p. 510). Cependant l'Athos, d'après M. Delambre, n'a que 713 toises d'élévation. *Choiseul Gouffier, Voy. pitt. de la Grèce*, Tom. II, p. 140.

¹ La durée apparente fut de 8′ 1″, au lieu de 2′ 41″. Quoique mes journaux renferment près de quatre-vingts observations du lever et du coucher du soleil, faites, soit pendant la navigation, soit sur les côtes, je n'ai jamais vu un retard très-sensible.

² Un astronome célèbre (*Mon. Corres.*, 1800, p. 396) a comparé ce phénomène d'un balancement

on ne sauroit attribuer la lenteur du lever à une réfraction extraordinaire des rayons que nous renvoyoit l'horizon de la mer; car c'est justement au lever du soleil, comme Le Gentil l'a observé journellement à Pondichéry, et comme je l'ai remarqué plusieurs fois à Cumana, que l'horizon s'abaisse à cause de l'élévation de température qu'éprouve la couche d'air¹ qui repose immédiatement sur la surface de l'Océan.

La route que nous fûmes obligés de nous frayer à travers le Malpays, est extrêmement fatigante. La montée est rapide, et les blocs de laves fuyoient sous nos pieds. Je ne puis comparer cette partie du chemin qu'à la *moraine* des Alpes ou à cet amas de pierres roulées que l'on trouve à l'extrémité infé-

---

apparent des étoiles à celui décrit dans les Géorgiques (Lib. I, v. 365). Mais ce passage n'a rapport qu'aux étoiles filantes que les anciens, de même que nos marins, regardoient comme un pronostic du vent. Le poète latin paroit avoir imité les vers d'Aratus. *Diosem.*, v. 926, *edit. Buhle* I, p. 206 (*Lucret.* II, v. 143).

¹ *Biot, Rech. sur les réfractions extraordinaires*, p. 218, 223 et 228.

rieure des glaciers : au Pic, les débris de laves ont les arrêtes tranchantes, et laissent souvent des creux dans lesquels on risque de tomber à mi-corps. Malheureusement la paresse et la mauvaise volonté de nos guides contribuoient beaucoup à nous rendre cette montée pénible ; ils ne ressembloient ni à ceux de la vallée de Chamouni, ni à ces Guanches agiles dont on rapporte qu'ils prenoient un lapin ou une chèvre sauvage à la course. Nos guides canariens étoient d'un flegme désespérant ; ils avoient voulu nous persuader la veille de ne pas aller au delà de la station des Rochers : ils s'asseyoient de dix en dix minutes pour se reposer : ils jetoient à la dérobée les échantillons d'obsidienne et de pierre ponce que nous avions recueillis avec soin, et nous découvrîmes qu'aucun n'étoit encore allé à la cime du volcan.

Après trois heures de marche, nous arrivâmes, à l'extrémité du Malpays, à une petite plaine appelée *la Rambleta*: c'est dans son centre que s'élève le *Piton* ou *Pain de Sucre.* Du côté de l'Orotava, la montagne ressemble à ces pyramides à gradins que l'on retrouve dans le Féjoum et au Mexique : car les plateaux du Retama et de la Rambleta forment deux étages, dont le premier est quatre fois plus élevé que le second. Si l'on suppose la hauteur totale du Pic de 1904 toises, la Rambleta est élevée de 1820 toises au-dessus du niveau de la mer. C'est là que se trouvent les soupiraux que les indigènes désignent sous le nom des *Narines du Pic* [1]. Des vapeurs aqueuses et chaudes sortent par intervalles de plusieurs fentes qui traversent le sol; nous y vîmes monter le thermomètre à 43°,2 : M. Labillardière avoit trouvé la température de ces vapeurs, huit ans avant nous, de 53°,7 ; différence qui ne prouve peut-être pas autant une diminution d'activité dans le volcan, qu'un changement local dans l'échauffement de ses parois. Les vapeurs n'ont aucune odeur et paroissent de l'eau pure. Peu de temps avant la grande éruption du Vésuve, en 1805, nous avons observé aussi, M. Gay-Lussac et moi, que l'eau dégagée sous forme de vapeurs, dans l'intérieur du cratère, ne rougissoit point le papier teint en tournesol. Je ne saurois admettre cependant l'hypothèse hardie de

[1] *Narices del Pico.*

plusieurs physiciens, d'après laquelle les *Narines du Pic* doivent être considérées comme les ouvertures d'un immense appareil distillatoire, dont le fond est placé au-dessous du niveau de l'Océan. Depuis que l'on étudie les volcans avec plus de soin, et que l'amour du merveilleux se fait moins remarquer dans les ouvrages de géologie, on a commencé à jeter des doutes très-fondés sur ces communications directes et constantes entre les eaux de la mer et les foyers du feu volcanique [1]. On peut trouver une explication très-simple d'un phénomène qui n'a rien de bien surprenant. Le Pic est couvert

---

[1] Cette question a été examinée avec beaucoup de sagacité par M. Breislak, dans son *Introduzzione alla Geologia*, Tom. II, p. 302, 323 et 347. Le Cotopaxi le Popocatepetl, que j'ai vu jeter de la fumée et des cendres en 1804, sont plus éloignés du Grand-Océan et de la mer des Antilles que Grenoble ne l'est de la Méditerranée, et Orléans de l'Atlantique. Il ne faut pas considérer comme purement accidentel le fait que l'on n'ait point encore découvert un volcan actif, éloigné de plus de 40 lieues marines des côtes de l'Océan; mais je regarde comme très-douteuse l'hypothèse que les eaux de la mer sont absorbées, distillées et décomposées par les volcans.

de neiges une partie de l'année ; nous-mêmes nous en trouvâmes encore dans la petite plaine de la Rambleta : de plus, MM. Odonell et Armstrong ont découvert, en 1806, une source très-abondante dans le *Malpays*, à cent toises au-dessus de la caverne des glaces, qui elle-même peut être alimentée en partie par cette source. Tout, par conséquent, fait présumer que le Pic de Ténériffe, comme les volcans des Andes et ceux de l'île de Luçon, renferme dans son intérieur de grandes cavités qui sont remplies d'eaux atmosphériques, dues à la simple infiltration. Les vapeurs aqueuses qu'exhalent les *Narines* et les crevasses du cratère, ne sont que ces mêmes eaux chauffées par les parois sur lesquelles elles coulent.

Il nous restoit à gravir la partie la plus escarpée de la montagne, le *Piton*, qui en forme la sommité. La pente de ce petit cône, couvert de cendres volcaniques et de fragmens de pierre ponce, est tellement incliné qu'il seroit presque impossible d'atteindre la cime, si l'on ne suivoit un ancien courant de laves qui paroît être sorti du cratère, et dont les débris ont résisté aux injures du temps. Ces débris forment un mur de roches scorifiées qui se prolonge au milieu des cendres mobiles. Nous montâmes le Piton en nous accrochant à ces scories dont les arrêtes sont tranchantes, et qui, à demi-décomposées, nous restoient souvent à la main. Nous employâmes près d'une demi-heure à gravir une colline dont la hauteur perpendiculaire est à peine de quatre-vingt-dix toises. Le Vésuve [1], qui est

---

[1] D'après les mesures barométriques que nous avons faties, M. Léopold de Buch, M. Gay-Lussac et moi, en 1805, le Vésuve a diminué de hauteur du côte du sud-ouest, depuis l'année 1794, où une partie du cône s'écroula deux jours après que les cendres avoient été lancées. Saussure avoit trouvé le Vésuve, en 1773, de 609 toises, à une époque où les bords du cratère conservoient partout à peu près la même élévation. Shuckburgh mesura, en 1776, une colline placée au milieu du gouffre; elle avoit 615 toises de hauteur : elle existoit à peine lors du voyage de Saussure, et elle disparut dans l'éruption de 1779. C'est l'éruption de 1794 qui a causé la grande inégalité des deux bords du cratère : cette inégalité étoit, en 1805, de 71 toises. M. Poli trouva le Vésuve, peu de temps avant, de 606 toises d'élévation. Shuckburgh donne à la pointe la plus élevée de la Somma, celle *del Vitello*, 584 toises. Cette observation ne s'accorde

trois fois plus bas que le volcan de Ténériffe, est terminé par un cône de cendres presque trois fois plus élevé, mais dont la pente est plus douce et plus accessible. De tous les volcans que j'ai visités, il n'y a que celui de Jorullo, au Mexique, qui offre de plus grands obstacles que le Pic, parce que la montagne entière est couverte de cendres mobiles.

Quand le Pain de sucre (*el Pilon*) est couvert de neige, comme à l'entrée de l'hiver, la rapidité de sa pente peut mettre le voyageur dans le plus grand danger. M. Le Gros nous montra l'endroit où le capitaine Baudin avoit manqué de périr lors de son voyage à l'île de la Trinité. Cet officier avoit eu le courage d'entreprendre, conjointement avec les naturalistes Advenier, Mauger et Riedlé, une excursion à la cime du volcan, vers la fin de

---

pas trop bien avec la hauteur que M. Gay-Lussac assigne au bord le plus élevé du cratère : car, en 1805, cette partie du bord sembloit avoir la même élévation que la *Punta del Vitello*. J'ignore où Shuckburgh a placé son instrument au pied du cône de cendres; car il ne donne à ce point que 316 toises d'élévation absolue. Voici le détail des mesures faites par un temps très-calme, avec un baromètre portatif de Ramsden :

CHAPITRE II. 281

décembre de l'année 1797. Parvenu à la moitié de la hauteur du cône, il fit une chute, et il

I. MESURE FAITE PAR M. GAY-LUSSAC SEUL.

Juillet 1805.	LIEUX.	Baromètre en lignes.	Thermomètre de Réaumur.	HAUTEURS au-dessus du niveau de la mer, en toises.	
Le 28, à 7 heures du soir.	au bord de la mer.....	338,5	22°	....	Ces hauteurs et les suivantes ont été calculées d'après la formule de M. Laplace. On a supposé la température du mercure égale à celle de l'air et la haut. de l'appartement de l'hermite de 3 t. au-dess. du petit plateau de S. Salvador. On a interpolé les haut. correspondantes du baromètre et du thermomètre.
à 10 heur. du soir	chez l'hermite de San Salvador.........	316,3	18°	302	
Le 29, à 2 h. de la nuit.	Idem.........	316,4	19°	....	
à 3 heur. du mat.	au bord inférieur du cratère, dans le chemin..	300,0	15°	....	
à 5 heures......	Idem.........	300,5	15°	530	
à 5 heur. et demie.	au bord le plus élevé du cratère.........	295,4	14°,4	606	
à 7 heur. et demie.	au commencement du cône de cendres.....	311,5	18°	375	
à 11 heur. et demie	chez l'hermite........	317,1	22°	....	

roula jusqu'à la petite plaine de la Rambleta ; heureusement un monceau de laves, couvert

II. MESURE FAITE PAR MM. GAY-LUSSAC, BUCH ET HUMBOLDT.

Août 1805.	LIEUX.	Baromètre en lignes.	Thermomètre de Réaumur.	HAUTEURS au-dessus du niveau de la mer, en toises.	
Le 4, à 5 heur. du matin.	petit plateau de l'hermitage de San Salvador.	315,4	17°	301	Le baromètre se trouvoit à Portici, 7 tois. au dessus du niveau de la Méditerranée, au bord inférieur du cratère, l'instrument avoit été placé de quelques tois. plus bas qe le 29 juillet.
à 5 heur. 45 minut.	commencement du cône.	311,0	17°,5	365	
à 7 heures........	colline au centre du cratère.	298,5	15°	542	
à 8 heures........	bord le moins élevé du cratère........	300,7	15°,5	511	
à 3 h. et demie du m.	Portici........	337,0	16°	....	
à 2 h. après midi.	Idem........	337,0	24°	....	

M. de la Jumélière assure, dans une notice imde neiges, l'empêcha de descendre plus bas avec une vîtesse accélérée. On m'a assuré avoir trouvé, en Suisse, un voyageur qui a été suffoqué en roulant sur la pente du col de Balme, tapissée du gazon serré des Alpes.

Arrivés au sommet du Piton, nous fûmes surpris d'y trouver à peine assez de place pous nous asseoir à notre aise. Nous fûmes arrêtés par un petit mur circulaire de laves porphyriques à base de de pechstein : ce mur nous déroboit la vue du cratère [1]. Le vent d'ouest souffloit avec tant de violence, que

primée dans le Moniteur, avoir trouvé, par dix mesures géométriques, la hauteur du Vésuve de 597 toises. Il seroit à désirer que l'on connût le détail de ses opérations. Nos mesures donnent : pour le bord le plus élevé du cratère, 606 toises (1181 mètres); pour le bord inférieur, 535 toises (1042 mètres); pour le pied du cône de cendres, 370 toses (721 mètres); pour l'hermitage de San Salvador, 302 toises (588 mètres). Tel étoit l'état du Vésuve peu de temps avant l'éruption de l'année 1805, dans laquelle la lave a fait une brèche au bord du cratère du côté de Torre del Greco.

[1] *La Caldera* ou *chaudière* du Pic; dénomination qui rappelle les *Oules* des Pyrénées. Ramond, *Voyage au Mont-Perdu*, p. 235.

nous avions de la peine à nous tenir sur nos jambes. Il étoit huit heures du matin, et nous étions transis de froid, quoique le thermomètre se soutînt un peu au-dessus du point de la congélation. Depuis long-temps nous étions accoutumés à une température très-élevée, et le vent sec augmentoit la sensation du froid, parce qu'il emportoit à chaque instant la petite couche d'air chaud et humide qui se formoit autour de nous par l'effet de la transpiration cutanée.

Le cratère du Pic ne ressemble point, par son bord, à ceux de la plupart des autres volcans que j'ai visités, par exemple, aux cratères du Vésuve, de Jarullo et de Pichincha. Dans ceux-ci, le Piton conserve sa figure conique jusqu'au sommet ; toute leur pente est inclinée de la même quantité de degrés, et couverte uniformément d'une couche de pierre ponce extrêmement divisée : lorsqu'on parvient à la cime de ces trois volcans, rien n'empêche de voir le fond du gouffre. Le Pic de Ténériffe et le Cotopaxi, au contraire, ont une structure très-différente ; ils présentent à leur sommet une crête ou un mur circulaire qui environne le cratère : de loin, ce mur paroît un petit cylindre placé sur un cône tronqué. Au Cotopaxi[1], cette construction particulière se distingue à la simple vue, à une distance de plus de 2000 toises; aussi personne n'est jamais parvenu jusqu'au cratère de ce volcan. Au Pic de Ténériffe, la crête qui environne le cratère comme un parapet, est si élevée qu'elle empêcheroit entièrement de parvenir à la *Caldera* si, du côté de l'est, il ne se trouvoit une brèche qui paroît l'effet d'un épanchement de laves très-anciennes. C'est par cette brèche que nous descendîmes vers le fond de l'entonnoir dont la figure est elliptique; le grand axe en est dirigé du nord-ouest au sud-est, à peu près N. 35° O. La plus grande largeur de l'ouverture nous parut de 300 pieds, la plus petite de 200 pieds. Ces nombres s'accordent assez avec les mesures de MM. Verguin, Varela et Borda[2]; car ces voyageurs assignent 40 et 30 toises aux deux axes[3].

---

[1] *Atlas pittoresque*, Pl. x.

[2] *Voyage de la Flore*, Tom. I, p. 94. *Manuscrit du Dépôt de la Marine*, cahier 7, p. 15. *Voyage de Marchand*, Tom. II, p. 11.

[3] M. Cordier, qui a visité la cime du Pic quatre ans après moi, évalue le grand axe à 66 toises. (Journ.

Il est aisé de concevoir que la grandeur d'un cratère ne dépend pas uniquement de la hauteur et de la masse de la montagne dont il forme le soupirail principal. Cette ouverture est même rarement en rapport direct avec l'intensité du feu volcanique, ou avec l'activité du volcan. Au Vésuve, qui n'est qu'une colline en comparaison du Pic de Ténériffe, le diamètre du cratère est cinq fois plus grand. Quand on réfléchit que les volcans très-élevés vomissent moins de matières par leur sommet que par des crevasses latérales, on pourroit être tenté de croire que plus les volcans sont bas, et plus aussi, leur force et leur activité étant égales, leurs cratères devroient être considérables. Il existe en effet d'immenses volcans aux Andes qui n'ont que de très-petites ouvertures, et l'on pourroit établir comme une loi géologique que les montagnes les plus colossales n'offrent à leurs sommets que des cratères de peu d'étendue, si les Cordillères ne présentoient pas plusieurs

---

de Phys., Tom. LVII, p. 62). Lamanon le croit de 5o toises, mais M. Odonell assigne au cratère 55o *varas* (236 toises) de circonférence.

CHAPITRE II. 287

exemples [1] du contraire. J'aurai occasion, dans la suite de cet ouvrage, de citer un grand nombre de faits propres à jeter quelque jour sur ce que l'on peut appeler la structure extérieure des volcans. Cette structure est aussi variée que les phénomènes volcaniques eux-mêmes ; et, pour s'élever à des conceptions géologiques dignes de la grandeur de la nature, il faut abandonner l'idée que tous les volcans sont formés d'après le modèle du Vésuve, de Stromboli et de l'Etna.

Les bords extérieurs de la *Caldera* sont presque taillés à pic : leur aspect est analogue à celui qu'offre la Somma, vue depuis l'Atrio dei Cavalli. Nous descendîmes au fond du cratère sur une traînée de laves brisées qui aboutit à la brèche orientale de l'enceinte. La chaleur n'étoit sensible que sur quelques fissures desquelles se dégageoient des vapeurs aqueuses avec un bourdonnement particulier. Quelques-uns de ces soupiraux ou crevasses se trouvent au-dehors de l'enceinte, sur le

---

[1] Les grands volcans de Cotopaxi et de Rucupichincha ont des cratères dont les diamètres, d'après mes mesures, s'élèvent à plus de quatre cents et de sept cents toises.

bord extérieur du parapet qui environne le cratère. En y plongeant le thermomètre, nous le vîmes monter rapidement à 68 et 75 degrés. Il indiquoit sans doute une plus haute température; mais nous ne pouvions observer l'instrument qu'après l'avoir retiré, de peur de nous brûler les mains. M. Cordier a trouvé plusieurs crevasses dont la chaleur égaloit celle de l'eau bouillante. On pourroit croire que ces vapeurs, qui se dégagent par bouffées, contiennent de l'acide muriatique ou sulfureux; mais, condensées contre un corps froid, elles ne présentent aucun goût particulier; et les essais que plusieurs physiciens [1] ont faits avec des réactifs, prouvent que les fumaroles du Pic n'exhalent que de l'eau pure : ce phénomène, analogue à ce que j'ai observé dans le cratère du Jorullo, mérite d'autant plus d'attention, que l'acide muriatique abonde dans la plupart des volcans, et que M. Vauquelin en a même découvert dans les laves porphyriques du Sarcouy en Auvergne.

J'ai esquissé sur les lieux [2] la vue du bord

---

[1] *Voyage de Lapérouse*, Tom. III, p. 2.
[2] *Atlas pittor.*, Pl. LIV.

intérieur du cratère, tel qu'il se présente en descendant par la brèche orientale. Rien de plus frappant que la superposition de ces couches de laves, qui offrent les sinuosités de la roche calcaire des hautes Alpes. Tantôt horizontaux, tantôt inclinés et ondulés, ces bancs énormes rappellent l'ancienne fluidité de la masse entière et la réunion de plusieurs causes perturbatrices qui ont déterminé la direction de chaque coulée. La crête du mur circulaire présente ces ramifications bizarres que l'on observe dans le charbon de terre désoufré. Le bord septentrional est le plus élevé; vers le sud-ouest, l'enceinte est considérablement affaissée, et une énorme masse de laves scorifiées y paroît collée à l'extrémité du bord. A l'ouest, le rocher est percé à jour; une large fente laisse voir l'horizon de la mer. C'est peut-être la force des vapeurs élastiques qui a formé cette ouverture au moment d'un débordement de laves sorties du cratère.

L'intérieur de cet entonnoir annonce un volcan qui, depuis des milliers d'années, n'a vomi du feu que par les flancs. Cette assertion ne se fonde pas sur le manque de grandes ouvertures que l'on pourroit s'attendre à trouver dans le fond de la *Caldera*. Les physiciens qui ont étudié la nature par eux-mêmes, savent que beaucoup de volcans, dans les intervalles qui séparent une éruption de l'autre, paroissent comblés et presque éteints ; mais que, dans ces mêmes montagnes, le gouffre volcanique présente des couches de scories extrêmement âpres, sonores et luisantes. On y distingue de petites collines, des boursouflures causées par l'action des vapeurs élastiques, des cônes de scories menues et de cendres, sous lesquels des soupiraux sont cachés. Aucun de ces phénomènes ne caractérise le cratère du Pic de Ténériffe ; son fond n'est pas resté dans l'état qui résulte de la fin d'une éruption. Par le laps des temps et par l'action des vapeurs, les parois se sont détachées et ont couvert le bassin de grands blocs de laves lithoïdes.

On parvient sans danger au fond de la *Caldera*. Dans un volcan dont l'activité se dirige principalement vers le sommet comme dans le Vésuve, la profondeur du cratère varie avant et après chaque éruption ; mais au Pic de Ténériffe, cette profondeur paroît être restée la même depuis long-temps. Edens, en 1715, l'évalua de 115 pieds; M. Cordier, en 1803, de 110 pieds. A en juger d'après la simple vue, j'aurois cru l'entonnoir moins profond encore. Son état actuel est celui d'une solfatare; il offre plutôt un objet de recherches curieuses qu'un aspect imposant. La majesté du site consiste dans son élévation au-dessus du niveau de l'Océan, dans la solitude profonde de ces hautes régions, dans l'étendue immense que l'œil embrasse du sommet de la montagne.

Le mur de laves compactes qui forme l'enceinte de la *Caldera* est d'un blanc de neige à sa surface. Cette même couleur règne dans l'intérieur de la solfatare de Puzzole. Lorsqu'on brise ces laves que l'on prendroit de loin pour de la pierre calcaire, on y reconnoît un noyau brun-noirâtre. Le porphyre à base de pechstein est blanchi extérieurement par l'action lente des vapeurs de gaz acide sulfureux. Ces vapeurs se dégagent abondamment, et, ce qui est assez remarquable, par des crevasses qui semblent n'avoir aucune communication avec les fumaroles que traversent les vapeurs aqueuses. On peut se convaincre de la présence de l'acide sulfureux, en examinant les beaux cristaux de soufre que l'on trouve déposés partout entre les fentes des laves. Cet acide, combiné avec l'eau dont le sol est imprégné, se transforme en acide sulfurique par le contact de l'oxigène de l'atmosphère. En général, dans le cratère du Pic, l'humidité est plus à craindre que la chaleur, et l'on trouve ses vêtemens rongés, si l'on reste long-temps assis sur le sol. L'action de l'acide sulfurique se porte sur les laves porphyriques; l'alumine, la magnésie, la soude et les oxides métalliques sont emportés peu à peu, et il ne reste souvent que la silice qui se réunit en plaques mamelonnées opaliformes. Ces concrétions siliceuses [1], que M. Cordier a fait connoître le premier, sont analogues à celles que l'on trouve à l'île d'Ischia [2], dans les volcans éteints de Santa-

---

[1] *Opalartiger Kieselsinter.* Le *gurh siliceux* des volcans d'île de France contient, d'après M. Klaproth, 0,72 de silice et 0,21 d'eau, et se rapproche par là de l'opale que M. Karstein considère comme une silice hydratée. *Miner. Tabellen*, 1800, p. 70.

[2] *Breislack, Introd. alla Geologia,* Tom. II, p. 238.

Fiora et dans la solfatare de Puzzole. Il n'est pas facile de se faire une idée de l'origine de ces incrustations. Les vapeurs aqueuses, dégagées par les grandes fumaroles, ne contiennent pas d'alcali en dissolution, comme les eaux du Geyser en Islande [1]; peut-être la soude renfermée dans les laves du Pic joue-t-elle un rôle important dans la formation de ces dépôts de silice. Peut-être existe-t-il dans le cratère de petites crevasses dont les vapeurs ne sont pas de la même nature que celles sur lesquelles des voyageurs, occupés à la fois d'un grand nombre d'objets, ont fait des expériences. Assis sur le bord septentrional du cratère, je creusai un trou de quelques pouces de profondeur; le thermomètre, placé dans ce trou, monta rapidement à 42°. On peut conclure de là quelle doit être la chaleur qui règne dans cette solfatare à une profondeur de trente ou quarante toises. Le soufre réduit en vapeurs se dépose en beaux cristaux qui n'égalent cependant pas en grandeur ceux que le chevalier Dolomieu a rapportés

---

[1] Black, dans les *Phil. Trans.*, 1794, p. 24.

de Sicile¹; ce sont des octaèdres demi-diaphanes, très-éclatans à leur surface, et à cassure conchoïde. Ces masses qui feront peut-être un jour un objet d'exploitation, sont constamment mouillées d'acide sulfureux. J'eus l'imprudence de les envelopper pour les conserver; mais je m'aperçus bientôt que l'acide avoit rongé, non seulement le papier qui les renfermoit, mais malheureusement aussi une partie de mon journal minéralogique. La chaleur des vapeurs qui sortent des crevasses de la *Caldera* n'est pas assez grande pour combiner le soufre, extrêmement divisé, avec l'oxigène de l'air ambiant; et, d'après l'expérience que je viens de citer sur la température du sol, on peut supposer que l'acide sulfureux se forme à une certaine profondeur², dans des creux où l'air extérieur a un libre accès.

---

¹ Ces cristaux ont quatre à cinq pouces de longueur. *Drée, Cat. d'un Musée minéralogique*, p. 21.

² Un observateur, d'ailleurs très-exact, M. Breislack, affirme (*Geologia*, Tom. II, p. 232) que l'acide muriatique prédomine toujours dans les vapeurs du Vésuve. Cette assertion est contraire à ce que nous avons observé, M. Gay-Lussac et moi, avant la grande

Les vapeurs d'eau chaude qui se portent sur les fragmens de laves éparses dans la *Caldera*, en réduisent quelques parties à un état pâteux. En examinant, après mon arrivée en Amérique, ces masses terreuses et friables, j'y ai trouvé des cristaux de sulfate d'alumine. MM. Davy et Gay-Lussac[1] ont déja énoncé l'idée ingénieuse que deux corps éminemment inflammables, les métaux de la soude et de la potasse, jouent probablement un rôle important dans l'action volcanique; or la potasse, nécessaire à la formation du sulfate d'alumine, se trouve, non seulement dans le feldspath, le mica, la pierre ponce et l'augite, mais aussi dans les obsidiennes[2].

éruption de 1805, et pendant que la lave sortoit du cratère. L'odeur de l'acide sulfureux, si facile à reconnoître, se faisoit sentir de très-loin; et quand le volcan lançoit des scories, il se mêloit à cette odeur celle du pétrole.

[1] Davy, *on the decomposition of fixed alkalies* (*Phil. Tr.* 1808, Pl. 1, p. 44).

[2] Collet Descotils, dans les *Annales de Chimie*, Tom. LIII, p. 260. Sur les traces de potasse dans l'augite, voyez *Klaproth, Beiträge*, B. 5, S. 159, 162 et 166.

Cette dernière substance est très-commune à Ténériffe, où elle fait la base de la plupart des laves téphriniques¹. Tous ces rapports par lesquels le cratère du Pic ressemble à la solfatare de Puzzole, paroîtroient sans doute encore plus nombreux, si le premier étoit plus accessible et s'il avoit été fréquemment visité par des naturalistes.

Le voyage au sommet du volcan de Ténériffe n'est pas seulement intéressant à cause du grand nombre de phénomènes qui se présentent à nos recherches scientifiques; il l'est beaucoup plus encore par les beautés pittoresques qu'il offre à ceux qui sentent vivement la majesté de la nature. C'est une tâche difficile à remplir que de peindre ces sensations : elles agissent d'autant plus sur nous, qu'elles ont quelque chose de vague, produit par l'immensité de l'espace comme par la grandeur, la nouveauté et la multiplicité des objets au milieu desquels nous nous trouvons transportés. Lorsqu'un voyageur doit décrire les plus hautes cimes du

---

¹ *Lamétherie, Minéralogie*, Tom. II, p. 533; et *Journal de Physique*, 1806, p. 192.

globe, les cataractes des grandes rivières, les vallées tortueuses des Andes, il est exposé à fatiguer ses lecteurs par l'expression monotone de son admiration. Il me paroît plus conforme au plan que je me suis tracé dans cette Relation, d'indiquer le caractère particulier qui distingue chaque zone. On fait d'autant mieux connoître la physionomie du paysage, qu'on cherche à en désigner les traits individuels, à les comparer entre eux, et à découvrir, par ce genre d'analyse, les sources des jouissances que nous offre le grand tableau de la nature.

L'expérience a appris aux voyageurs que les sommets des montagnes très-élevées présentent rarement une vue aussi belle et des effets pittoresques aussi variés que les cimes dont la hauteur n'excède pas celles du Vésuve, du Rigi et du Puy-de-Dôme. Des montagnes colossales, comme le Chimboraso, l'Antisana ou le Mont-Rose, ont une masse si considérable que les plaines, couvertes d'une riche végétation, ne sont aperçues que dans un grand éloignement, et qu'une teinte bleuâtre et vaporeuse est uniformément répandue sur le paysage. Le Pic de Ténériffe, par sa forme élancée et sa position locale, réunit les avantages qu'offrent les sommets moins élevés à ceux qui naissent d'une très-grande hauteur. Non seulement on découvre de sa cime un immense horizon de mer qui s'élève au-dessus des plus hautes montagnes des îles adjacentes, mais on voit aussi les forêts de Ténériffe et la partie habitée des côtes, dans une proximité propre à produire les plus beaux contrastes de forme et de couleur. On diroit que le volcan écrase de sa masse la petite île qui lui sert de base : il s'élance du sein des eaux à une hauteur trois fois plus grande que celle à laquelle se trouvent suspendus les nuages en été. Si son cratère, à demi-éteint depuis des siècles, lançoit des gerbes de feu comme celui de Stromboli dans les îles Éoliennes, le Pic de Ténériffe, semblable à un phare, dirigeroit le navigateur dans un circuit de plus de 260 lieues.

Quand nous fûmes assis sur le bord extérieur du cratère, nous dirigeâmes notre vue vers le nord-ouest, où les côtes sont ornées de villages et de hameaux. A nos pieds, des amas de vapeurs, constamment agités par les vents, offroient le spectacle le plus varié. Une couche uniforme de nuages, la même dont nous avons parlé plus haut, et qui nous séparoit des basses régions de l'île, avoit éte percée dans plusieurs endroits par l'effet des petits courans d'air que la terre échauffée par le soleil commençoit à renvoyer vers nous. Le port de l'Orotava, ses vaisseaux à l'ancre, les jardins et les vignes, dont la ville est environnée, se présentoient à travers une ouverture qui sembloit s'agrandir à chaque instant. Du haut de ces régions solitaires, nos regards plongeoient sur un monde habité; nous jouîmes du contraste frappant qu'offrent les flancs décharnés du Pic, ses pentes rapides couvertes de scories, ses plateaux dépourvus de végétation, avec l'aspect riant des terrains cultivés : nous vîmes les plantes divisées par zone, selon que la température de l'atmosphère diminue avec la hauteur du site. Au-dessous du Piton, des lichens commencent à couvrir les laves scorifiées et à surface lustrée; une violette, voisine du Viola decumbens, s'élève sur la

---

[1] Viola cheiranthifolia. *Voyez* nos Plantes équinoxiales, Vol. I, p. 111, Pl XXXII.

pente du volcan jusqu'à 1740 toises de hauteur : elle devance, non seulement les autres plantes herbacées, mais aussi les graminées qui, dans les Alpes et sur le dos des Cordillères, touchent immédiatement aux végétaux de la famille des Cryptogames. Des touffes de Retama, chargées de fleurs, ornent les petites vallées que les torrens ont creusées, et qui sont encombrées par l'effet des éruptions latérales; au-dessous du Retama vient la région des fougères bordée de celle des bruyères arborescentes. Des forêts de lauriers, de Rhamnus et d'arbousiers séparent les Erica des coteaux plantés en vignes et en arbres fruitiers. Un riche tapis de verdure s'étend depuis la plaine des Genets et la zone des plantes alpines jusqu'aux groupes de Datiers et de Musa, dont l'Océan semble baigner le pied. Je ne fais qu'indiquer ici les traits principaux de cette carte botanique : je donnerai dans la suite quelques détails sur la géographie des plantes de l'île de Ténériffe.

L'apparence de proximité dans laquelle on voit, du sommet du Pic, les hameaux, les vignobles et les jardins de la côte, est augmentée par la prodigieuse transparence de l'atmosphère. Malgré le grand éloignement, nous ne distinguions pas seulement les maisons, la voilure des vaisseaux et le tronc des arbres, nous voyions briller aussi des plus vives couleurs la riche végétation des plaines. Ces phénomènes ne sont pas dus uniquement à la hauteur du site ; ils annoncent des modifications particulières de l'air dans les climats chauds. Sous toutes les zones, un objet placé au niveau de la mer et renvoyant les rayons dans une direction horizontale, paroît moins lumineux que lorsqu'on l'aperçoit du sommet d'une montagne, où les vapeurs arrivent à travers des couches d'air d'une densité décroissante. Des différences également frappantes sont produites par l'influence des climats ; la surface d'un lac ou d'une large rivière brille moins lorsqu'on la voit à égale distance de la cime des hautes Alpes de la Suisse, que lorsqu'on l'aperçoit du sommet des Cordillères du Pérou ou du Mexique. Plus l'air est pur et serein, plus la dissolution des vapeurs est parfaite, et moins la lumière est éteinte à son passage. Lorsque du côté de la mer du Sud on arrive sur le plateau de Quito ou sur celui d'Antisana, on est frappé, les premiers jours, de la proximité dans laquelle on croit voir des objets éloignés de sept à huit lieues. Le Pic de Teyde n'a pas l'avantage d'être situé dans la région équinoxiale, mais la sécheresse des colonnes d'air qui s'élèvent perpétuellement au-dessus des plaines voisines de l'Afrique, et que les vents d'est amènent avec rapidité, donnent à l'atmosphère des îles Canaries une transparence qui ne surpasse pas seulement celle de l'air de Naples et de Sicile, mais peut-être aussi la pureté du ciel de Quito et du Pérou. Cette transparence peut être considérée comme une des causes principales de la beauté du paysage sous la zone torride : c'est elle qui relève l'éclat des couleurs végétales, et contribue à l'effet magique de leurs harmonies et de leurs oppositions. Si une grande masse de lumière, qui circule autour des objets, fatigue, pendant une partie du jour, les sens extérieurs, l'habitant des climats méridionaux est dédommagé par des jouissances morales. Une clarté brillante dans les conceptions, une sérénité intérieure répondent à la transparence de l'air environnant. On éprouve ces impressions sans franchir les limites de l'Europe ; j'en appelle aux voyageurs qui ont visité les pays illustrés par les prodiges de l'imagination et des arts, les climats heureux de la Grèce et de l'Italie.

En vain nous prolongeâmes notre séjour sur le sommet du Pic, pour attendre le moment où nous pourrions jouir de la vue de tout l'archipel des îles Fortunées [1]. Nous découvrîmes à nos pieds Palma, la Gomère et la Grande-Canarie. Les montagnes de Lancerote, dégagées de vapeurs au lever du soleil, furent bientôt enveloppées de nuages épais. En ne supposant que l'effet d'une réfraction ordinaire, l'œil embrasse, par un temps serein, de la cime du volcan, une surface du globe de 5700 lieues carrées, égale au quart de la surface de l'Espagne. On a souvent agité la question s'il est possible d'apercevoir

---

[1] De toutes les petites îles Canaries, la Roche de l'Est est la seule qui ne peut pas être vue, même par un temps serein, du haut du Pic. Sa distance est de 3° 5′, tandis que celle du Salvage n'est que de 2° 1′. L'île de Madère, éloignée de 4° 29′, ne seroit visible que si ses montagnes avoient plus de 3000 toises d'élévation.

la côte d'Afrique du haut de cette pyramide colossale; mais les parties de cette côte les plus proches sont encore éloignées de Ténériffe de 2° 49′ en arc, ou de 56 lieues; or le rayon visuel de l'horizon du Pic étant de 1° 57′, le cap Bojador ne peut être vu qu'en lui supposant une hauteur de 200 toises au-dessus du niveau de l'Océan. Nous ignorons absolument l'élévation des Montagnes Noires voisines du cap Bojador, de même que celle du Pic, appelé par les navigateurs *Peñon grande*, et placé plus au sud de ce promontoire. Si le sommet du volcan de Ténériffe étoit plus accessible, on y observeroit sans doute, par de certains vents, les effets d'une réfraction extraordinaire. En parcourant ce que les auteurs espagnols et portugais rapportent sur l'existence de l'île fabuleuse de San Borondon ou Antilia, on voit que c'est surtout le vent humide de l'oues-sud-ouest qui produit dans ces parages des phénomènes de mirage: nous n'admettrons pas cependant avec M. Viera [1] « que le jeu des

---

[1] « La refraction da para todo. » *Noticias historicas*, Tom. I, p. 105. Nous avons déjà indiqué plus

réfractions terrestres peut rendre visible, aux habitans des Canaries, les îles du cap Vert, et même les montagnes Apalaches de l'Amérique. »

Le froid que nous éprouvâmes sur la cime du Pic étoit très-considérable pour la saison dans laquelle nous nous trouvions. Le thermomètre [3] centigrade, éloigné du sol et des fumaroles qui exhalent des vapeurs chaudes, descendit, à l'ombre, à 2°,7. Le vent étoit ouest, et par conséquent opposé à celui qui amène à Ténériffe, pendant une grande partie de l'année, l'air chaud qui s'élève au-dessus des déserts brûlans de l'Afrique. Comme la température de l'atmosphère, observée au port de l'Orotava par M. Savagi, étoit de

haut que les fruits de l'Amérique, jetés fréquemment par la mer sur les côtes des îles de Fer et de Gomère, étoient attribués jadis aux végétaux de l'île de San Borondon. Cette terre, que le peuple disoit gouvernée par un archevêque et six évêques, et que le père Feijoo croit être l'image de l'île de Fer, réfléchie sur un banc de brume, fut cédée, au seizième siècle, par le roi de Portugal, à Louis Perdigon, au moment où ce dernier se prépara à en faire la conquête.

22°,8, le décroissement du calorique étoit d'un degré par 94 toises. Ce résultat s'accorde parfaitement avec ceux qui ont été obtenus par Lamanon et par Saussure [1] aux sommets du Pic et de l'Etna, quoique dans des saisons très-différentes [2]. La forme élancée de ces montagnes offre l'avantage de pouvoir comparer la température de deux couches de l'atmosphère qui se trouvent presque dans un même plan perpendiculaire; et, sous ce rapport, les observations faites dans un voyage au volcan de Ténériffe, ressemblent à celles que présente une ascension aérostatique. Il faut remarquer cependant que l'Océan, à cause de sa transparence et de son évaporation, renvoie moins de calorique dans

---

[1] MM. Odonell et Armstrong observèrent, le 2 août 1806, à huit heures du matin, sur la cime du Pic, le thermomètre à l'ombre, à 13°,8, et au soleil, à 20°,5. Différence ou force du soleil : 6°,7, degrés centésimaux.

[2] L'observation de Lamanon donne 99 toises par degré du thermomètre centigrade, quoique la température du Piton différât de 9° de celle que nous observâmes. A l'Etna, le decroissement observé par Saussure fut de 91 toises.

les hautes régions de l'air que ne le font les plaines : aussi les cimes qui sont environnées de la mer sont-elles plus froides en été que les montagnes qui s'élèvent au milieu des terres ; mais cette circonstance influe peu sur le décroissement de la chaleur atmosphérique, la température des basses régions se trouvant également diminuée par la proximité de l'Océan.

Il n'en est pas de même de l'influence qu'exercent la direction du vent et la rapidité du courant ascendant : ce dernier augmente quelquefois d'une manière surprenante la température des montagnes les plus élevées. J'ai vu monter le thermomètre, sur la pente du volcan d'Antisana, dans le royaume de Quito, à 19° lorsque nous nous trouvâmes à 2837 toises de hauteur. M. Labillardière l'a vu se soutenir, au bord du cratère du Pic de Ténériffe, à 18°,7, quoiqu'il eût employé toutes les précautions imaginables pour éviter l'effet des causes accidentelles. La température de la rade de Sainte-Croix s'élevant alors à

---

[a] *Voyage à la recherche de Lapérouse*, Vol. I, p. 23 ; Vol. II, p. 65.

28°, la différence, entre l'air de la côte et le sommet du Pic, étoit de 9°,3 au lieu de 20° qui correspondent à un décroissement de calorique de 94 toises par degré. Je trouve, dans le journal de route de l'expédition de d'Entrecasteaux, qu'à cette époque le vent, à Sainte-Croix, étoit sud-sud-est. Peut-être ce même vent souffloit-il plus impétueusement dans les hautes régions de l'atmosphère ; peut-être faisoit-il refluer, dans une direction oblique, l'air chaud du continent voisin vers la cime du Piton. Le voyage de M. Labillardière eut d'ailleurs lieu le 17 octobre 1791 ; et, dans les Alpes de la Suisse, on a observé que la différence de température entre les montagnes et les plaines est moins grande en automne qu'en été. Toutes ces variations [1] de la rapidité avec laquelle

---

[1] Je réunirai ici les résultats de toutes les observations thermométriques faites au Pic de Ténériffe et qui sont propres à fixer le nombre de toises qui correspondent à un abaissement d'un degré centigrade :

1.° Borda (au mois de septembre),
    jusqu'au Pin de Dornajito, 104 toises (matin);
    jusqu'à la Station des Rochers, 107 toises (soir);
    jusqu'à la glacière naturelle, 159 toises (matin);

décroît le calorique, n'influent sur les mesures faites à l'aide du baromètre, qu'autant que le décroissement n'est pas uniforme dans les couches intermédiaires, et qu'il s'éloigne de la progression arithmétique ou harmonique que supposent les formules employées.

Nous ne pûmes nous lasser d'admirer, sur le sommet du Pic, la couleur de la voûte azurée du ciel. Son intensité au zénith nous parut correspondre à 41° du cyanomètre. On sait, par les expériences de Saussure, que cette intensité augmente avec la rareté de l'air, et que le même instrument indiquoit à la même époque 39° au prieuré de Chamouni, et 40° à la cime du Mont-Blanc. Cette dernière montagne est de 540 toises

jusqu'au pied du Piton, 151 toises (matin);
jusqu'à la cime du Pic, 137 toises (matin);
2.° Lamanon (au mois d'août),
jusqu'à la cime, 99 toises (matin);
3.° Cordier (au mois d'avril),
jusqu'à la Station des Rochers, 122 toises (soir);
jusqu'à la cime, 1115 toises (matin);
4.° Notre voyage (au mois de juin),
jusqu'à la cime, 94 toises.

plus élevée que le volcan de Ténériffe ; et si, malgré cette différence, on y voit le ciel d'une teinte bleue moins foncée, il faut attribuer ce phénomène à la sécheresse de l'air africain et à la proximité de la zone torride.

Nous recueillîmes de l'air au bord du cratère pour en faire l'analyse pendant notre navigation en Amérique. Le flacon resta si bien bouché, qu'en l'ouvrant, après un espace de dix jours, l'eau y entra avec force. Plusieurs expériences, faites au moyen du gaz nitreux dans le tube étroit de l'eudiomètre de Fontana, paroissoient prouver que l'air du cratère contenoit neuf centièmes d'oxygène de moins que l'air de la mer; mais j'ai peu de confiance dans ce résultat obtenu par un moyen que nous regardons aujourd'hui comme assez inexact. Le cratère du Pic a si peu de profondeur, et l'air s'y renouvelle avec tant de facilité, qu'il n'est guère probable que la quantité d'azote y soit plus grande que sur les côtes. Nous savons d'ailleurs, par les expériences de MM. Gay-Lussac et Théodore de Saussure, que, dans les plus hautes régions de l'atmosphère et dans les plus basses, l'air contient également 0,21 d'oxygène [1].

Nous ne vîmes, au sommet du Pic, aucune trace de Psora, de Lécidée, ou d'autres plantes cryptogames; aucun insecte ne voltigeoit dans les airs. On trouve cependant quelques hyménoptères collés sur des masses de soufre humectées d'acide sulfureux, et tapissant l'ouverture des fumaroles. Ce sont des abeilles qui paroissent avoir été attirées par les fleurs du Spartium nubigenum, et que des vents obliques ont portées dans ces hautes régions, comme les papillons trouvés, par M. Ramond, à la cime du Mont-Perdu. Ces derniers périssent de froid, tandis que les abeilles du Pic sont grillées en s'appro-

---

[1] Pendant le séjour que nous avons fait, M. Gay-Lussac et moi, à l'hospice du Mont-Cénis, au mois de mars 1805, nous avons recueilli de l'air au milieu d'un nuage fortement électrique. Cet air, analysé dans l'eudiomètre de Volta, ne contenoit pas d'hydrogène, et sa pureté ne différoit pas de 0,002 d'oxygène de l'air de Paris, que nous avions porté avec nous dans des flacons hermétiquement fermés. Sur l'air qui a été recueilli à 3405 toises de hauteur, voyez *Ann. de Chimie*, Tom. LII, p. 92.

chant imprudemment des crevasses auprès desquelles elles sont venues chercher de la chaleur.

Malgré cette chaleur que l'on sent aux pieds, sur le bord du cratère, le cône de cendres reste couvert de neige pendant plusieurs mois de l'hiver. Il est probable que, sous la calotte de neige, il se forme de grandes voûtes, semblables à celles que l'on trouve sous les glaciers de la Suisse, dont la température est constamment moins élevée que celle du sol sur lequel ils reposent [1]. Le vent impétueux et froid qui souffloit depuis le lever du soleil, nous engagea à chercher un abri au pied du Piton. Nous avions les mains et le visage gelés, tandis que nos bottes étoient brûlées par le sol sur lequel nous marchions. Nous descendîmes, en peu de minutes, le Pain de Sucre que nous avions gravi avec tant de peine, et cette rapidité étoit en partie involontaire, car souvent on roule sur les cendres. Nous quittâmes avec regret ce lieu solitaire, ce

---

[1]. Voyez l'excellent ouvrage de M. de Stapfer, *Voyage pittoresque de l'Oberland*, p. 61.

site dans lequel la nature se montre dans toute sa majesté ; nous nous flattions de revoir un jour les îles Canaries, mais ce projet, comme tant d'autres que nous formions alors, n'a pas été exécuté.

Nous traversâmes lentement le Malpays : le pied ne repose pas avec sûreté sur des blocs de laves mobiles. Plus près de la Station des Rochers, la descente devient extrêmement pénible; le gazon, court et serré, est si glissant, que pour ne pas tomber il faut continuellement pencher le corps en arrière. Dans la plaine sablonneuse du Retama, le thermomètre s'élevoit à 22°,5 ; et cette chaleur nous parut suffocante en la comparant à la sensation du froid que l'air nous avoit fait éprouver au sommet du volcan. Nous étions absolument dépourvus d'eau; nos guides, non contens de boire à la dérobée la petite provision de vin de Malvoisie que nous devions à la bonté prévoyante de M. Cologan, avoient aussi brisé les vases qui renfermoient l'eau. Heureusement ils avoient laissé intact le flacon dans lequel nous avions recueilli l'air du cratère.

Nous jouîmes enfin d'un peu de fraîcheur

dans la belle région des fougères et de l'Erica arborescent. Une couche épaisse de nuages nous enveloppoit; elle se soutenoit à six cents toises de hauteur au-dessus du niveau des plaines. En traversant cette couche, nous eûmes occasion d'observer un phénomène qui, dans la suite, s'est présenté souvent à nous sur la pente des Cordillères. De petits courans d'air poussoient des traînées de nuages avec une vîtesse inégale et dans des directions opposées. Il nous sembloit voir des filets d'eau qui se meuvent rapidement, et en tous sens, au milieu d'une grande masse d'eaux dormantes. Les causes de ce mouvement partiel des nuages sont probablement très-variées; on peut les chercher dans une impulsion venue de très-loin, dans de légères inégalités du sol qui réfléchit plus ou moins le calorique rayonnant, dans une différence de température entretenue par quelque action chimique, ou enfin dans une forte charge électrique des vapeurs vésiculaires.

En nous approchant de la ville de l'Orotava, nous rencontrâmes de grandes bandes de Canaris. Ces oiseaux, si connus en

Europe[1], étoient d'un vert assez uniforme; quelques-uns avoient sur le dos une teinte jaunâtre; leur chant étoit le même que celui des canaris domestiques: on observe cependant que ceux qui ont été pris à l'île de Gran Canaria et au petit îlot de Monte-Clara, près de Lancerote, ont la voix la plus forte, et en même temps la plus harmonieuse. Sous toutes les zones, parmi les oiseaux de la même espèce, chaque bande a son langage particulier. Les canaris jaunes sont une variété qui a pris naissance en Europe; et ceux que nous vîmes dans des cages, à l'Orotava et à Sainte-Croix de Ténériffe, avoient été achetés à Cadix et en d'autres ports d'Espagne. Mais, de tous les oiseaux des îles Canaries, celui qui a le chant le plus agréable est inconnu en Europe; c'est le Capirote qu'on n'a jamais pu apprivoiser, tant il aime sa liberté. J'ai admiré son ramage doux et mélodieux, dans un jardin près de l'Oro-

[1] Fringilla Canaria. La Caille rapporte, dans la Relation de son voyage au Cap, qu'à l'île du Salvage, ces serins sont si abondans que dans une certaine saison on ne peut y marcher sans briser les œufs.

tava, mais je ne l'ai pas vu d'assez près pour prononcer à quel genre il appartient. Quant aux perroquets que l'on croit avoir aperçus lors du séjour du capitaine Cook à Ténériffe, ils n'ont jamais existé que dans le récit de quelques voyageurs qui se copient les uns les autres. Il n'y a ni perroquets ni singes dans les îles Canaries; et, quoique, dans le nouveau continent, les premiers fassent des migrations jusqu'à la Caroline septentrionale, je doute que dans l'ancien on en ait rencontré au nord du 28.ᵉ degré de latitude boréale.

Nous arrivâmes vers la fin du jour au port de l'Orotava, où nous trouvâmes la nouvelle inattendue que le Pizarro ne mettroit à la voile que la nuit du 24 au 25. Si nous avions pu compter sur ce retard, nous aurions ou prolongé notre séjour [1] au Pic, ou entrepris

---

[1] Comme beaucoup de voyageurs, qui abordent à Sainte-Croix de Ténériffe, n'entreprennent pas l'excursion au Pic, parce qu'ils ignorent le temps qu'il faut y employer, il sera utile de consigner ici les données suivantes : En se servant de mulets jusqu'à la Station des Anglois, on met, de l'Orotava pour aller au sommet du Pic et revenir au port, 21 heures;

une excursion au volcan de Chahorra. Nous passâmes la journée du lendemain à visiter les environs de l'Orotava, et à jouir de la société aimable que nous offroit la maison de M. Cologan. Nous sentîmes alors que le séjour de Ténériffe n'est pas seulement intéressant pour ceux qui s'occupent de l'étude de la nature : on trouve à l'Orotava des personnes qui ont le goût des lettres et de la musique, et qui ont transplanté, dans ces climats lointains, l'aménité de la société de l'Europe. Sous ces rapports, à l'exception de la Havane, les îles Canaries ressemblent peu aux autres colonies espagnoles.

Nous assistâmes, la veille de la Saint-Jean, à une fête champêtre au jardin de M. Little. Ce négociant, qui a rendu de grands services

---

savoir, de l'Orotava au Pino del Dornajito, 3 heures; du Pin à la Station des Rochers, 6 heures; et de cette station à la Caldera, 3 heures et demie. Je compte 9 heures pour la descente. Il ne s'agit, dans ces évaluations, que du temps employé à la marche, et aucunement de celui qui est nécessaire pour examiner les productions du Pic, ou pour prendre du repos. Une demi-journée suffit pour se transporter de Sainte-Croix de Ténériffe à l'Orotava.

aux Canariens lors de la dernière disette de grains, a cultivé une colline couverte de débris volcaniques. Il a formé, dans ce site délicieux, un jardin anglois; on y jouit d'une vue magnifique sur la pyramide du Pic, sur les villages de la côte et sur l'île de Palma qui borde la vaste étendue de l'Océan. Je ne saurois comparer cette vue qu'à celles des golfes de Gênes et de Naples : mais l'Orotava l'emporte de beaucoup pour la grandeur des masses et pour la richesse de la végétation. A l'entrée de la nuit, la pente du volcan nous offrit tout-à-coup un aspect extraordinaire. Les pâtres, fidèles à une coutume que sans doute les Espagnols ont introduite, quoiqu'elle date de la plus haute antiquité, avoient allumé les feux de la Saint-Jean. Ces masses de lumières éparses, ces colonnes de fumée chassées par les tourbillons, contrastoient avec la sombre verdure des forêts qui couvrent les flancs du Pic. Des cris d'allégresse se faisoient entendre de loin, et sembloient seuls interrompre le silence de la nature dans ces lieux solitaires.

La famille de M. Cologan possède une maison de campagne plus rapprochée de la côte que celle que je viens de décrire. Le nom que lui a donné le propriétaire, désigne le sentiment qu'inspire ce site champêtre. La maison de *La Paz* avoit d'ailleurs pour nous un intérêt particulier. M. de Borda, dont nous déplorions la mort, l'avoit habitée pendant sa dernière expédition aux îles Canaries. C'est dans une petite plaine voisine que ce savant avoit mesuré la base à l'aide de laquelle il détermina la hauteur du Pic. Dans cette triangulation, le grand dragonnier de l'Orotava servoit de signal. Si quelque voyageur instruit vouloit un jour entreprendre, avec plus de précision et au moyen de cercles répétiteurs astronomiques, une nouvelle mesure du volcan, il faudroit mesurer la base, non près de l'Orotava, mais près de *los Silos*, dans un endroit appelé *Bante*; selon M. Broussonet, il n'y a pas de plaine rapprochée du Pic, qui offre plus d'étendue. En herborisant près de la Paz, nous trouvâmes abondamment le Lichen roccella sur les rochers basaltiques baignés par les eaux de la mer. L'orseille des Canaries est une branche de commerce très-ancienne; on tire cependant ce Lichen moins de l'île de Ténériffe que des îles désertes du Salvage, de la Graciosa, de l'Alegranza, et même de Canarie et de Hierro.

Nous quittâmes le port de l'Ororava, le 24 juin au matin; nous dînâmes, en passant par la Laguna, chez le consul de France. Il eut la complaisance de se charger des collections géologiques[1] que nous avions faites et que nous destinions au cabinet d'histoire naturelle du roi d'Espagne. En sortant de la ville et en fixant les yeux sur la rade de Sainte-Croix, nous fûmes alarmés par la vue de notre corvette le Pizarro qui étoit sous voile. Arrivés au port, nous apprîmes qu'elle louvoyoit à petites voiles pour nous attendre. Les vaisseaux anglois, qui étoient en station devant l'île de Ténériffe, avoient disparu, et nous n'avions pas un moment à perdre pour quitter ces parages. Nous nous embarquâmes seuls; car nos compagnons de voyage étoient Canariens, et ne nous suivoient pas en Amérique. Nous regrettâmes, parmi eux, Don

---

[1] M. Hergen les a décrites dans les *Annales de ciencias naturales* qu'il a publiées avec l'abbé Cavanilles.

Francisco Salcedo, fils du dernier gouverneur espagnol de la Louisiane, que nous retrouvâmes à l'île de Cuba après notre retour de l'Orénoque.

Pour ne pas interrompre la relation du voyage à la cime du Pic, j'ai passé sous silence les observations géologiques que j'ai faites sur la structure de cette montagne colossale et sur la nature des roches volcaniques qui la composent. Avant de quitter l'archipel des Canaries, il sera utile de nous arrêter encore un moment pour réunir, sous un même point de vue, ce qui a rapport au tableau physique de ces contrées.

Les minéralogistes qui pensent que le but de la géologie des volcans est de classer des laves, d'examiner les cristaux qu'elles renferment et de les décrire d'après leurs caractères extérieurs, sont ordinairement très-satisfaits lorsqu'ils reviennent de la bouche d'un volcan enflammé. Ils en rapportent des collections nombreuses qui sont l'objet principal de leurs désirs. Il n'en est pas de même des savans qui, sans confondre la minéralogie descriptive [1] avec la géognosie, tendent

[1] *Oryctognosie.*

à s'élever à des idées d'un intérêt général, et cherchent, dans l'étude de la nature, des réponses aux questions suivantes :

La montagne conique d'un volcan est-elle entièrement formée de matières liquéfiées et amoncelées par des éruptions successives, ou renferme-t-elle dans son centre un noyau de roches primitives recouvert de laves, qui sont ces mêmes roches altérées par le feu? Quels sont les liens qui unissent les productions des volcans modernes aux basaltes, aux phonolites et à ces porphyres à base feldspathique qui sont dépourvus de quartz, et qui recouvrent les Cordillères du Pérou et du Mexique, comme le petit groupe des Monts-Dorés, du Cantal et du Mézen en France? Le noyau central des volcans a-t-il été chauffé en place, et soulevé, dans un état de ramollissement, par la force des vapeurs élastiques, avant que ces fluides eussent communiqué, par un cratère, avec l'air extérieur? Quelle est la substance qui, depuis des milliers d'années, entretient cette combustion, tantôt si lente, tantôt si active? Cette cause inconnue agit-elle à une profondeur immense, ou l'action chimique a-t-elle lieu dans les roches secondaires superposées au granite?

Moins ces problèmes se trouvent résolus dans les nombreux ouvrages publiés jusqu'ici sur l'Etna et sur le Vésuve, et plus le voyageur désire voir de ses propres yeux. Il se flatte d'être plus heureux que ceux qui l'ont précédé; il veut se former une idée précise des rapports géologiques entre le volcan et les montagnes circonvoisines; mais que de fois il est trompé dans son espoir, lorsque, sur les limites du terrain primitif, d'énormes bancs de tuf et de pouzzolanes rendent impossible toute observation de gisement et de superposition! On parvient dans l'intérieur du cratère avec moins de difficultés qu'on ne le supposoit d'abord; on examine le cône depuis son sommet jusqu'à sa base; on est frappé de la différence qu'offrent les produits de chaque éruption, et de l'analogie qui existe cependant entre les laves d'un même volcan : mais, malgré le soin avec lequel on interroge la nature, malgré le nombre d'observations partielles qui se présentent à chaque pas, on revient de la cime d'un volcan enflammé, moins satisfait qu'on ne l'étoit en se préparant à y aller. C'est après qu'on les a étudiés sur les lieux que les phénomènes volcaniques paroissent plus isolés, plus variables, plus obscurs encore qu'on ne se les figure en consultant les récits des voyageurs.

Ces considérations se sont présentées à moi en revenant du sommet du Pic de Ténériffe, le premier volcan actif que j'aye eu occasion de visiter; elles m'ont frappé de nouveau chaque fois que, dans l'Amérique méridionale ou au Mexique, j'ai eu occasion d'examiner des montagnes volcaniques. En réfléchissant sur le peu de progrès que les travaux des minéralogistes et les découvertes en chimie ont fait faire à la géologie physique des volcans, on ne sauroit se défendre d'un sentiment pénible : il l'est surtout pour ceux qui, interrogeant la nature sous les climats divers, sont plus occupés des problèmes qu'ils n'ont pu résoudre que du petit nombre de résultats qu'ils ont obtenu.

Le Pic d'Ayadyrma ou d'Echeyde [1] est une montagne conique, isolée, placée dans un

---

[1] Le mot *echeyde*, qui signifie *enfer* dans la langue des Guanches, a été transformé par les Européens en Teyde.

flot d'une très-petite circonférence. Les savans qui ne considèrent pas à la fois la surface entière du globe, croient que ces trois circonstances sont communes à la plupart des volcans. Ils citent, à l'appui de leur opinion, l'Etna, le Pic des Açores, la soufrière de la Guadeloupe, les Trois-Salazes de l'île de Bourbon, et cet archipel de volcans que renferment la mer de l'Inde et le Grand-Océan. En Europe et en Asie, autant que l'intérieur de ce dernier continent a été reconnu, aucun volcan actif n'est situé dans une chaîne de montagnes ; tous en sont plus ou moins éloignés. Dans le nouveau monde, au contraire, et ce fait mérite la plus grande attention, les volcans les plus imposans par leurs masses font partie des Cordillères mêmes. Les montagnes de schiste micacé et de gneiss du Pérou et de la Nouvelle-Grenade touchent immédiatement aux porphyres volcaniques des provinces de Quito et de Pasto. Au sud et au nord de ces contrées, dans le Chili et dans le royaume de Guatimala, les volcans actifs sont groupés par rangées. Ils continuent pour ainsi dire la chaîne de roches primitives ; et si le feu volcanique s'est fait jour dans une plaine éloignée des Cordillères, comme dans le Sangay et le Jorullo[1], on doit regarder ce phénomène comme une exception à la loi que la nature semble s'être imposée dans ces régions. J'ai dû rappeler ici ces faits géologiques, parce qu'on a opposé ce prétendu isolement de tous les volcans à l'idée que le Pic de Ténériffe et les autres cimes volcaniques des îles Canaries sont les restes d'une chaîne de montagnes submergée. Les observations qui ont été faites sur l'agroupement des volcans en Amérique, prouvent que l'ancien état de choses représenté dans la *carte conjecturale de l'Atlantide*, de M. Bory de Saint-Vincent[2], n'est aucunement contraire

[1] Deux volcans des provinces de Quixos et de Méchoacan, l'un de l'hémisphère austral, et l'autre de l'hémisphère boréal.

[2] La question si les traditions des anciens sur l'Atlantide reposent sur des faits historiques est entièrement différente de celle-ci : si l'archipel des Canaries et les îles adjacentes sont les débris d'une chaîne de montagnes, déchirée et submergée dans une des grandes catastrophes qu'a éprouvées notre globe. Je ne prétends émettre ici aucune opinion en faveur de l'existence de l'Atlantide; mais je tâche de prouver

aux lois reconnues de la nature, et que rien ne s'oppose à admettre que les cimes de Porto Santo, de Madère et des îles Fortunées peuvent avoir formé jadis, soit un système particulier de montagnes primitives, soit l'extrémité occidentale de la chaîne de l'Atlas.

Le Pic de Teyde forme une masse pyramidale comme l'Etna, le Tungurahua et le Popocatepetl. Il s'en faut de beaucoup que ce caractère physionomique soit commun à tous les volcans. Nous en avons observé dans l'hémisphère austral qui, au lieu d'offrir la forme d'un cône ou d'une cloche renversée, sont prolongés dans un sens, ayant la croupe tantôt unie, tantôt hérissée de petites pointes de rochers. Cette structure est particulière à l'Antisana et au Pichincha, deux volcans actifs de la province de Quitto; et l'absence de la forme conique ne devra jamais être considérée comme une raison qui exclut l'origine volcanique. Je développerai dans la suite de cet ouvrage quelques-uns des rapports que

---

que les Canaries n'ont pas plus été formées par les volcans, que la masse entière des petites Antilles ne l'a été par des madrépores.

je crois avoir aperçus entre la physionomie des volcans et l'ancienneté de leurs roches. Il suffit d'observer ici en général que les cimes qui vomissent encore avec le plus d'impétuosité, et aux époques les plus rapprochées, sont des *Pics élancés* à forme conique; que les montagnes à *croupes prolongées* et hérissées de petites masses pierreuses sont des volcans très-anciens et près de s'éteindre, et que les sommités arrondies en forme de *dômes* ou de cloches renversées annoncent ces porphyres problématiques qu'on suppose avoir été chauffés en place, pénétrés par des vapeurs, et soulevés dans un état ramolli, sans avoir jamais coulé comme de véritables laves lithoïdes. Au premier[1] de ces tipes appartiennent le Cotopaxi, le Pic de Ténériffe et celui d'Orizava au Mexique; le second[2] est commun au Cargueirazo et au Pichincha, dans la province de Quito, au volcan de Puracé, près de Popayan, et peut-être aussi à l'Hecla en Islande. Le troisième[3] et der-

---

[1] *Atlas pittoresque*, Pl. x.
[2] *Ibid.*, Pl. lxi.
[3] *Ibid.*, Pl. xvi. (vii de l'édition in-8°.)

nier de ses types se retrouve dans la forme majestueuse du Chimborazo, et, s'il est permis de placer à côté de ce colosse une colline de l'Europe, dans le Grand-Sarcouy en Auvergne.

Pour se former une idée plus exacte de la structure extérieure des volcans, il est important de comparer leur hauteur perpendiculaire à leur circonférence. Cette évaluation n'est cependant susceptible de quelque précision, qu'autant que les montagnes sont isolées et placées sur une plaine qui se trouve à peu près au niveau de la mer. En calculant la circonférence du Pic de Ténériffe d'après une courbe qui passe par le port de l'Orotava, par Garachico, Adexe et Guimar, et en faisant abstraction des prolongations de sa base vers la forêt de la Laguna et le cap Nord-Est de l'île, on trouve que ce développement est de plus de 54,000 toises. La hauteur du Pic est par conséquent $\frac{1}{28}$ de la circonférence de sa base. M. de Buch a trouvé ce rapport de $\frac{1}{33}$ pour le Vésuve[1], et,

---

[1] *Gilbert, Annalen der Physik*, B. 5, pag. 455. Le Vésuve a 133,000 palmes ou 18 milles marins de

ce qui peut-être est moins certain, de $\frac{1}{54}$ pour l'Etna. Si la pente de ces trois volcans étoit uniforme depuis le sommet jusqu'à la base, elle seroit inclinée au Pic de Teyde de 12° 29′; au Vésuve, de 12° 41′; et à l'Etna, de 10° 13′; résultat qui doit surprendre ceux qui ne réfléchissent pas sur ce qui constitue une pente moyenne. Dans une montée très-longue, des terrains inclinés de trois à quatre degrés alternent avec d'autres qui sont inclinés de 25 à 30 degrés, et ces derniers seuls frappent notre imagination, parce que l'on croit toutes les pentes des montagnes plus rapides qu'elles ne le sont effectivement. Je puis citer, à l'appui de cette considération, l'exemple que présente la montée depuis le port de la Vera-

circonférence. La distance horizontale de Resina au cratère est de 3700 toises. Des minéralogistes italiens ont évalué la circonférence de l'Etna de 840,000 palmes ou de 119 milles. Avec cette donnée, le rapport de la hauteur à la circonférence ne seroit que de $\frac{1}{72}$; mais je trouve, en traçant une courbe par Catania, Paterno, Bronte et Piemonte, 62 milles de circonférence, d'après des cartes les plus exactes. Le rapport de $\frac{1}{72}$ augmente par là jusqu'à $\frac{1}{54}$. La base tombe-t-elle hors de la courbe que j'indique?

Cruz jusqu'au plateau du Mexique. C'est sur la pente orientale de la Cordillère qu'est tracé un chemin qui, depuis des siècles, n'a pu être fréquenté qu'à pied ou à dos de mulet. Depuis l'Encero au petit village indien de las Vigas, il y a 7500 toises de distance horizontale; et l'Encero étant, d'après mon nivellement baromètrique, de 746 toises plus bas que las Vigas, il ne résulte, pour la pente moyenne, qu'un angle de 5° 40'.

J'ai réuni, dans une même planche, les profils du Pic de Ténériffe, du Cotopaxi et du Vésuve. J'aurois volontiers substitué à ce dernier l'Etna, parce que sa forme est plus analogue à celle des deux volcans d'Amérique et d'Afrique; mais je n'ai voulu tracer que le contour des montagnes que j'ai visitées et mesurées moi-même; et, quant à l'Etna, j'aurois manqué de données pour les hauteurs intermédiaires. Je dois faire observer encore que, dans les trois profils, les échelles de distances et de hauteurs ont les mêmes rapports. Les distances ont été déterminées d'après les cartes de Zanoni, de Borda et de La Condamine. Le lecteur, versé dans les opérations de nivellement, ne sera pas étonné de la pente très-douce que paroissent présenter ces profils. Dans la nature, un plan incliné sous un angle de 35° paroît l'être de 50°. On ose à peine descendre en voiture une pente de 22°, et les parties des cônes volcaniques inclinées de 40° à 42° sont déjà presque inaccessibles, quoique le pied puisse former des gradins en enfonçant dans les cendres. Je réunis, dans une note particulière, les expériences que j'ai faites sur les difficultés que présente la déclivité des terrains montagneux [1].

[1] Dans des endroits où il y avoit à la fois des pentes couvertes de gazon touffu et des sables mouvans, j'ai fait les mesures suivantes :

    5°, pente d'une inclinaison déjà très-marquée. En France, les grandes routes ne peuvent pas, selon la loi, excéder 4° 46′;

    15°, pente très-rapide, que l'on ne peut pas descendre en voiture ;

    37°, pente presque inaccessible à pied, si le sol est un roc nu ou un gazon trop serré pour qu'on puisse y former des gradins. Le corps de l'homme tombe en arrière lorsque le tibia fait avec la plante du pied un angle plus petit que 53° ;

    42°, pente la plus inclinée qu'on puisse gravir

CHAPITRE II.

Les volcans isolés offrent, dans les régions les plus éloignées, beaucoup d'analogie dans leur structure. Tous présentent, à de grandes hauteurs, des plaines considérables au milieu desquelles s'élève un cône parfaitement arrondi. C'est ainsi qu'au Cotopaxi les plaines de Suniguaicu s'étendent au-dessus de la maîterie de Pansache. La cime pierreuse d'Antisana, couverte de neiges éternelles, forme un îlot au milieu d'un immense plateau dont la surface est de douze lieues carrées, et dont la hauteur surpasse de deux cents toises celle du sommet du Pic de Ténériffe. Au Vésuve, à trois cent soixante-dix toises d'élévation, le cône se détache de la Plaine de l'Atrio dei

à pied dans un terrain sablonneux ou couvert de cendres volcaniques.

Lorsque la pente est de 44°, il est presque impossible de la gravir, quoique le terrain permette d'y former des gradins en enfonçant le pied. Les cônes des volcans ont une *inclinaison moyenne* de 33 à 40°. Les parties les plus rapides de ces cônes du Vésuve, soit du Pic du Ténériffe, du volcan de Pichincha et de Jorullo, sont de 40° à 42°. Une pente de 55° est tout-à-fait inaccessible : vue d'en haut, on la juge de 75°.

Cavalli. Le Pic de Ténériffe présente deux de ces plateaux dont le supérieur est très-petit, et se trouve à la hauteur de l'Etna, immédiatement au pied du Piton, tandis que le second, couvert de touffes de Retama (Spartium nubigenum) s'étend jusqu'à l'*Estancia de los Ingleses*. Celui-ci s'élève au-dessus du niveau de la mer presque autant que la ville de Quito et le sommet du Mont-Liban.

Plus une montagne a vomi par son cratère, et plus son cône de cendres est élevé en raison de la hauteur perpendiculaire du volcan entier. Rien de plus frappant, sous ce rapport, que la différence de structure qu'offrent le Vésuve, le Pic de Ténériffe et le Pichincha. J'ai choisi de préférence ce dernier volcan, parce que sa cime[1] entre à peine dans la limite inférieure des neiges perpétuelles. Le

---

[1] J'ai mesuré le sommet de Pichincha, c'est-à-dire le monticule couvert de cendres, au-dessus du Llano del Vulcan, au nord de l'Alto de Chuquira. Ce monticule n'a cependant pas la forme régulière d'un cône. Quant au Vésuve, j'ai indiqué la hauteur moyenne du Pain de Sucre, à cause de la grande différence que présentent les deux bords du cratère.

cône du Cotopaxi, dont la forme est la plus élégante et la plus régulière que l'on connoisse, a 540 toises de hauteur, mais il est impossible de décider si toute cette masse est couverte de cendres.

NOMS DES VOLCANS.	HAUTEUR totale en toises.	HAUTEUR du cône couvert de cendres.	RAISON du cône à la hauteur totale.
Vésuve.............	606 t.	200 t.	$\frac{1}{3}$
Pic de Ténériffe....	1904 t.	84 t.	$\frac{1}{22}$
Pichincha..........	2490 t.	240 t.	$\frac{1}{10}$

Ce tableau semble indiquer ce que nous aurons occasion de prouver plus amplement dans la suite, que le Pic de Ténériffe appartient à ce groupe de grands volcans qui, comme l'Etna et l'Antisana, ont plus agi par les flancs que par le sommet. Aussi le cratère placé à l'extrémité du Piton, celui que l'on désigne sous le nom de la Caldera, est-il singulièrement petit; et cette petitesse avoit même déjà frappé M. de Borda et d'autres voyageurs qui ne s'occupoient guère de recherches géologiques.

Quant à la nature des roches qui composent le sol de Ténériffe, il faut d'abord distinguer entre les productions du volcan actuel et le système des montagnes basaltiques qui entourent le Pic, et qui ne s'élèvent pas au-delà de cinq à six cents toises au-dessus du niveau de l'Océan. Ici, comme en Italie, comme au Mexique et dans les Cordillères de Quito, les roches de la formation trapéenne [1] restent éloignées des coulées de laves modernes; tout annonce que ces deux classes de substances, quoiqu'elles doivent leur origine à des phénomènes analogues, datent cependant d'époques très-différentes. Il est important, pour la géologie, de ne pas confondre les courans de laves modernes, les buttes de basalte, de grünstein et de phonolite qui se trouvent dispersées sur les terrains primitifs et secondaires, et ces masses porphyroïdes [2]

---

[1] *Trapp-formation* renfermant les basaltes, les *grünstein*, les porphyres trapéens, les phonolites ou *porphyrschiefer*, etc.

[2] Ces masses petrosiliceuses enchâssent des cristaux de feldspath vitreux souvent frittés, de l'amphibole,

à base de feldspath compacte qui n'ont peut-être jamais été parfaitement liquéfiées, mais qui n'en appartiennent pas moins au domaine des volcans.

Dans l'île de Ténériffe, des couches de tuf, de pouzzolane et d'argile séparent le système des collines basaltiques des coulées de laves lithoïdes modernes et des déjections du volcan actuel. De même que les éruptions de l'Epomeo dans l'île d'Ischia et celles de Jorullo au Mexique ont eu lieu, dans des terrains couverts de porphyre trapéens, de basaltes anciens et de cendres volcaniques, le Pic de Teyde s'est élevé au milieu des débris de volcans sous-marins. Malgré la différence de composition qu'offrent les laves modernes du Pic, on y reconnoît une certaine régularité de gisement qui doit frapper les

---

des pyroxènes, un peu d'olivine et presque jamais de quartz. A cette formation très-problématique appartiennent les porphyres trapéens du Chimborazo et de Riobamba en Amérique; ceux des Monts Euganeéns en Italie, et du Siebergebirge en Allemagne, de même que les *domites* du Grand-Sarcuy, du Puy-de-Dôme, du Petit-Cleirsou, et d'une partie du Puy-Chopine en Auvergne.

naturalistes les moins instruits en géognosie. Le grand Plateau des Genets sépare les laves noires, basaltiques et d'un aspect terreux, des laves vitreuses et feldspathiques dont la base est de l'obsidienne, du pechstein et de la phonolite. Ce phénomène est d'autant plus remarquable, qu'en Bohême et en d'autres parties de l'Europe, le *porphyrschiefer* à base de phonolite[1] recouvre aussi les sommets bombés des montagnes basaltiques.

Nous avons déjà fait observer plus haut que, depuis le niveau de la mer jusqu'au Portillo et jusqu'à l'entrée du Plateau des Genets, c'est-à-dire sur deux tiers de la hauteur totale du volcan, le sol est tellement couvert de végétaux qu'il est difficile de faire des observations géologiques. Les coulées de laves que l'on découvre sur la pente du Monte-Verde, entre la belle source du Dornajito et la Caravela, offrent des masses noires, altérées par la décomposition, quelquefois poreuses, et à pores très-alongés. La base de ces laves inférieures est plutôt de la wakke que du basalte; lorsqu'elle est spongieuse, elle res-

[1] *Klingstein*, Werner.

semble aux amygdaloïdes [1] de Francfort-sur-le-Mein; sa cassure est généralement inégale partout où elle est conchoïde; on peut supposer que le refroidissement a été plus prompt, et que la masse a été exposée à une pression moins forte. Ces coulées ne sont pas divisées en prismes réguliers, mais en couches très-minces et peu régulières dans leur inclinaison; elles renferment beaucoup d'olivines, de petits grains de fer magnétique, et des pyroxènes dont la couleur passe souvent du vert poireau foncé au vert olive, et que l'on pourroit être tenté de prendre pour du péridot olivine cristallisé, quoiqu'il n'existe aucun passage de l'une à l'autre de ces substances [2]. L'amphibole est en général très-rare à Ténériffe, non seulement dans les laves lithoïdes modernes, mais aussi dans les basaltes anciens, comme l'a observé M. Cordier, celui

---

[1] *Wakkenartiger Mandelstein* de la Steinkaute.

[2] *Steffens, Handbuch der Oryktognosie*, T. I, S. 364. Les cristaux que nous avons fait connoître, M. Freiesleben et moi, sous la dénomination d'Olivine feuilletée (*blättriger Olivin*), appartiennent, d'après M. Karsten, au Pyroxène Augite. *Journal des mines de Freiberg*, 1791, p. 215.

de tous les minéralogistes qui a séjourné le plus long-temps aux îles Canaries. On n'a point encore vu au Pic de Ténériffe de la népheline, des leucites, de l'idocrase et de la mejonite : car une lave gris-rougeâtre, que nous avons trouvée sur la pente du Monte-Verde, et qui renferme de petits cristaux microscopiques, me paroît être un mélange intime de basalte et d'analcime [1]. De même la lave de Scala, avec laquelle la ville de Naples est pavée, offre une mélange intime de basalte, de népheline et de leucite. Quant à cette dernière substance, qui n'a encore été observée qu'au Vésuve et dans les environs de Rome, elle existe peut-être au Pic de Ténériffe, dans des coulées anciennes qui sont recouvertes par des déjections plus récentes. Le Vésuve, pendant une longue suite d'années [2], a aussi vomi des laves dépourvues

[1] Cette substance, que Dolomieu a découverte dans les amygdaloïdes de Catanea en Sicile, et qui accompagne les stilbites de Fassa en Tyrol, forme, avec la chabasie de Haüy, le genre cubicite de Werner. M. Cordier a trouvé à Ténériffe de la zéolithe dans une amygdaloïde qui est superposée aux basaltes de la Punta de Naga.

[2] Par exemple en 1760, 1794 et 1805.

de leucites; et s'il est vrai, comme M. de Buch l'a rendu extrêmement probable [1], que ces cristaux ne se forment que dans les courans qui sortent soit du cratère même, soit très-près de son bord, il ne faut pas être surpris de ne pas en trouver dans les laves du Pic qui sont presque toutes dues à des éruptions latérales, et qui, par conséquent, ont été exposées à une énorme pression dans l'intérieur du volcan.

Dans la Plaine des Genets, les laves basaltiques disparoissent sous des amas de cendres et de ponces réduites en poussière. De là jusqu'au sommet, de 1500 jusqu'à 1900 toises de hauteur, le volcan ne présente que des laves vitreuses à base de pechstein [2] et d'obsidienne. Ces laves, dépourvues d'amphibole et de mica, sont d'un brun noirâtre qui passe souvent au vert d'olive le plus obscur. Elles enchâssent de grands cristaux

---

[1] *Leopold von Buch Geognostische Beob.*, T. II, S. 221. *Gilberts Annalen*, T. VI, S. 53. L'existence des leucites (amphygènes) à l'Arendal, en Norwége, en Ecosse, aux Pyrénées, en Transylvanie et au Mexique, n'est fondée sur aucune observation exacte.

[2] Petrosilex résinite, Haüy.

de feldspath qui n'est pas fendillé et qui est rarement vitreux. L'analogie que présentent ces masses décidément volcaniques avec les porphyres résinites [1] de la vallée de Tribisch en Saxe, est très-remarquable ; mais ces derniers, qui appartiennent à une formation de porphyres métallifères [2] très-répandus, con-

[1] *Pechstein-Porphyr*, Werner.
[2] On peut distinguer aujourd'hui quatre formations (*Hauptniederlagen*) de porphyres : la *première* est primitive et se trouve en couches subordonnées dans le gneiss et dans le schiste micacé (*Isaac de Freiberg*) ; la *seconde* alterne avec la syenite, elle est plus ancienne que la Grauwakke et appartient vraisemblablement déjà aux montagnes de transition, *Uebergangs-Gebirge*. Elle renferme des couches de pechstein et d'obsidienne, et même du calcaire grenu, comme nous en voyons l'exemple près de Meissen en Saxe : elle est très-métallifère, et se trouve au Mexique (Guanaxuato, Regla, etc.), en Norwège, en Suède et à Schemnitz en Hongrie. Le porphyre de Norwège couvre, près de Skeen, de la grauwakke et de l'amygdaloïde ; il enchâsse des cristaux de quartz. Près de Holmestrandt, une couche de basalte qui abonde en pyroxène, se trouve intercalée dans le porphyre de transition. La roche de Schemnitz (le Saxum metalliferum de Ferber et de Born) qui repose sur le thonschiefer, est dépourvue de quartz,

tiennent souvent du quartz qui manque dans les laves modernes. Lorsque la base des laves du Malpays fait transition du pechstein à

et renferme de l'amphibole et du feldspath commun. C'est cette seconde formation de porphyre qui paroît avoir été le centre des plus anciennes révolutions volcaniques. La *troisième* formation appartient au grès ancien (*Todtes-Liegende*), qui sert de base à la pierre calcaire alpine (Alpen-Kalkstein ou Zechstein); elle renferme les amygdaloïdes agathifères d'Oberstein dans le Palatinat, et recouvre quelquefois (en Thuringe) des couches de houille. La *quatrième* formation des porphyres est trapéenne, dépourvue de quartz, et surtout en Amérique, souvent mêlée d'olivine et de pyroxène; elle accompagne les basaltes, les grünstein et les phonolites (Chimborazo, province de los Pastos, Drachenfels près de Bonn, Puy-de-Dôme). La classification des porphyres présente de grandes difficultés; le granite, le gneiss, le schiste micaeé, le thonschiefer, le chlorithschiefer forment une série dans laquelle chaque roche est liée à celle qui la précède. Les porphyres au contraire se trouvent comme isolés dans le système géologique; ils offrent des transitions entre eux, mais non aux substances sur lesquelles ils reposent (*Buch Geognost. Beob.*, T. I, S. 56). Comme dans le reste de cet ouvrage il est souvent question de porphyres volcaniques et non volcaniques, il m'a paru indis-

l'obsidienne, la couleur en est plus pâle et mélangée de gris : dans ce cas, le feldspath passe par des nuances insensibles du commun au vitreux. Quelquefois les deux variétés se trouvent réunies dans un même fragment, comme nous l'avons aussi observé dans les porphyres trapéens de la vallée de Mexico. Les laves feldspathiques du Pic, beaucoup

pensable de présenter le tableau général des formations tracé par l'illustre chef de l'école de Freiberg, d'après ses propres observations, d'après celles de MM. de Buch, Esmark et Freiesleben, et d'après les miennes. Ces grandes divisions, susceptibles de beaucoup de perfectionnement, sont indépendantes de toute hypothèse sur l'origine des porphyres : il ne s'agit ici que des rapports de gisement, de superposition et d'ancienneté relative. On peut désigner les quatre formations que nous venons de décrire, par les noms de porphyres primitifs (*Urporphyre*), de porphyres de transition (*Uebergangsporphyre*), de porphyres secondaires (*Flœzporphyre*) et de porphyres trapéens (*Trapporphyre*). En confondant la seconde et la quatrième de ces formations sous le nom commun de laves porphyriques, on rejette la géognosie dans le vague duquel elle est à peine sortie : il vaudroit autant embrasser le gneiss, le schiste micacé et le thonschiefer sous le nom général de roches feuilletées et schisteuses.

moins noires que celles de l'Arso dans l'île d'Ischia, blanchissent au bord du cratère par l'effet des vapeurs acides ; mais leur intérieur n'est aucunement décoloré comme celui des laves feldspathiques de la Solfatare de Naples, qui ressemblent entièrement aux porphyres trapéens du pied du Chimborazo. Au milieu du Malpays, à la hauteur de la cave de glace, nous avons trouvé, parmi les laves vitreuses à base de pechstein et d'obsidienne, des blocs de véritable phonolite gris-verdâtre ou vert de montagne, à cassure unie, et séparés en plaques minces, sonores et à bords très-aigus. Ces masses sont identiques avec les porphyrschiefer de la montagne de Bilin en Bohême ; on y reconnoît de très-petits cristaux alongés de feldspath vitreux.

Cette disposition régulière des laves lithoïdes basaltiques et des laves vitreuses feldspathiques est analogue aux phénomènes que présentent toutes les montagnes trapéennes ; elle rappelle ces phonolites reposant sur des basaltes très-anciens, ces mélanges intimes de pyroxènes et de feldspath recouvrant des collines de wakke ou d'amygdaloïdes poreuses ; mais pourquoi les laves porphyriques ou feldspathiques du Pic ne se trouvent-elles qu'à la cime du volcan? ou doit-on conclure de leur gisement qu'elles sont d'une formation plus récente que les laves lithoïdes basaltiques qui renferment l'olivine et le pyroxène? Je ne saurois admettre cette dernière hypothèse : car des éruptions latérales ont pu couvrir le noyau feldspathique à une époque où le cratère du Piton avoit cessé d'agir. Au Vésuve aussi on n'observe de petits cristaux de feldspath vitreux que dans les laves très-anciennes qu'offre le cirque de la Somma. Ces laves, aux leucites près, ressemblent assez aux déjections phonolitiques du Pic de Ténériffe. En général, plus on s'éloigne des volcans modernes, et plus les coulées, tout en augmentant de masse et d'étendue, prennent le caractère de véritables roches, soit dans la régularité de leur gisement, soit dans leur séparation en couches parallèles, soit enfin dans leur indépendance de la forme actuelle du sol.

Le Pic de Ténériffe est, après Lipari, le volcan qui a produit le plus d'obsidienne. Cette abondance est d'autant plus frappante que, dans d'autres régions de la terre, en Islande, en Hongrie, au Mexique et dans le

royaume de Quito, on ne rencontre les obsidiennes qu'à de grandes distances des volcans
actifs ; elles sont tantôt dispersées sur les
champs en morceaux anguleux, comme près
de Popayan dans l'Amérique méridionale ;
tantôt elles forment des rochers isolés, comme
au Quinche près de Quito ; tantôt, et ce gisement est très-remarquable, elles sont disséminées dans la pierre perlée (le perlstein
de M. Esmark), comme à Cinapecuaro dans
la province de Méchoacan [1] et au Cabo de
Gates en Espagne. Au Pic de Ténériffe, les
obsidiennes ne se trouvent pas vers la base du
volcan qui est recouverte de laves modernes :
cette substance ne devient fréquente que vers
le sommet, surtout depuis la Plaine de Retama, où l'on peut en recueillir de superbes
échantillons. Cette position particulière, et
la circonstance que les obsidiennes du Pic
ont été lancées par un cratère qui, depuis
des siècles, n'a pas vomi de flammes, favorisent l'opinion que les verres volcaniques,
partout où on les rencontre, doivent être
considérés comme de formation très-ancienne.

[1] A l'ouest de la ville de Mexico.

L'obsidienne, le jade et la pierre lydique sont trois minéraux que, de tout temps, les peuples qui ne connoissent pas l'usage du bronze et du fer, ont employés pour fabriquer des armes tranchantes. Dans les parties les plus éloignées du globe, le besoin a fixé le choix sur les mêmes substances : nous voyons des hordes nomades traîner avec elles, dans des courses lointaines, des pierres dont les minéralogistes n'ont pu jusqu'ici découvrir le gisement naturel. Des haches de jade, couvertes d'hiéroglyphes aztèques, que j'ai rapportées du Mexique, ressemblent, quant à leur forme et à leur nature, à celles dont se servoient les Gaulois, et que nous retrouvons chez les habitans des îles de l'Océan Pacifique. Les Mexicains exploitoient l'obsidienne dans des mines qui occupoient une vaste étendue de terrain : ils en faisoient des couteaux, des lames d'épées et des rasoirs. De même les Guanches, qui désignoient l'obsidienne sous le nom de *Tabona*, en fixoient des éclats au bout de leurs lances. Ils en faisoient un commerce considérable avec les îles voisines; et, d'après cet usage et la quantité d'obsidiennes qu'il falloit casser avant d'en tirer parti, on doit croire que ce minéral est devenu plus rare par la suite des siècles. On est surpris de voir un peuple atlantique remplacer, comme les Américains, le fer par une lave vitrifiée. Chez l'un et l'autre de ces peuples, cette variété de lave étoit employée comme objet d'ornement : les habitans de Quito faisoient de superbes miroirs d'une obsidienne séparée en couches parallèles.

Les obsidiennes du Pic présentent trois variétés. Les unes forment des blocs énormes de plusieurs toises de long et d'une forme souvent sphéroïde : on croiroit qu'elles ont été lancées dans un état ramolli, et qu'elles ont subi un mouvement de rotation. Elles contiennent beaucoup de feldspath vitreux d'un blanc de neige et du plus bel éclat de nacre. Ces obsidiennes sont cependant peu translucides sur les bords, presque opaques, d'un noir brunâtre, et d'une cassure qui n'est pas parfaitement conchoïde. Elles font transition au pechstein, et on peut les regarder comme des porphyres à base d'obsidienne. La seconde variété se trouve en fragmens beaucoup moins considérables ; elle est généralement d'un noir verdâtre, quelquefois d'un gris de fumée, très-rarement d'un noir parfait, comme les obsidiennes du Hecla et du Mexique. Sa cassure est parfaitement conchoïde, et elle est éminemment translucide sur les bords. Je n'y ai reconnu ni amphibole ni pyroxène, mais quelques petits points blancs qui paroissent du feldspath. Toutes les obsidiennes du Pic sont dépourvues de ces masses gris de perle ou bleu de lavande, rayonné et à pièces séparées cunéiformes, qu'enchâssent les obsidiennes de Quito, du Mexique et de Lipari, et qui ressemblent aux lames fibreuses des *cristallites* de nos verreries, sur lesquelles Sir James Hall, le docteur Thompson et M. Fleurieu de Bellevue ont publié récemment des observations très-curieuses [1].

---

[1] *Bibl. Britann.*, T. XV, p. 340; T. XXVII, p. 147. *Edinb. Transactions*, Vol. V, Pl. 1, n.º 3, *Journal de Phys.*, an 12 *floréal* et an 13 *prairial*. On a donné le nom de *cristallites* aux lames cristallisées qu'enchâsse le verre refroidi lentement. M. Thompson et d'autres naturalistes désignent, par le mot *verre glasténisé*, la masse totale d'un verre qui, par un refroidissement lent, s'est *dévitrifié* et a pris l'apparence d'une roche ou d'un véritable *glasstein*.

La troisième variété des obsidiennes du Pic est la plus remarquable de toutes à cause de ses rapports avec les ponces. Elle est aussi d'un noir-verdâtre ; quelquefois d'un gris de fumée, mais ces lames très-minces alternent avec des couches de pierre ponce. Le superbe cabinet de M. Thompson, à Naples, offre des exemples analogues de laves lithoïdes du Vésuve, divisées en feuillets très-distincts et qui n'ont qu'une ligne d'épaisseur. Les fibres des pierres ponces du Pic sont assez rarement parallèles entre elles, et perpendiculaires aux couches de l'obsidienne ; le plus souvent elles sont irrégulières, asbestoïdes, semblables à une écume filamenteuse de verre : au lieu d'être disséminées dans l'obsidienne, comme des cristallites, elles se trouvent simplement adhérentes à une des surfaces extérieures de cette substance. Pendant mon séjour à Madrid, M. Hergen m'avoit montré de ces échantillons dans la collection minéralogique de Don Jose Clavijo, et depuis long-temps les minéralogistes espagnols les regardoient comme des preuves incontestables que la pierre ponce tire son origine d'une obsidienne décolorée et boursouflée par le feu volcanique. J'ai partagé jadis cette opinion, qu'il faut restreindre à une seule variété de ponces; j'ai même pensé, avec beaucoup d'autres géologistes, que les obsidiennes, bien loin d'être des laves vitrifiées, appartenoient aux roches non volcaniques, et que le feu, se faisant jour à travers les basaltes, les roches vertes, les phonolites et les porphyres à base de peschtein et d'obsidienne, les laves et les pierres ponces n'étoient que ces mêmes roches altérées par l'action des volcans. La décoloration et le gonflement extraordinaire que subissent la plupart des obsidiennes à un feu de forge, leur passage au petrosilex résinite, et leur gisement dans des régions très-éloignées des volcans actifs, me paroissoient[1] des phénomènes très-difficiles à concilier, lorsqu'on considère les obsidiennes comme des verres volcaniques. Une étude plus approfondie de la nature, de nouveaux voyages et des observations faites sur les produits des volcans enflammés, m'ont fait abandonner ces idées.

Il me paroît aujourd'hui extrêmement pro-

[1] *Ann. du Mus. d'Hist. nat.*, T. III, p. 398.

bable que les obsidiennes et les porphyres à base d'obsidienne sont des masses vitrifiées dont le refroidissement a été trop rapide pour qu'elles se fussent converties en laves lithoïdes. Je regarde même le perlstein comme une obsidienne dévitrifiée; car, parmi les minéraux déposés à Berlin, au cabinet du roi de Prusse, il se trouve des verres volcaniques de Lipari, dans lesquels on voit des cristallites striées, gris de perle et d'un aspect terreux, se rapprocher graduellement d'une lave lithoïde grenue, analogue à la pierre perlée de Cinapecuaro au Mixique. Les bulles alongées qu'on observe dans les obsidiennes de tous les continens, prouvent incontestablement leur ancien état de fluidité ignée; et M. Thompson, à Palerme, possède des échantillons de Lipari, qui sont très-instructifs sous ce rapport, parce qu'on y trouve enveloppés des fragmens de porphyre rouge ou de laves porphyriques qui ne remplissent pas entièrement les cavités de l'obsidienne. On diroit que ces fragmens n'ont pas eu le temps de se dissoudre en entier dans la masse liquéfiée; ils contiennent du feldspath vitreux et des pyroxènes, et sont identiques avec les fameux porphyres colonnaires de l'île de Panaria qui, sans avoir fait partie d'un courant de laves, paroissent soulevés en forme de buttes, comme tant de porphyres en Auvergne, aux Monts-Euganéens et dans les Cordillères des Andes.

L'objection contre l'origine volcanique des obsidiennes, tirée de leur prompte décoloration et de leur gonflement à un feu peu actif, perd de sa force par les expériences ingénieuses de Sir James Hall. Ces expériences prouvent qu'une roche qui n'est fusible qu'à 38° du pyromètre de Wedgwood donne un verre qui se ramollit dès le 14°, et que ce verre, refondu et dévitrifié (*glasténisé*), ne se trouve de nouveau fusible qu'à 35° du même pyromètre. J'ai traité au chalumeau des ponces noires du volcan de l'île de Bourbon qui, au plus léger contact de la flamme, blanchissoient et se fondoient en un émail blanc.

Mais que les obsidiennes soient des roches primitives sur lesquelles le feu volcanique a exercé son action, ou des laves refondues à plusieurs reprises dans l'intérieur du cratère, l'origine des ponces qu'elles enveloppent au

Pic de Ténériffe n'en est pas moins problématique. Cet objet mérite d'autant plus d'être traité ici, qu'il intéresse en général la géologie des volcans, et qu'un excellent minéralogiste, après avoir parcouru avec fruit l'Italie et les îles adjacentes, affirme[1] qu'il est contre toute vraisemblance que les ponces soient dues au gonflement de l'obsidienne.

En résumant les observations que j'ai eu occasion de faire en Europe, aux îles Canaries et en Amérique, je conclus que le mot *pierre ponce* ne désigne pas un fossile simple, comme le font les dénominations de calcédoine ou de pyroxène, mais qu'il indique seulement un certain état, une forme capillaire fibreuse ou filandreuse sous laquelle se présentent plusieurs substances rejetées par les volcans. La nature de ces substances est aussi différente que l'épaisseur, la ténacité, la flexibilité, le parallélisme ou la direction de leurs fibres. On peut, par conséquent, révoquer en doute si les ponces doivent trouver place dans un système d'oryctognosie,

---

[1] M. Fleuriau de Bellevue (*Journ. de Phys.*, T. LX, p. 451 et 461).

ou si, de même que les roches composées, elles ne sont pas plutôt du ressort de la géognosie. J'ai vu des ponces noires dans lesquelles on reconnoît facilement des pyroxènes et de l'amphibole; elles sout moins légères, d'une contexture bulleuse, et plutôt criblées que divisées en fibres. On seroit tenté de croire que ces substances doivent leur origine à des laves basaltiques : je les ai observées au volcan de Pichincha, de même que dans les tufs du Pausilippe, près de Naples. D'autres ponces, et ce sont les plus communes, sont blanc-grisâtres et gris-bleuâtres, très-fibreuses et à fibres parallèles. On y trouve disséminés du feldspath vitreux et du mica. C'est à cette classe qu'appartiennent la plupart des pierres ponces des îles Éoliennes, et celles que j'ai ramassées au pied du volcan de Sotara, près de Popayan. Elles semblent avoir été primitivement des roches granitiques, comme Dolomieu [1] l'a reconnu le premier dans son voyage aux îles de Lipari. Réunies en blocs énormes, elles forment quel-

---

[1] *Dolomieu, Voyage aux îles de Lipari,* p. 67. *Id. Mémoires sur les îles Ponces,* p. 89.

quefois des montagnes entières qui sont éloignées des volcans actifs. C'est ainsi que les
obsidiennes se présentent entre Llactacunga
et Hambato, dans le royaume de Quito, occu-
pant un terrain d'une lieue carrée, et en
Hongrie, où M. Esmarck les a examinées
avec soin. Ce gisement singulier a fait penser
au minéralogiste danois qu'elles appartenoient
à des formations secondaires, et que le feu
volcanique a percé les couches de ponces
comme les obsidiennes et les basaltes qu'il
regarde également comme d'origine non volcanique. Une troisième variété de ponces est
celle à fibres fragiles, un peu épaisses, translucides sur les bords, et d'un éclat presque
vitreux qui offre le passage de la pierre ponce
granitique au verre filandreux ou capillaire.
C'est cette variété qui est adhérente aux obsidiennes vertes et grisâtres du Pic de Ténériffe, et qui semble produite par l'action du
feu sur des matières déjà vitrifiées.

Il résulte de l'ensemble de ces considérations, qu'il est aussi peu exact de regarder
toutes les ponces comme des obsidiennes
boursouflées, que d'en chercher exclusivement l'origine dans des granites devenus

fissiles et fibreux par l'action du feu ou par celle des vapeurs acides. Il se pourroit que les obsidiennes elles-mêmes ne fussent que des granites liquéfiés[1]; mais il faut distinguer, avec Spallanzani, entre les ponces qui naissent immédiatement des roches primitives et celles qui, n'étant que des produits volcaniques altérés, varient comme eux dans leur composition[2]. Un certain état auquel passent plusieurs substances hétérogènes ou le résultat d'un mode d'action particulier, ne suffisent pas pour établir une espèce dans la classification des minéraux simples.

[1] On reconnoît quelquefois, mais très-rarement, du mica dans les obsidiennes; et Dolomieu croit avoir trouvé non seulement le feldspath et le mica, mais encore du quartz dans les ponces granitiques. *Voyage aux îles Ponces*, p. 122; *Voyage aux îles de Lapari*, p. 83.

[2] Le mot *lave* est plus vague encore que celui de pierre ponce. « Il est tout aussi peu philosophique de demander une description extérieure de la lave, comme espèce oryctognostique, qu'il l'est de demander les caractères généraux de la masse qui remplit les filons. » *Léopold de Buch, Geognost. Beeb.*, Vol. II, p. 173.

Les expériences de M. Da Camara et celles que j'ai faites en 1802 viennent à l'appui de l'opinion que les pierres ponces adhérentes aux obsidiennes du Pic de Ténériffe n'y tiennent pas accidentellement, mais qu'elles sont produites par l'expansion d'un fluide élastique qui se dégage des verres compactes. Cette idée avoit occupé depuis long-temps à Quito un homme aussi distingué par ses talens que par son caractère, et qui, sans connoître les travaux des minéralogistes d'Europe, s'étoit livré avec sagacité à des recherches sur les volcans de sa patrie. Don Juan de Larea, un de ceux que la fureur des factions a immolés récemment, avoit été frappé des phénomènes qu'offrent les obsidiennes, quand on les expose à la chaleur blanche. Il avoit pensé que, partout où les volcans agissent au centre d'un pays recouvert de porphyres à base d'obsidienne, les fluides élastiques doivent causer un boursouflement de la masse liquéfiée, et jouer un rôle important dans les tremblemens de terre qui précèdent les éruptions. Sans partager une opinion qui semble hasardée, j'ai fait, avec M. de Larea, une site d'expériences sur le gonflement des verres volcaniques de Ténériffe et sur ceux qui se trouvent au Quinché, dans le royaume de Quito. Pour juger de l'augmentation de leur volume, nous avons mesuré des morceaux exposés à un feu de forge médiocrement actif, par le moyen du déplacement de l'eau dans un verre cylindrique, et en enveloppant la masse devenue spongieuse d'une couche de cire très-mince. D'après nos expériences, les obsidiennes se gonflent très-inégalement : celles du Pic et les variétés noires du Cotopaxi et du Quinché augmentent près de cinq fois leur volume. Le gonflement est, au contraire, peu sensible dans les obsidiennes des Andes, dont la couleur est d'un brun tirant sur le rouge. Lorsque la variété rougeâtre est mêlée, en lames minces, à l'obsidienne noire ou gris-noirâtre, la masse striée ressemble à la thermantide porcellanite [1], et les parties opaques résistent long-temps à l'action du feu, tandis que celles qui sont moins riches en oxyde de fer se décolorent et se boursouflent. Quelle est cette substance dont le dégagement réduit

[1] Porzellan-Jaspis de Werner.

l'odsidienne à l'état d'une ponce blanche, tantôt fibreuse, tantôt spongieuse et à cellules alongées? Il est facile de se convaincre qu'il se fait une véritable perte d'un principe colorant, et que la décoloration n'est pas purement apparente, c'est-à-dire qu'elle n'est pas due à l'extrême ténuité à laquelle sont réduites les lames et les fibres du verre volcanique. Peut-on admettre que ce principe colorant [1] est un hydrure de carbone, analogue à celui qui existe peut-être dans les silex pyromaques si faciles à blanchir par le feu? Quelques expériences que j'ai faites à Berlin, en 1806, conjointement avec MM. Rose et Karsten, en traitant les obsidiennes de Ténériffe, de Quito, du Mexique et d'Hongrie dans des cornues de porcelaine, n'ont pas donné des résultats satisfaisans.

La nature emploie probablement des

---

[1] Il est remarquable que ce principe n'est pas toujours également volatil. M. Gay-Lussac a vu récemment des obsidiennes de Faroë ne pas blanchir à un degré de chaleur qui décoloroit totalement des obsidiennes du Mexique, quoique d'après les caractères extérieurs il eût été difficile de distinguer ces substances les unes des autres.

moyens très-différens pour produire les ponces spongieuses et vitreuses de Ténériffe, les ponces à fibres parallèles des îles Éolieunes et de Llactacunga [1], et les verres capillaires de l'île de Bourbon qui ressemblent quelquefois à de la toile d'araignée [2]. On peut admettre que ces différences consistent principalement dans le degré de chaleur du feu volcanique, dans la pression sous laquelle ce feu agit et dans la nature des roches qui en sont modifiées. C'est la pression surtout qu'éprouvent les obsisidiennes dans leur fusion qui peut expliquer pourquoi ces substances, à l'exception de quelques variétés que j'ai recueillies près de Popayan, ne se trouvent presque jamais blanches. Parmi les ponces, celles qui paroissent se former à de grandes profondeurs, sont les fibreuses, à éclat soyeux, qui abondent plus en mica qu'en feldspath, et dans lesquelles, aux Andes, sur des blocs de 8 à 10 toises de long, les fibres sont exactement parallèles entre elles, et perpendicu-

[1] Entre Quito et Riobamba.
[2] *Bory de Saint-Vincent, Voyage aux îles d'Afrique*, T. III, p. 50.

laires à la direction des couches. Aussi beaucoup de volcans ne rejettent pas du tout de pierre ponce, et ceux qui en lancent par leur cratère ne le font qu'après l'écoulement des laves. Plusieurs minéralogistes pensent que des roches primitives grenues peuvent être changées progressivement et en place, soit par le feu, soit par une pénétration de vapeurs chaudes et acides, en masses porphyroïdes, feuilletées ou fibreuses. Cette opinion paroît appuyee par l'existence des feldspaths fendillés et fibreux que l'on trouve dans les porphyres trapéens de Quito : ces cristaux ressemblent à des fragmens rhomboïdaux de pierre ponce, disséminés dans une domite décolorée.

La couleur des pierres ponces du Pic donne lieu à une autre observation assez importante. Cette mer de cendres blanches qui entoure le Piton et qui couvre la vaste Plaine des Genets, est une preuve certaine de l'ancienne activité du cratère; car, dans tous les volcans, lors même qu'il y a des éruptions latérales, les cendres et les rapilli ne sortent, conjointement avec les vapeurs, que de l'ouverture qui se trouve au sommet de la montagne. Or, à Ténériffe, les rapilli noirs s'étendent au pied du Pic jusqu'au bord de la mer, tandis que les cendres blanches, qui ne sont que des ponces broyées et parmi lesquelles j'ai reconnu, a la loupe, des fragmens de feldspath vitreux et de pyroxène, occupent exclusivement la région voisine du Piton. Cette distribution particulière paroît confirmer l'observation faite depuis long-temps au Vésuve, que les cendres blanches sont lancées les dernières, et qu'elles annoncent la fin de l'éruption. A mesure que l'élasticité des vapeurs diminue, les matières sont projetées à une moindre distance, et les rapilli noirs qui sortent les premiers, lorsque la lave a cessé de couler, doivent nécessairement parvenir plus loin que les rapilli blancs. Ces derniers paroissent avoir subi l'action d'un feu plus actif.

Je viens d'examiner la structure extérieure du Pic et la composition de ses produits volcaniques depuis la région des côtes jusqu'à la cime du Piton : j'ai tâché de rendre ces recherches intéressantes, en comparant les phénomènes que présente le volcan de Ténériffe, avec ceux que l'on observe dans d'autres régions dont le sol est également miné par des feux souterrains. Cette manière d'envisager la nature dans l'universalité de ses rapports, nuit sans doute à la rapidité qui convient à un itinéraire; mais j'ai pensé que, dans une relation dont le but principal est le progrès des connoissances physiques, toute autre considération devoit être subordonnée à celles de l'instruction et de l'utilité. C'est en isolant les faits que des voyageurs, d'ailleurs estimables, ont donné naissance à tant de fausses idées sur les prétendus contrastes qu'offre la nature en Afrique, dans la Nouvelle-Hollande et sur le dos des Cordillères. Il en est des grands phénomènes géologiques comme de la forme des plantes et des animaux. Les liens qui unissent ces phénomènes, les rapports qui existent entre les formes si diverses des êtres organisés, ne se manifestent que lorsqu'on a l'habitude d'envisager le globe dans son ensemble, et que l'on embrasse d'un même coup d'œil la composition des roches, les forces qui les altèrent, et les productions du sol dans les régions les plus éloignées.

Après avoir fait connoître les matières volcaniques de l'île de Ténériffe, il nous reste à résoudre une question qui est intimement liée aux recherches précédentes, et qui, dans ces derniers temps, a beaucoup occupé les minéralogistes. L'archipel des îles Canaries renferme-t-il quelque roche de formation primitive ou secondaire, ou n'y observe-t-on aucune production qui ne soit modifiée par le feu ? Ce problème intéressant a été examiné par les naturalistes de l'expédition de Macartney et par ceux qui ont accompagné le capitaine Baudin dans son voyage aux Terres australes. Les opinions de ces savans distingués se trouvent diamétralement opposées ; et une contradiction de ce genre est d'autant plus frappante, qu'il ne s'agit pas ici d'un de ces rêves géologiques que l'on a coutume d'appeler des systèmes, mais d'un fait très-positif et facile à vérifier.

Le docteur Gillan, selon le rapport de Sir George Staunton [1], crut observer, entre la Laguna et le port de l'Orotava, dans des ravins très-profonds, des lits de roches primitives. Cette assertion, quoique répétée par beaucoup de voyageurs qui se sont copiés les

---

[1] *Voyage de Lord Macartney*, T. I, p. 15.

uns les autres, n'en est pas moins inexacte.
Ce que M. Gillan nomme, un peu vaguement,
des *montagnes d'argile dure et ferrugineuse*,
n'est qu'un terrain de transport que l'on
trouve au pied de tous les volcans. Les couches
d'argile accompagnent les basaltes, comme
les tufs accompagnent les laves modernes.
Nulle part à Ténériffe, M. Cordier et moi,
n'avons observé une roche primitive, soit en
place, soit lancée par la bouche du Pic, et
l'absence de ces roches caractérise presque
toutes les îles de peu d'étendue qui ont un
volcan actif. Nous ne savons rien de positif
sur les montagnes des îles Açores ; mais il est
certain que l'île de la Réunion, de même que
Ténériffe, n'offre qu'un amas de laves et de
basaltes. Aucune roche volcanique ne paroît
au jour, ni dans le Gros-Morne [1], ni dans

---

[1] Des blocs de granite, lancés probablement par l'ancien volcan du Gros-Morne, se trouvent près de la source des Trois-Rivières ; et ce fait mérite d'autant plus d'attention que les îles voisines, connues sous le nom des Sechelles, sont formées de roches granitiques. *Bory de Saint-Vincent, Voyage aux îles d'Afrique*, T. I, p. 338 ; T. II, p. 35 ; T. III, p. 145 et 246.

le volcan de Bourbou, ni dans la pyramide colossale du Cimandef, qui est peut-être plus élevée que le Pic des Canaries.

On assure [1] cependant que les laves enveloppant des fragmens de granite ont été trouvées dans le plateau de Retama. M. Broussonet m'a mandé, peu de temps avant sa mort, que, sur une colline au-dessus de Guimar, on avoit rencontré des morceaux de schiste micacé contenant de belles lames de fer spéculaire. Je ne puis rien affirmer sur l'exactitude de cette dernière observation, qui seroit d'autant plus importante à vérifier que M. Poli, à Naples, possède un fragment de roche lancé par le Vésuve [2], que j'ai reconnu

---

[1] *Bory de Saint-Vincent, Essai sur les îles Fortunées*, p. 278.

[2] Dans le fameux cabinet de M. Thompson qui a séjourné à Naples jusqu'en 1805, on trouve un fragment de lave renfermant un véritable granite qui est composé de feldspath rougeâtre et chatoyant comme l'adulaire, de quartz, de mica, d'amphibole, et, ce qui est très-remarquable, de lazulite; mais en général les masses de roches primitives connues, je veux dire celles qui ressemblent parfaitement à nos granites, nos gneiss et nos schistes micacés, sont

CHAPITRE II.

pour un véritable schiste micacé. Tout ce qui nous éclaire sur le site du feu volcanique et sur le gisement des roches soumises à son action est du plus grand intérêt pour la géologie.

Il se pourroit qu'au Pic de Ténériffe, les fragmens de roches primitives, rejetés par la bouche du volcan, fussent moins rares qu'ils ne le paroissent, et se trouvassent amoncelés dans quelque ravin qui n'auroit point été visité par les voyageurs. En effet, au Vésuve, ces mêmes fragmens ne se rencontrent que dans un seul endroit, à la *Fossa Grande*, où ils sont cachés sous une couche épaisse de cendres. Si, depuis long-temps, ce ravin n'avoit fixé l'attention des naturalistes, lorsque

---

très-rares dans les laves: les substances que l'on désigne communément sous le nom de granites lancés par le Vésuve, sont des mélanges de néphéline, de mica et de pyroxène. Nous ignorons si ces mélanges constituent des roches *sui generis*, placées sous le granite, et par conséquent plus anciennes que lui, ou si elles forment simplement, soit des couches interposées, soit des filons, dans l'intérieur des montagnes primitives, dont les cimes paroissent à la surface du globe.

les eaux pluviales mettent à découvert des masses de calcaire grenu ou d'autres roches primitives, on auroit cru celles-ci aussi rares au Vésuve qu'elles le sont, du moins en apparence, au Pic de Ténériffe.

Quant aux fragmens de granite, de gneiss et de schiste micacé, que l'on rencontre sur les plages de Sainte-Croix et de l'Orotava, ils ne viennent pas des côtes opposées de l'Afrique, qui sont calcaires : ils sont probablement dus au lest des vaisseaux. Ils n'appartiennent pas plus au sol sur lequel ils reposent que les laves feldspathiques de l'Etna, que l'on observe dans le pavé de Hambourg et d'autres villes du Nord. Le naturaliste est exposé à mille erreurs s'il perd de vue les changemens que les communications des peuples produisent sur la surface du globe. On diroit que l'homme, en s'expatriant, veut que tout change de patrie avec lui. Ce ne sont pas seulement des plantes, des insectes, et différentes espèces de petits mammifères qui le suivent à travers l'Océan : son active industrie couvre encore les rivages de roches qu'il a arrachées au sol dans des climats lointains.

S'il est certain qu'aucun observateur instruit n'a trouvé jusqu'ici à Ténériffe des couches primitives, ni même de ces porphyres trapéens et problématiques, qui constituent la base de l'Etna[1] et de plusieurs

[1] Le chevalier Gioeni qui, comme plusieurs minéralogistes d'Allemagne et de France, distingue les basaltes des laves modernes, regarde l'Etna comme une montagne de porphyre surmontée de basaltes colonnaires qui servent, à leur tour, de base aux laves feldspathiques. Il n'y a que ces dernières qui paroissent dues au volcan actuel. Les basaltes et les porphyres appartiennent à un système de montagnes plus anciennes, et qui recouvrent une grande partie de la Sicile. Les porphyres de l'Etna sont volcaniques, sans doute; mais toute roche qui doit sa composition et sa forme à l'action du feu et des vapeurs, n'a pas fait partie d'un courant de laves. Ces éclaircissemens m'ont paru d'autant plus nécessaires que quelques minéralogistes très-distingués ont affirmé récemment que le Pic de Ténériffe et le Vésuve étoient des montagnes de porphyre d'origine neptunienne, et minées par les feux souterrains. On n'a pas hésité de décrire comme une roche particulière, sous le nom de *Graustein*, la lave *della Scala*, quoiqu'elle soit sortie du cratère à une époque très-connue, en 1631; on est allé plus loin encore : on a supposé que la Somma présentoit le noyau intact du

volcans des Andes, il ne faut pas conclure de ce fait isolé que tout l'archipel des Canaries soit le produit des feux sous-marins. L'île de la Gomère renferme des montagnes de granite et de schiste micacé[1], et c'est sans doute dans ces roches très-anciennes qu'il faut chercher ici, comme sur toutes les parties du globe[2], le centre de l'action volcanique. L'amphibole, tantôt pure et formant des strates interposés, tantôt mêlée au granite, comme dans le basanite ou basalte des anciens, peut, à elle seule, fournir tout le fer que contiennent les laves lithoïdes et noires. Cette quantité ne s'élève, dans le basalte des minéralogistes modernes, qu'à 0,20, tandis que dans l'amphibole elle excède 0,30.

Vésuve, quoique sa masse stratifiée, et traversée par des filons remplis d'une lave plus récente, soit identique avec la roche évidemment fondue qui constitue le cratère actuel. La Somma offre les mêmes leucites qui abondent dans la plupart des laves du Vésuve, et ces cristaux sont enchâssés dans une phonolite qui ressemble à celle de la cime du Pic de Ténériffe.

[1] *Note manuscrite de M. Broussonet.*
[2] *Dolomieu,* dans le *Journ. de Phys.*, 1798, p. 414.

Ces granites et ces schistes micacés de la Gomera étoient-ils anciennement réunis à la chaîne de l'Atlas, comme les montagnes primitives de la Corse paroissent être le noyau central de la Bocheta et des Apennins? Cette question ne pourra être résolue que lorsque des minéralogistes auront visité les îles qui entourent le Pic et les montagnes de Maroc, couvertes de neiges éternelles. Quel que soit un jour le résultat de ces recherches, nous ne saurions admettre, avec M. Peron[1], « que, dans aucune des îles Canaries, on ne rencontre de vrais granites, et que, tout l'archipel étant exclusivement volcanique, les partisans de l'Atlantide doivent supposer, ce qui est également dénué de vraisemblance, ou un continent entièrement volcanique, ou bien que les seules parties volcaniques du continent ont été respectées par la catastrophe qui l'a englouti. »

D'après le rapport de plusieurs personnes instruites auxquelles je me suis adressé, il y a des formations calcaires à la Grande-Canarie,

---

[1] *Voyage de découvertes aux Terres Australes*, Tom. I, p. 24.

à Fortaventure et à Lancerote[1]. Je n'ai pu déterminer la nature de cette roche secondaire; mais il paroît certain que l'île de Ténériffe en est totalement dépourvue, et qu'elle n'offre, parmi ses terrains d'alluvion, que des tufs argilo-calcaires qui alternent avec des brèches volcaniques, et qui, selon M. Viéra[2], renferment, près du village de la Rambla, à *las Caleras*, et près de la Candelaria, des végétaux, des empreintes de poissons, des buccinites et d'autres corps marins fossiles. M. Cordier a rapporté de ces tufs qui sont analogues à ceux des environs de Naples et de Rome, et qui contiennent des fragmens de roseaux. Aux îles Salvages, que Lapéreuse prit de loin pour un amas de scories, on trouve même du gypse fibreux.

[1] A Lancerote, on calcine la pierre calcaire avec le feu alimenté par l'*Alhulaga*, nouvelle espèce de Sonchus épineux et arborescent.

[2] *Noticias historicas*, Tom. I, p. 35. L'île de France, qui s'élève en pyramide, et qui, dans la disposition de ses collines volcaniques, a beaucoup de rapports avec Ténériffe, a une plaine nuptunienne dans le quartier des Pamplemousses. Le calcaire y est rempli de madrépores. *Bory de Saint-Vincent*, Tom. I, p. 207.

J'avois vu, en herborisant entre le port de l'Orotava et le jardin de la Paz, des amas de pierres calcaires grisâtres, à cassure imparfaitement conchoïde, et analogues à la formation du Jura et de l'Apennin. On m'avoit appris que ces pierres étoient tirées d'une carrière près de la Rambla, et qu'il y en avoit de semblables près de Realejo et à la montagne de Roxas, au-dessus d'Adexa. Cette indication, probablement peu exacte, m'induisit en erreur. Comme les côtes du Portugal présentent des basaltes superposés à la roche calcaire coquillière, je pensai qu'une même formation trapéenne, semblable à celle du Vicentin en Lombardie, et du Harudje en Afrique, s'étendoit depuis les bords du Tage et le cap Saint-Vincent jusqu'aux îles Canaries, et que les basaltes du Pic recouvroient peut-être un calcaire secondaire. J'énonçai ces idées dans une lettre qui n'étoit pas destinée à être publiée; elles m'ont exposé à la critique sévère d'un physicien [1] selon lequel

---

[1] Examen de quelques opinions géologiques de M. de Humbolt, par M. G. A. Deluc (*Journ. de Phys.*, Tom. L, Pl. 1, p. 114). Ce mémoire, dans lequel on reconnoît un excellent observateur, est la

toute île volcanique n'est qu'une accumulation de laves et de scories, et qui n'admet aucun fait contraire à sa théorie des volcans.

Quoique Ténériffe appartienne à un groupe d'îles d'une étendue assez considérable, le Pic offre cependant tous les caractères d'une montagne placée dans un îlot solitaire. Comme à Sainte-Hélène, la sonde ne découvre pas de fond [1] dans les attérages de Sainte-Croix, de l'Orotava et de Garachico : l'Océan, de même que les continens, a ses montagnes et ses plaines; et, à l'exception des Andes, les cônes volcaniques se forment partout dans les basses régions du globe.

Comme le Pic s'est élevé au milieu d'un

continuation d'un Mémoire dirigé contre M. Kirwan, qui pense que les laves du Vésuve reposent sur le calcaire de l'Apennin. *Ibid.*, Tom. XLIX, p. 23. D'après la *Théorie des Volcans*, exposée par M. Deluc, il est *impossible* qu'une véritable lave renferme des débris de substances végétales. Cependant nos cabinets offrent des morceaux de troncs de palmiers, enveloppés et pénétrés de la lave très-liquide de l'île de Bourbon. Voyez le Mémoire intéressant de M. de Fleuriau, *l. c.*, Tom. LX, p. 441.

[1] *Voyage de l'Isis*, Tom. I, p. 287. *Voyage de Marchand*, Tom. I, p. 542.

système de basaltes et de laves anciennes, et que toute la partie qui en est visible au-dessus de la surface des eaux présente des matières brûlées, on a supposé que cette immense pyramide est l'effet d'une accumulation progressive de laves, ou qu'elle renferme dans son centre un noyau de roches primitives. L'une et l'autre de ces suppositions me paroissent dénuées de vraisemblance. Je pense que là où nous voyons aujourd'hui les cimes du Pic, du Vésuve et de l'Etna, il a existé tout aussi peu des montagnes de granite, de gneiss ou de calcaire primitif que dans la plaine où, presque de notre temps, s'est formé le volcan de Jorullo qui a plus que le tiers de l'élévation du Vésuve. En examinant les circonstances qui ont accompagné la formation de la nouvelle île de l'archipel des Açores [1],

---

[1] *Sabrina Island*. Voyez la lettre du capitaine Tillard à Sir Joseph Banks. *Phil. Trans. for* 1812, p. 152. A l'île Sabrina, près de l'île Saint-Michel, le cratère s'ouvrit au pied d'un rocher solide et de forme presque cubique. Ce rocher, terminé par un petit plateau parfaitement uni, a plus de 200 toises de largeur. Sa formation est antérieure à celle du cratère dans lequel, peu de jours après son ouverture,

en lisant avec soin le récit détaillé et naïf que le jésuite Bourguignon a donné de l'apparition lente de l'îlot de la Petite Kameni, près de Santorino, on reconnoît que ces éruptions extraordinaires sont généralement précédées d'un soulèvement de la croûte ramollie du globe. Des roches paroissent au-dessus des eaux avant que les flammes se fassent jour, et que la lave puisse sortir du cratère ; il faut distinguer entre le noyau soulevé et les amas de laves et de scories qui, successivement, en augmentent les dimensions.

Il est vrai que, dans toutes les révolutions de ce genre, qui ont eu lieu depuis les temps historiques, la hauteur perpendiculaire du

---

la mer fit une irruption. A Kameni, la fumée ne fut même visible que vingt-six jours après l'apparition des rochers soulevés. *Phil. Trans.*, Vol. XXVI, p. 69 et 200; Vol. XXVII, p. 353. Tous ces phénomènes, sur lesquels M. Hawkins a recueilli des observations précieuses pendant son séjour à Santorino, ne favorisent pas l'idée qu'on se forme vulgairement de l'origine des montagnes volcaniques, par une accumulation progressive de matières liquéfiées et par des épanchemens de laves sorties d'une bouche centrale.

noyau pierreux ne paroît jamais avoir excédé cent cinquante à deux cents toises, même en faisant entrer en ligne de compte la profondeur de la mer dont le fond a été soulevé : mais lorsqu'il s'agit des grands effets de la nature et de l'intensité de ses forces, ce n'est pas le volume des masses qui doit arrêter le géologue dans ses spéculations. Tout nous annonce que les changemens physiques, dont la tradition a conservé le souvenir, ne présentent qu'une foible image de ces catastrophes gigantesques qui ont donné aux montagnes leur forme actuelle, redressé les couches pierreuses, et enfoui des coquilles pélagiques sur le sommet des hautes Alpes. C'est sans doute dans ces temps réculés, qui ont précédé l'existence du genre humain, que la croûte soulevée du globe a produit ces dômes de porphyres trapéens, ces buttes de basaltes isolées sur de vastes plateaux, ces noyaux solides qui sont revêtus des laves modernes du Pic, de l'Etna et du Cotopaxi. Les révolutions volcaniques se sont sucédées après de longs intervalles et à des époques très-différentes. Nous en voyons les vestiges dans les montagnes de transition, dans les terrains secondaires et dans ceux d'alluvion. Les volcans plus anciens que les grès et les roches calcaires, sont éteints depuis des siècles; ceux dont l'activité dure encore, ne sont généralement environnés que de brèches et de tufs modernes : mais rien n'empêche d'admettre que l'archipel des Canaries puisse présenter de véritables roches de formation secondaire, si l'on se rappelle que les feux souterrains s'y sont rallumés au milieu d'un système de basaltes et de laves très-anciennes.

Ce seroit m'écarter trop long-temps de l'objet principal de mes recherches que de poursuivre une carrière dans laquelle les conjectures remplacent les faits géologiques. De ces temps obscurs où les élémens, assujétis aux mêmes lois, n'avoient pas encore atteint leur équilibre actuel, je reviens à une époque moins tumultueuse, plus rapprochée de nous, et sur laquelle la traduction et l'histoire peuvent fournir des éclaircissemens. En vain cherchons-nous dans les Périples d'Hannon et de Scylax les premières notions écrites sur les éruptions du Pic de Ténériffe. Ces navigateurs se traînoient timidement le long des côtes; rentrant tous les soirs dans une baie pour y mouiller, ils n'eurent aucune connoissance d'un volcan qui est éloigné de 56 lieues du continent de l'Afrique. Cependant Hannon rapporte qu'il vit des torrens lumineux qui sembloient se jeter à la mer; que, toutes les nuits, la côte étoit couverte de feux, et que la grande montagne, appelée le *Char des Dieux*, avoit paru lancer des gerbes de flammes qui s'élevoient jusqu'aux nues. Mais cette montagne, placée au nord de l'île des Gorilles [1], formoit l'extrémité occidentale de la chaîne de l'Atlas; et il est en outre très-incertain si les embrasemens aperçus par Hannon étoient l'effet de quelque

---

[1] C'est dans cette île que l'amiral Carthaginois vit, pour la première fois, une espèce de grands singes anthropomorphes, les Gorilles. Il les décrit comme des femmes à corps entièrement velu et très-méchantes, parce qu'elles se défendoient des ongles et des dents. Il se vante d'en avoir écorché trois pour en conserver les peaux. M. Gosselin place l'île des Gorilles à l'embouchure de la rivière de Nun: mais, d'après ce rapprochement, l'étang où Hannon vit paître une multitude d'éléphans se trouveroit sous les 35 degrés et demi de latitude, presque à l'extrémité septentrionale de l'Afrique. *Rech. sur la Géogr. des Anciens,* Tom. I, p. 74 et 98.

éruption volcanique, ou s'il faut les attribuer à l'habitude qu'ont tant de peuples de mettre le feu aux forêts et à l'herbe sèche des savanes. De nos jours, des doutes semblables se sont présentés à l'esprit des naturalistes qui, dans l'expédition du contre-amiral d'Entrecasteaux, ont vu l'île d'Amsterdam couverte d'une fumée épaisse [1]. Sur la côte de Caracas, des traînées de feu rougeâtre alimenté par de l'herbe enflammée, m'ont offert, pendant plusieurs nuits, l'aspect trompeur d'un courant de laves qui descendoit des montagnes et se partageoit en plusieurs branches.

Quoique les journaux de route d'Hannon et de Scylax, dans l'état où ils nous sont parvenus, ne renferment aucun passage que l'on puisse raisonnablement appliquer aux îles Canaries, il est pourtant très-probable que les Carthaginois et même les Phéniciens ont eu connoissance [2] du Pic de Ténériffe. Du temps

---

[1] *Voyage de Labillardière*, Tom. I, p. 112. *Voyage de d'Entrecasteaux*, Tom. I, p. 45.

[2] Voyez une notice de M. Ideler, insérée dans mes *Tableaux de la Nature*, Tom. I, p. 141, et *Gosselin, Rech.*, Tom. I, p. 135-159. Un des savans les plus illustres de l'Allemagne, M. Heeren, pense

de Platon et d'Aristote, des notions vagues en étoient parvenues aux Grecs, qui regardoient toute la côte d'Afrique, située au delà des colonnes d'Hercule, comme bouleversée par le feu des volcans [1]. Le site des Bienheureux, qu'on avoit cherché d'abord dans le Nord, au delà des Monts Riphées, chez les Hyperboréens [2], et puis au sud de la Cyrénaïque,

que les îles Fortunées de Diodore de Sicile sont Madère et Porto Santo, *Afrika*, Tom. I, p. 124. (*Malte-Brun, Hist. de la Géogr.*, p. 76, 90 et 194.)

[1] *Arist. Mirab. Auscultat.* (ed. Casaub.), p. 704. Solin dit de l'Atlas, *vertex semper nivalis lucet nocturnis ignibus;* mais cet Atlas qui, semblable à la montagne Merù des Hindoux, offre un mélange d'idées positives et de fictions mythologiques, n'étoit pas situé sur une des îles Hespérides, comme l'admettent l'abbé Viéra, et après lui plusieurs voyageurs qui ont décrit le Pic de Ténériffe (*Viera*, Tom. I, p. 225; *Bory de Saint-Vincent*, p. 395). Les passages suivans ne laissent aucun doute à cet égard. *Herod.*, IV, 184; *Strabo*, XVII (ed. *Falconer*, Tom. II, p. 1167); *Mela*, III, 10; *Pline*, V, 1; *Solin*, I, 24, et même *Diod. Sicul.*, III (ed. *Wessel.* Tom. I, p. 221.)

[2] *Mannert, Geogr. der Griechen*, Tom. IV, S. 57. L'idée du bonheur, de la grande civilisation et de la richesse des habitans du Nord étoit commune aux Grecs, aux peuples de l'Inde et aux Mexicains.

fut placé dans des terres qu'on se figuroit vers l'ouest, là où finissoit le monde connu des anciens. Le nom d'îles Fortunées eut long-temps une signification aussi vague que celui du *Dorado* chez les premiers conquérans de l'Amérique. On se figuroit le bonheur à l'extrémité de la terre, comme on cherche les jouissances les plus vives de l'esprit dans un monde idéal au delà des limites de la réalité.

Il ne faut point être surpris qu'avant Aristote on ne trouve chez les géographes grecs aucune notion exacte sur les îles Canaries et les volcans qu'elles renferment. Le seul peuple dont les navigations se soient étendues vers l'ouest et le nord, les Carthaginois, avoit de l'intérêt à jeter un voile mystérieux sur ces régions lointaines. Le sénat de Carthage s'opposant à toute émigration partielle, désigna ces îles comme un lieu de refuge dans des temps de troubles et de malheurs publics : elles devoient être pour les Carthaginois ce que le sol libre de l'Amérique est devenu pour les Européens, au milieu de leurs discordes civiles et religieuses.

Les Canaries n'ont été mieux connues

des Romains que quatre-vingts ans avant le règne d'Octavien. Un simple particulier voulut exécuter le projet qu'une sage prévoyance avoit dicté au sénat de Carthage. Sertorius, vaincu par Sylla, fatigué du tumulte des armes, cherche un asyle sûr et paisible. Il choisit les îles Fortunées, dont on lui trace un tableau attrayant sur les côtes de la Bétique. Il réunit avec soin les notions qu'il peut acquérir par les voyageurs; mais dans le peu qui nous a été transmis de ces notions et des descriptions plus détaillées de Sébosus et de Juba, il n'est jamais question de volcans et d'éruptions volcaniques. A peine y reconnoît-on l'île de Ténériffe et les neiges dont le sommet du Pic est revêtu en hiver, dans le nom de *Nivaria* donné à l'une des îles Fortunées. On pourroit conclure de là, que le volcan ne lançoit pas de flammes à cette époque, s'il étoit permis d'interpréter le silence de quelques auteurs que nous ne connoissons que par de simples fragmens ou par d'arides nomenclatures. Le physicien cherche en vain dans l'histoire les documens des premières éruptions du Pic; il n'en trouve nulle part que dans la langue des Guanches, dans laquelle le mot *echeyde* désignoit à la fois l'*enfer* et le volcan de Ténériffe [1].

De tous les témoignages écrits, le plus ancien que j'aie trouvé de l'activité de ce volcan date du commencement du seizième siècle. Il est contenu dans la relation du voyage [2] d'Aloysio Cadamusto, qui aborda

---

[1] La même montagne porta le nom d'*Aya-dyrma*, dans lequel Horn (*de Originib. Americ.*, p. 155 et 185) croit reconnoître l'ancienne dénomination de l'Atlas, qui, d'après Strabon, Pline et Solin, étoit *Dyris*. Cette étymologie est assez douteuse; mais, en n'accordant pas plus d'importance aux voyelles qu'elles n'en ont chez les peuples de l'Orient, on retrouve presque en entier *Dyris* dans le mot *Daran*, par lequel les géographes arabes désignent la partie orientale du Mont-Atlas.

[2] Nec silendum puto de insula Teneriffæ quæ et eximie colitur et inter orbis insulas est eminentior. Nam cœlo sereno eminus conspicitur, adeo ut qui absunt ab ea ad leucas hispanas sexaginta vel septuaginta, non difficulter eam intueantur. Quod cernatur a longe id efficit acuminatus lapis adamantinus, instar pyramidis in medio. Qui metiti sunt lapidem aiunt altitudine leucarum quindecim mensuram excedere ab imo ad summum verticem. Is lapis jugiter flagrat, instar Ætnæ montis; id affirmant nostri Christiani qui

aux Canaries en 1505. Ce voyageur ne fut témoin d'aucune éruption ; mais il affirme positivement que, semblable à l'Etna, cette montagne brûle sans interruption, et que le feu en a été aperçu par des Chrétiens retenus comme esclaves par les Guanches de Ténériffe. Le Pic n'étoit donc point alors dans cet état de repos dans lequel nous le voyons aujourd'hui : car il est certain qu'aucun navigateur et aucun habitant de Ténériffe n'ont vu sortir de la bouche du Pic, je ne dirai pas des flammes, mais seulement une fumée qui fût visible de loin. Peut-être seroit-il à désirer que le soupirail de la *Caldera* s'ouvrît de nouveau ; les éruptions latérales en seroient moins violentes, et tout le groupe d'îles auroit moins à craindre les effets des tremblemens de terre [1].

capti aliquando hæc animadvertere. *Aloysii Cadamusti Navigatio ad terras incognita*, c. 8.

[1] A Ténériffe, les secousses ont été jusqu'ici peu considérables, et de plus limitées à de petites étendues de terrain. On observe la même chose à l'île de Bourbon, et presque partout au pied des volcans actifs. A Naples, les tremblemens de terre précèdent les éruptions du Vésuve; ils cessent lorsque la lave

J'ai entendu, à l'Orotava, agiter la question de savoir si l'on peut admettre que, par la suite des siècles, le cratère du Pic recommencera à agir. Dans une matière aussi douteuse, l'analogie seule peut servir de guide. Or, d'après le rapport de Braccini, l'intérieur du cratère du Vésuve étoit couvert d'arbustes en 1611. Tout y annonçoit la plus grande tranquillité; et cependant, vingt années après, le même gouffre, qui paroissoit se transformer en un vallon ombragé, lançoit des gerbes de feu et une énorme quantité de cendres. Le Vésuve redevint aussi actif en 1631 qu'il l'avoit été en 1500. Il seroit possible de même que le cratère du Pic changeât de face un jour. C'est une solfatare semblable à la solfatare paisible de Pouzzole; mais elle est placée à la cime d'un volcan encore actif.

Les éruptions du Pic ont été très-rares depuis deux siècles, et ces longues intermittences paroissent caractériser les volcans extrêmement élevés. Le plus petit de tous,

s'est fait jour, et ils sont en général très-foibles en comparaison de ceux que l'on éprouve sur la pente des Apennins calcaires.

Stromboli, est presque perpétuellement en activité. Au Vésuve, les éruptions sont déjà plus rares, quoique encore plus fréquentes que celles de l'Etna et du Pic de Ténériffe. Les cimes colossales des Andes, le Cotopaxi et le Tungurahua, vomissent à peine une fois par siècle. On diroit que, dans les volcans actifs, la fréquence des éruptions est en raison inverse de la hauteur et de la masse. Aussi le Pic avoit paru éteint pendant quatre-vingt-douze ans, lorsqu'en 1798 il fit sa dernière éruption par une ouverture latérale formée dans la montagne de Chahorra. Dans cet intervalle, le Vésuve a vomi seize fois.

J'ai exposé, dans un autre endroit [1], que toute la partie montueuse du royaume de Quito peut être regardée comme un immense volcan qui occupe plus de 700 lieues carrées de surface, et qui jette des flammes par différens cônes désignés sous les dénominations particulières de Cotopaxi, de Tungurahua et de Pichincha. De la même manière, tout le groupe des îles Canaries est placé, pour ainsi dire, sur un même volcan sous-marin. Le feu

---

[1] *Géogr. végét.*, p. 130.

s'est fait jour tantôt par l'une, tantôt par l'autre de ces îles: Ténériffe seule renferme dans son centre une immense pyramide terminée par un cratère, et vomissant de siècles en siècles des laves par ses flancs. Dans les autres îles, les diverses éruptions ont eu lieu en différens endroits, et l'on n'y trouve pas de ces montagnes isolées auxquelles les effets volcaniques sont restreints. La croûte basaltique, formée par d'anciens volcans, y semble minée partout; et les coulées de laves que l'on a vu paroître à Lancerote et à Palma rappellent, sous tous les rapports géologiques, l'éruption qui eut lieu, en 1301, à l'île d'Ischia, au milieu des tufs de l'Epomeo.

Voici le tableau des phénomènes volcaniques dont les historiens des îles Canaries ont conservé la mémoire depuis le milieu du seizième siècle :

Année 1558.

Le 15 avril, époque à laquelle l'île de Ténériffe fut ravagée pour la première fois par la peste importée du Levant. Un volcan s'ouvre dans l'île de *Palma*, près d'une source, dans le Partido de los Llanos. Une montagne sort de terre; il se forme un cratère à la cime, qui vomit un courant de laves de cent toises de largeur, et de plus de 2500 toises de longueur. La lave se jette à la mer; et, en élevant la température de l'eau, elle fait périr les poissons [1] à de grandes distances à l'entour.

Année 1646.

Le 13 novembre, une bouche s'ouvre dans l'île de *Palma*, près de Tigalate. Deux autres se forment au rivage de la mer. Les laves qui sortent de ces crevasses font tarir la fameuse source de Foucaliente ou Fuente Santa, dont les eaux minérales attiroient les malades qui s'y rendoient même de l'Europe. Selon une tradition populaire, l'éruption cessa d'une manière assez étrange. L'image de Notre-Dame-des-Neiges de Sainte-Croix fut portée à l'ouverture du nouveau volcan, et soudain il tomba une si énorme quantité de neige,

---

[1] Ce même phénomène a eu lieu, en 1811, près des Açores, lorsque le volcan de Sabrina s'ouvrit dans le fond de l'Océan. Le squelette calciné d'un requin fut trouvé dans le cratère inondé et éteint.

que le feu en fut éteint. Dans les Andes de Quito, les Indiens croient avoir observé que l'abondance des eaux de neige infiltrées augmente l'activité des volcans.

Année 1677.

Troisième éruption à l'île de *Palma*. La montagne de las Cabras jette des scories et des cendres par une multitude de petites bouches qui se forment successivement.

Année 1704.

Le 31 décembre. Le Pic de *Ténériffe* fait une éruption latérale dans la plaine de los Infantes, au-dessus d'Icore, dans le district de Guimar. D'épouvantables tremblemens de terre ont précédé cette éruption. Le 5 janvier 1705, une seconde bouche s'ouvre dans le ravin d'Almerchiga, à une lieue d'Icore. Les laves sont si abondantes que toute le vallée de Fasnia ou d'Areza en est comblée. Cette seconde bouche cesse de vomir le 13 janvier. Une troisième se forme, le 2 février, dans la Cañada de Arafo. Les laves divisées en trois courans menacent le village de Guimar, mais elles sont retenues dans la vallée de Melosar par une arrête de rochers qui leur oppose un obstacle invincible. Pendant ces éruptions, la ville d'Orotava, séparée des nouvelles bouches par une digue très-étroite, ressent de fortes secousses.

Année 1706.

Le 5 mai. Autre éruption latérale du Pic de *Ténériffe*. La bouche s'ouvre au sud du port de Garachico qui étoit alors le port le plus beau et le plus fréquenté de l'île. La ville, populeuse et opulente, étoit bâtie au bord d'une forêt de lauriers, dans un site très-pittoresque. Deux courans de laves la détruisirent en peu d'heures : aucun édifice ne resta sur pied. Le port, qui avoit déjà souffert en 1645 par les atterrissemens qu'avoit causés une grande inondation, fut comblé au point que les laves accumulées formèrent un promontoire au milieu de son enceinte. Partout, dans les environs de Garachico, la surface du terrain changea d'aspect. Des monticules s'élevèrent dans la plaine ; les sources disparurent, et des rochers, ébranlés par de fréquens tremblemens de terre, restèrent nus, sans végétation et sans terreau. Les pêcheurs seuls conservèrent l'amour du site natal. Courageux, comme les habitans de Torre del Greco, ils reconstruisirent un petit village sur des amas de scories et sur le roc vitrifié.

Année 1730.

Le 1.er septembre. Une révolution des plus effrayantes bouleverse la montée de l'île de *Lancerote*. Un nouveau volcan se forme à Temanfaya. Les laves qui en découlent et les tremblemens de terre qui accompagnent l'éruption, détruisent un grand nombre de villages, parmi lesquels se trouvent les trois anciennes bourgades guanches de Tingafa, Macintafe et Guatisca. Les secousses durent jusqu'en 1736, et les habitans de Lancerote se sauvent en grande partie à l'île de Fuertaventura. Pendant cette éruption, dont nous avons déjà parlé dans le chapitre précédent, on voit sortir de la mer une colonne de fumée épaisse. Des rochers pyramidaux s'élèvent au-dessus de la surface des eaux, et, en s'agrandissant, ces nouveaux écueils se réunissent peu à peu à l'île même.

Année 1798.

Le 9 juin. Éruption latérale du Pic de *Té-*

nériffe, par le flanc de la montagne de Chahorra ou Venge [1], dans un lieu entièrement inculte, au sud d'Icod, près du village de Guia, l'ancien Isora. Cette montagne, adossée au Pic, a été de tout temps regardée comme un volcan éteint. Quoique formée de matières solides, elle est, par rapport au Pic, ce que le Monte-Rosso élevé en 1661, ou les Boche nuove ouvertes en 1794, sont à l'Etna et au Vésuve. L'éruption de Chahorra dura trois mois et six jours. Les laves et les scories furent lancées par quatre bouches placées sur une même ligne. La lave amoncelée à trois ou quatre toises de hauteur s'avança de trois pieds par heure. Cette éruption n'ayant précédé que d'un an mon arrivée à Ténériffe, l'impression en étoit encore très-vive parmi les habitans. Je vis chez M. Le Gros, au Durasno, un dessin des bouches de Chahorra, qu'il avoit fait sur les lieux. Don Bernardo Cologan avoit visité ces bouches huit jours après leur ouverture, et il avoit décrit les prin-

---

[1] La pente de la montagne de Venge, sur laquelle se fit l'éruption, s'appelle Chazajañe. Voyez *Nicolas Segundo de Franqui* dans *Cavanilles y Hergen, Anales de historia natural*, T. I, p. 298.

cipaux phénomènes de cette éruption dans un mémoire dont il me remit une copie pour l'insérer dans la Relation de mon voyage. Treize années se sont écoulées depuis cette époque; et M. Bory de Saint-Vincent m'ayant devancé dans la publication de ce mémoire, je renvoie le lecteur à son intéressant *Essai sur les îles Fortunées* [1]. Il ne me reste ici qu'à donner quelques éclaircissemens sur la hauteur à laquelle des fragmens de roches très-considérables furent projetés par les bouches de Chahorra. M. Cologan [2] compta 12 à 15

---

[1] *Bory de Saint-Vincent*, p. 296.
[2] « Trois de ces pierres, dit M. Bory, demeurèrent douze à quinze secondes pour s'élever jusqu'à perte de vue et pour retomber à terre. » Si telle étoit l'observation de M. Cologan, le résultat du calcul seroit différent de celui que j''ai donné. Mais l'observateur dit tout exprès, dans le manuscrit que je conserve : « De noche se observò con relox en mano y a muy corta distancia de la tercera bocca del volcan de Chahorra el tiempo que desde su mas alto punto de elevacion hasta perderlas de vista en su caida, gastaban las piedras mas faciles de distinguir y de tres conque se hizo la experiencia, dos cayeron en diez segundos cada una y la otra en quinze. » M. Cologan observe que la durée de la chute étoit

secondes pendant la chute de ces pierres, c'est-à-dire en commençant à compter du moment où elles avoient atteint le maximum de leur hauteur. Cette expérience curieuse prouve que la bouche lança des roches à plus de trois mille pieds de hauteur.

Toutes les éruptions marquées dans ce résumé chronologique appartiennent aux trois îles de Palma, de Ténériffe et de Lancerote[1]. Il est probable qu'avant le seizième siècle, les autres îles ont aussi éprouvé les effets du feu volcanique. On m'a donné quelques notions vagues d'un volcan éteint qui est situé dans le centre de l'île de Fer, et d'un autre dans la Gran Canaria, près d'Arguineguin. Mais il seroit curieux de savoir si l'on trouve les traces de feux souterrains dans les formations calcaires de Fuertaventure ou dans les

-----

même un peu au delà de quinze secondes, parce qu'il ne put suivre les pierres jusqu'à leur contact avec la terre. Ce genre d'observation est susceptible d'une grande exactitude, comme je m'en suis assuré dans des expériences analogues que j'ai faites pendant l'éruption du Vésuve en 1805.

[1] *Viera, Noticias*, Tom. II, p. 404; Tom. III, p. 151, 238, 352, 356 et 516.

granites et les schistes micacés de la Gomère.

L'action purement latérale du Pic de Ténériffe est un phénomène géologique d'autant plus remarquable qu'elle contribue à faire paroître isolées les montagnes qui sont adossées au volcan principal. Il est vrai que, dans l'Etna et le Vésuve, les grandes coulées de laves ne viennent pas non plus du cratère même, et que l'abondance des matières fondues est généralement en raison inverse de la hauteur à laquelle se fait la crevasse qui vomit les laves. Mais, au Vésuve et à l'Etna, une éruption latérale finit constamment par un jet de flammes et de cendres qui se fait par le cratère, c'est-à-dire par le sommet même de la montagne. Au Pic de Ténériffe, ce phénomène ne s'est point manifesté depuis des siècles. Encore récemment dans l'éruption de 1798, on a vu le cratère dans la plus grande inaction. Son fond ne s'est point affaissé, tandis qu'au Vésuve, comme l'observe ingénieusement M. de Buch, la profondeur plus ou moins considérable du cratère est un indice presque infaillible de la proximité d'une nouvelle éruption.

Je pourrois terminer ces aperçus géologiques en discutant quel est le combustible qui entretient, depuis des milliers d'années, le feu du Pic de Ténériffe; je pourrois examiner si ce sont le Sodium et le Potassium, ou les bases métalliques des terres, ou des carbures d'hydrogène, ou le soufre pur et combiné avec le fer qui brûlent dans le volcan; mais voulant me borner à ce qui peut être l'objet d'une observation directe, je ne me hasarderai pas à résoudre un problème sur lequel nous manquons encore de données suffisantes. Nous ignorons s'il faut conclure de l'énorme quantité de soufre que contient le cratère du Pic, que c'est cette substance qui entretient la chaleur du volcan, ou si le feu, alimenté par un combustible d'une nature inconnue, opère simplement la sublimation du soufre. Ce que l'observation nous démontre, c'est que dans les cratères encore actifs, le soufre est très-rare, tandis que les volcans anciens finissent tous par être de véritables soufrières. On diroit que dans les premiers le soufre se combine avec l'oxygène, tandis que dans les autres il est purement sublimé : car rien ne nous autorise jusqu'ici à admettre qu'il se forme dans l'intérieur des volcans comme l'ammoniac et les sels neutres. Lorsqu'on ne connoissoit encore le soufre que disséminé dans le gypse muriatifère et dans la pierre calcaire alpine, l'on étoit presque forcé de supposer que dans toutes les parties du globe le feu volcanique agissoit sur des roches de formation secondaire ; mais des observations récentes ont prouvé que le soufre existe abondamment dans ces mêmes roches primitives que tant de phénomènes désignent comme le centre de l'action volcanique. Près d'Alausi, sur le dos des Andes de Quito, j'en ai trouvé une immense quantité dans une couche de quartz interposée à des couches de schiste micacé [1], et ce fait est d'autant

---

[1] Il faut distinguer en géognosie sept formations de soufre, qui sont d'une ancienneté relative très-différente. La première appartient au schiste micacé (Cordillères de Quito) ; la seconde, au gypse de transition (Bex en Suisse) ; la troisième, aux porphyres trapéens (Antisana en Amérique, Montserrat dans l'archipel des petites Antilles, Mont-d'Or en France) ; la quatrième, à la pierre calcaire alpine (Sicile) ; la cinquième, au gypse muriatifère, placé entre le grès et le calcaire alpin (Thuringe) ; la sixième, au gypse qui est plus récent que la craie (Montmartre, près

CHAPITRE II.

plus important qu'il se lie très-bien à l'observation de ces fragmens de roches anciennes qui sont rejetés intacts par les volcans.

Nous venons de considérer l'île de Ténériffe sous des rapports purement géologiques; nous avons vu s'élever le Pic au milieu des couches fracturées de basalte et d'amygdaloïde : examinons maintenant comment ces masses fondues se sont revêtues peu à peu d'une enveloppe végétale, quelle est la distribution des plantes sur la pente rapide du volcan, quel est l'aspect ou la physionomie de la végétation dans les îles Canaries.

Dans la partie septentrionale de la zone tempérée, ce sont les plantes cryptogames qui couvrent les premières la croûte pierreuse du globe. Aux lichens et aux mousses qui développent leur feuillage sous la neige, succèdent les graminées et d'autres plantes

---

Paris); et la septième, aux terrains d'alluvion argileux (Venezuela, Bas-Orénoque, Mexique). Il est presque inutile de faire remarquer ici que, dans cette énumération, il n'est point question de ces petites masses de soufre qui ne sont pas contenues dans des couches, mais dans les filons qui traversent des roches de diverses formations.

phanérogames. Il n'en est point ainsi sur les bords de la zone torride et dans les pays renfermés entre les tropiques. On y trouve, il est vrai, quoi qu'en aient dit quelques voyageurs, non seulement sur les montagnes, mais aussi dans les endroits humides et ombragés, presque au niveau de la mer, des Funaria, des Dicranum et des Bryum; ces genres, parmi leurs espèces nombreuses, en offrent plusieurs qui sont communes à la Lapponie, au Pic de Ténériffe et aux montagnes bleues de la Jamaïque : cependant, en général, ce n'est pas par les mousses et les lichens que commence la végétation dans les contrées voisines des deux tropiques. Aux îles Canaries, comme en Guinée et sur les côtes rocheuses du Pérou, les premières plantes qui préparent le terreau, sont les plantes

---

[1] Ce fait extraordinaire, sur lequel nous reviendrons par la suite, a été observé d'abord par M. Swarz. Il s'est trouvé confirmé par l'examen soigneux que M. Willdenow a fait de nos herbiers, surtout de la collection de plantes cryptogames que nous avons recueillies sur le dos des Andes, dans une région du monde où d'ailleurs les êtres organisés diffèrent totalement de ceux de l'ancien continent.

CHAPITRE II. 403

grasses, dont les feuilles munies d'une infinité d'orifices¹ et de vaisseaux cutanés enlèvent à l'air ambiant l'eau qu'il tient en dissolution. Fixées dans les fentes des rochers volcaniques, elles forment pour ainsi dire cette première couche végétale dont se revêtent les coulées de laves lithoïdes. Partout où ces laves sont scorifiées et où elles ont une surface lustrée comme dans les buttes basaltiques placées au nord de Lancerote, le développement de la végétation est d'une lenteur extrême, et plusieurs siècles suffisent à peine pour y faire naître des arbustes. C'est seulement lorsque les laves sont couvertes de tufs et de cendres, que les îles volcaniques perdent cette apparence de nudité qui les caractérise dans leur origine, et qu'elles se parent d'une riche et brillante végétation.

Dans son état actuel, l'île de Ténériffe, le *Chinerfe*² des Guanches, offre cinq zones de plantes³, que l'on peut distinguer par les

---

[1] Les pores corticaux de M. De Candolle, découverts par Gleichen et figurés par Hedwig.

[2] De *Chinerfe*, les Européens ont fait, par corruption, *Tchineriffe* et *Ténériffe*.

[3] J'ai tracé en partie ce tableau de la végétation des

26*

noms de Région des Vignes, Région des Lauriers, Région des Pins, Région du Retama et Région des Graminées. Ces zones sont placées, comme par étages, les unes au-dessus des autres, et elles occupent, sur la pente rapide du Pic, une hauteur perpendiculaire de 1750 toises; tandis que, quinze degrés plus au nord, dans les Pyrénées, les neiges descendent déjà jusqu'à treize ou quatorze cents toises d'élévation absolue. Si les plantes, à Ténériffe, n'atteignent pas le sommet du volcan, ce n'est point parce que des glaces éternelles [1] et le froid de l'atmosphère

Canaries, d'après des notes manuscrites de M. Broussonet. Lorsque je publiai mon premier *Essai sur la géographie des plantes équinoxiales du nouveau continent*, je priai ce célèbre naturaliste, qui avoit résidé long-temps à Mogador dans l'empire de Maroc et à Sainte-Croix de Ténériffe, de me communiquer ses idées sur la distribution géographique des végétaux dans ces contrées. Il céda à ma prière avec cette prévenance et cette amabilité qu'il a constamment déployées dans ses relations avec les savans étrangers.

Quoique le Pic de Ténériffe ne se couvre de neiges que pendant les mois d'hiver, il se pourroit cependant que le volcan atteignît la limite des neiges

CHAPITRE II. 465

ambiant leur posent des limites qu'elles ne peuvent franchir : ce sont les laves scorifiées du *Malpays* et les ponces broyées et arides

perpétuelles, qui correspond à sa latitude, et que l'absence totale des neiges en été ne fût due qu'à la position isolée de la montagne au milieu des mers, à la fréquence de vents ascendans très-chauds, ou à la température élevée des cendres du Piton. Il est impossible de lever ces doutes dans l'état actuel de nos connoissances. Depuis le parallèle des montagnes du Mexique jusqu'à celui des Pyrénées et des Alpes, entre les 20° et les 45°, la courbe des neiges perpétuelles n'a été déterminée par aucune mesure directe; et, une infinité de ces courbes pouvant être tracées par le petit nombre de points qui nous sont connus sous les 0°, 20°, 45°, 62° et 71° de latitude boréale, le calcul supplée très-imparfaitement à l'observation. Sans avancer rien de très-positif, on peut dire qu'il est probable que, par les 28° 17', la limite des neiges se trouve au-dessus de 1900 toises. Depuis l'équateur, où les neiges commencent à 2460 toises, c'est-à-dire à peu près à la hauteur du Mont-Blanc, jusqu'aux 20° de latitude, par conséquent jusqu'aux limites de la zone torride, les neiges ne descendent que de cent toises : or, doit-on admettre que, huit degrés plus loin, et dans un climat qui porte presque encore tout le caractère d'un climat des tropiques, cet abaissement soit déjà de quatre cents

du Piton qui empêchent la migration des végétaux vers les bords du cratère.

La *première zone*, celle des Vignes, s'étend

toises? En supposant même un abaissement en progression arithmétique depuis les 20 aux 45 degrés de latitude, supposition qui est contraire aux faits observés (*Rec. d'Obs. astron.*, Vol. I, p. 134), les neiges perpétuelles ne commenceroient sous le parallèle du Pic qu'à 2050 toises de hauteur au-dessus du niveau de l'Océan, par conséquent 550 toises plus haut qu'aux Pyrénées et en Suisse. D'autres considérations viennent à l'appui de ce résultat. La température moyenne de la couche d'air, avec laquelle les neiges sont en contact pendant l'été, est, aux Alpes, de quelques degrés au-dessous, et, sous l'équateur, de quelques degrés au-dessus du point de la congélation (*L. c.*, p. 137). En admettant que, sous les 28 degrés et demi, cette température soit zéro, on trouve, d'après la loi du décroissement du calorique, en comptant 98 toises par degré centésimal, que les neiges doivent se conserver à 2058 toises de hauteur au-dessus d'une plaine dont la température moyenne est de 21 degrés, et par conséquent égale à celle des côtes de Ténériffe. Ce nombre est presque identique avec celui que donne la supposition d'un abaissement en progression arithmétique. Une des hautes cimes de la Sierra Nevada de Grenade, le Pico de Veleta, dont la hauteur absolue est de 1781 toises,

depuis le rivage de la mer jusqu'à deux ou trois cents toises de hauteur : c'est celle qui est la plus habitée, et la seule où le sol soit

est perpétuellement couvert de neiges; mais, la limite inférieure de ces neiges n'ayant pas été mesurée, cette montagne, placée sous les 37° 10′ de latitude, ne nous apprend rien sur le problème que nous tâchons de résoudre. Quant à la position du volcan de Ténériffe, au centre d'une île de peu d'étendue, il ne paroît pas que cette circonstance puisse causer un relèvement de la courbe des neiges perpétuelles. Si, dans les îles, les hivers sont moins rigoureux, les étés y sont moins chauds, et ce n'est pas autant de la température moyenne de l'année entière que de celle des mois d'été que dépend la hauteur des neiges. A l'Etna, les neiges commencent déjà à 1500 toises et même un peu au-dessous, ce qui est assez extraordinaire pour une cime placée sous les 37 degrés et demi de latitude. Vers le cercle polaire, où les ardeurs de l'été sont diminuées par les brumes qui s'élèvent constamment au-dessus de l'Océan, la différence entre les îles, ou les côtes et l'intérieur du pays, devient extrêmement sensible. En Islande, par exemple, sur l'Osterjôckull, sous les 65° de latitude, les neiges perpétuelles descendent à 482 toises de hauteur, tandis qu'en Norwège, par les 67° loin des côtes, dans des sites où les hivers sont beaucoup plus rigoureux et où par conséquent la température

cultivé avec soin. Dans ces basses régions, au port de l'Orotava et partout où les vents ont un accès libre, le thermomètre centigrade se soutient en hiver, aux mois de janvier et de février, à midi, entre 15 et 17 degrés : les plus fortes chaleurs de l'été n'excèdent pas 25 ou 26 degrés : elles sont par conséquent de 5 à 6 degrés au-dessous des extrêmes que le thermomètre atteint annuellement à Paris, à Berlin et à Pétersbourg. Ces résultats sont tirés des observations faites

moyenne de l'année est plus petite qu'en Islande, les neiges ne descendent qu'à 600 toises (*Léopold de Buch* dans les *Annales de Gilbert*, 1812, Tom. II, p. 37 et 43). D'après ces rapprochemens, il paroît assez probable que Bouguer et Saussure se sont trompés quand ils ont admis que le Pic de Ténériffe atteint le terme intérieur constant des neiges (*Figure de la terre*, Pl. XLVIII, et *Voyage dans les Alpes*, Tom. IV, p. 103). On trouve ce terme pour 28° 17' de latitude, au moins à 1950 toises de hauteur, même en la calculant par interpolation entre l'Etna et les volcans du Mexique. Cette matière sera entièrement éclaircie lorsqu'on aura mesuré la partie occidentale de l'Atlas qui, près de Maroc, sous les 30 degrés et demi de latitude, est couvert de neiges perpétuelles.

par M. Savaggi, depuis 1795 jusqu'en 1799. La température moyenne des côtes de Ténériffe paroît au moins s'élever à 21° (16°,8 R.), et leur climat tient le milieu entre le climat de Naples et celui de la zone torride. A l'île de Madère, les températures moyennes des mois de janvier et d'août sont, d'après Heberden, de 17°,7 et de 23°,8, tandis qu'à Rome elles s'élèvent à 5°,6 et 26°,2. Mais, malgré l'analogie extrême que l'on observe entre les climats de Madère et de Ténériffe, les plantes de la première de ces îles sont généralement moins délicates à cultiver en Europe que les plantes de Ténériffe. Le Cheiranthus longifolius de l'Orotava, par exemple, gèle à Montpellier, d'après l'observation de M. De Candolle, tandis que le Cheiranthus mutabilis de Madère y passe l'hiver en pleine terre. Les chaleurs d'été sont moins prolongées à Madère qu'à Ténériffe.

La Région des Vignes offre, parmi ses productions végétales, huit espèces d'Euphorbes arborescentes, des Mesembryanthemum, qui se trouvent multipliés depuis le cap de Bonne-Espérance jusque dans le Péloponnèse, le Cacalia Kleinia, le Dragonnier et d'autres plantes qui, dans leurs troncs nus et tortueux, dans leurs feuilles succulentes et leur teinte d'un vert bleuâtre, offrent les traits qui distinguent la végétation de l'Afrique. C'est dans cette zone que l'on cultive le dattier, le bananier, la canne à sucre, le figuier d'Inde, l'Arum colocasia, dont la racine offre au bas-peuple une fécule nourrissante, l'olivier, les arbres fruitiers de l'Europe, la vigne et les céréales. Les blés y sont moissonnés depuis la fin de mars jusqu'au commencement de mai, et l'on y a essayé avec succès la culture de l'arbre à pain d'Otahiti, celle du cannellier des îles Moluques, de cafier de l'Arabie et du cacoyer de l'Amérique. Sur plusieurs points de la côte, le pays prend tout le caractère d'un paysage des tropiques; et l'on reconnoît que la Région des Palmiers s'étend au-delà des limites de la zone torride. Le Chamærops et le dattier viennent très-bien dans les plaines fertiles de Murviedro, sur les côtes de Gênes, et en Provence près d'Antibes, sous les 39 et 44 degrés de latitude : quelques arbres de cette dernière espèce, plantés dans l enceinte de la ville de Rome, résistent même à des froids de 2°,5 au-dessous du point de la congélation. Mais si l'Europe australe ne participe encore que foiblement aux dons que la nature a répandus dans la zone des Palmiers, l'île de Ténériffe, placée sous le parallele de l'Égypte, de la Perse méridionale et de la Floride, est déjà ornée de la plupart des formes végétales qui relèvent la majesté des sites dans les régions voisines de l'équateur.

En parcourant les différentes tribus de plantes indigènes, on regrette de ne pas y trouver des arbres à petites feuilles pennées et des Graminées arborescentes. Aucune espèce de la famille nombreuse des Sensitives n'a poussé ses migrations jusqu'à l'archipel des îles Canaries, tandis que sur les deux continens on en a découvert jusqu'aux 38 et 40 degrés de latitude. En Amérique, le Schranckia uncinata de Willdenow[1] s'avance jusque dans les forêts de la Virginie; en Afrique, l'Acacia gummifera végète sur les collines : de Mogador en Asie, à l'ouest de la mer Caspienne, M. de Biberstein a vu les plaines du Chyrvan couvertes de l'Acacia ste-

---

[1] Mimosa horridula, Michaux.

phaniana. En examinant avec plus de soin les végétaux des îles de Lancerote et de Fortaventure, qui sont les plus rapprochées des côtes de Maroc, on trouvera peut-être quelques Mimoses parmi tant d'autres plantes de la Flore africaine.

La *seconde zone*, celle des lauriers, renferme la partie boisée de Ténériffe : c'est aussi la région des sources qui jaillissent au milieu d'un gazon toujours frais et humide. De superbes forêts couronnent les coteaux adossés au volcan ; on y reconnoît quatre espèces de lauriers[1], un chêne voisin du Quercus Turneri[2] des montagnes du Tibet, le Visnea Mocanera, le Myrica Faya des Açores, un olivier indigène (Olea excelsa) qui est le plus grand arbre de cette zone, deux espèces de Sideroxylon dont le feuillage est d'une rare beauté, l'Arbutus callycarpa et d'autres arbres toujours verts de

---

[1] Laurus indica, L. fœtens, L. nobilis et L. Til. Avec ces arbres se trouvent mêlés Ardisia excelsa, Rhamnus glandulosus, Erica arborea, E. Texo.

[2] Quercus canariensis, Broussonet (*Willd. Enum. plant. hort. Berol*, 1809, p. 975).

la famille des myrtes. Des liserons et un lierre très-différent de celui d'Europe (Hedera canariensis) tapissent les troncs des lauriers : à leur pied végètent une innombrable quantité de fougères [1], dont trois espèces [2] seulement descendent jusqu'à la région des Vignes. Partout le sol, couvert de mousses et d'une herbe fine, brille des fleurs du Campanula aurea, du Chrysanthemum pinnatifidum, du Mentha canariensis et de plusieurs espèces frutescentes d'Hypericum [3]. Des plantations de châtaigniers sauvages et greffés forment une large ceinture autour de la région des sources, qui est la plus verte et la plus agréable de toutes.

La *troisième zone* commence à neuf cents toises de hauteur absolue, là où paroissent les derniers groupes d'Arbousiers, de Myrica Faya et de cette belle bruyère que les indi-

---

[1] Woodwardia radicans, Asplenium palmatum, A. canariense, A. latifolium, Nothalæna subcordata, Trichomanes canariensis, T. speciosum et Davallia canariensis.

[2] Deux Acrostichum et l'Ophyoglossum lusitanicum.

[3] Hypericum canariense, H. floribundum et H. glandulosum.

gènes désignent par le nom de Texo. Cette zone, large de quatre cents toises, est occupée en entier par une vaste forêt de pins auxquels se mêle le Juniperus Cedro de Broussonet. Ces pins ont les feuilles extrêmement longues, assez roides et réunies quelquefois deux à deux, le plus souvent trois à trois dans une gaîne. Comme nous n'avons pas eu occasion d'en examiner les fruits, nous ignorons si cette espèce, qui a le port du pin d'Écosse, est effectivement différente des dix-huit espèces de pins que nous connoissons déjà dans l'ancien continent. Un botaniste célèbre qui, par ses voyages, a rendu de grands services à la géographie botanique de l'Europe, M. De Candolle, pense que le pin de Ténériffe est également distinct du Pinus atlantica des montagnes voisines de Mogador, et du pin d'Alep[1] qui

---

[1] Pinus halepensis. M. De Candolle observe que cette espèce, qui manque en Portugal, et qui se trouve dans le versant méditerranéen de la France et de l'Espagne, en Italie, dans l'Asie mineure et dans la Barbarie, seroit mieux nommée Pinus mediterranea. Elle fait le fond des forêts de pins dans le sud-est de la France où Gouan et Gérad l'ont confondue avec le

appartient au bassin de la Méditerranée et ne paroît pas franchir les colonnes d'Hercule. Nous avons rencontré sur la pente du Pic les derniers pins, à peu près à douze cents toises de hauteur au-dessus du niveau de l'Océan. Dans les Cordillères de la Nouvelle-Espagne, sous la zone torride, les pins mexicains s'élèvent jusqu'à deux mille toises. Malgré l'analogie d'organisation qui existe entre les différentes espèces d'un même genre de plantes, chacune d'elles exige, pour son développement, un certain degré de tempérrture et de rareté de l'air ambiant. Si, dans les climats tempérés et partout où il tombe de la neige, la chaleur constante du sol est un peu au-dessus de la chaleur moyenne de l'atmosphère, il est probable qu'à la hauteur du Portillo, les racines des pins tirent leur nourriture d'un terrain dans lequel, à une certaine profondeur, le thermomètre s'élève tout au plus à 9 ou 10 degrés.

La *quatrième* et la *cinquième zone*, les régions du Retama et des Graminées, oc-

---

Pinus sylvestris. Elle comprend le Pinus halepensis, Mill. Lamb. et Desfont., et le Pinus maritima, Lamb.

cupent des hauteurs qui égalent celles des cimes les plus inaccessibles des Pyrénées. C'est la partie déserte de l'île, où des amas de pierre ponce, d'obsidiennes, et de laves brisées mettent des entraves à la végétation. Nous avons déjà parlé plus haut de ces touffes fleuries de genêts alpins (Spartium nubigenum) qui forment des Oasis au milieu d'une vaste mer de cendres. Deux plantes herbacées, le Scrophularia glabrata et le Viola cheiranthifolia, s'avancent plus loin jusque dans le *Malpays*. Au-dessus d'un gazon brûlé par l'ardeur du soleil africain, le Cladonia paschalis couvre des terrains arides ; les pâtres y mettent souvent le feu qui se propage à des distances considérables. Vers le sommet du Pic, des Urcéolaires et d'autres végétaux de la famille des Lichens travaillent à la décomposition des matières scorifiées. C'est ainsi que, par une action non interrompue des forces organiques, l'empire de Flore s'étend sur les îles bouleversées par des volcans.

En parcourant les différentes zones de la végétation de Ténériffe, nous voyons que l'île entière peut être considérée comme une forêt de lauriers, d'arbousiers et de pins, dont les hommes ont à peine défriché la lisière, et qui renferme dans son centre un terrain nu, rocailleux, également impropre à la culture et au pâturage. M. Broussonet observe qu'on peut diviser l'archipel des Canaries en deux groupes d'îles. Le premier renferme Lancerote et Fortaventure; le second, Ténériffe, Canarie, La Gomère, Fer et Palma. L'aspect de la végétation diffère essentiellement dans ces deux groupes. Les îles orientales, Lancerote et Fortaventure, offrent de grandes plaines et des montagnes très-peu élevées : on n'y rencontre presque pas de sources, et ces îles, plus encore que les autres, portent le caractère de terrains séparés du continent. Les vents y soufflent dans la même direction et aux mêmes époques; l'Euphorbia mauritanica, l'Atropa frutescens et des Sonchus arborescens y végètent dans des sables mobiles, et servent, comme en Afrique, de nourriture aux chameaux. Le groupe occidental des Canaries présente un terrain plus élevé, plus boisé, plus arrosé par des sources.

Quoique l'archipel entier renferme plusieurs végétaux qui se retrouvent en Portugal[1], en Espagne, aux îles Açores et dans le nord-ouest de l'Afrique, un grand nombre d'espèces, et même quelques genres, sont propres à Ténériffe, à Porto Santo et à Madère. Tels sont le Mocanera, le Plocama, le Bosea, le Canarina, le Drusa et le Pittosporum. Une forme que l'on pourroit appeler boréale, celle des Crucifères[2], est déjà beaucoup plus rare

---

[1] Nous avons reconnu, M. Willdenow et moi, parmi les plantes du Pic de Ténériffe, le beau Satyrium diphyllum (Orchis cordata, Willd.) que M. Link a découvert en Portugal. Les Canaries ont de commun avec la Flore des Açores, non le Dicksona Culcita, la seule fougère aborescente que l'on trouve sous les 39 degrés de latitude, mais l'Asplenium palmatum et le Myrica Faya. Cet arbre se rencontre en Portugal, à l'état sauvage: M. de Hoffmannsegg en a vu des troncs très-anciens; mais il reste douteux s'il est indigène ou introduit dans cette partie de notre continent. En réfléchissant sur les migrations des plantes et sur la possibilité géologique que des terrains submergés aient réuni jadis le Portugal, les Açores, les Canaries, et la chaîne de l'Atlas, on conçoit que l'existence du Myrica Faya dans l'Europe occidentale est un phénomène pour le moins aussi frappant que le seroit l'existence du pin d'Alep aux îles Açores.

[2] Parmi le petit nombre d'espèces de Crucifères que

aux Canaries qu'en Espagne et en Grèce. Plus au sud encore, dans la région équinoxiale des deux continens, où la température moyenne de l'air s'élève au-dessus de 22 degrés, les Crucifères disparoissent presque entièrement.

On a agité de nos jours une question qui intéresse vivement l'histoire du développement progressif de l'organisation sur le globe, celle de savoir si les plantes polymorphes sont plus communes dans les îles volcaniques? La végétation de Ténériffe ne favorise point l'hypothèse d'après laquelle on admet que la nature, dans des terres nouvelles, se montre moins asservie à des formes constantes. M. Broussonet, qui a résidé si long-temps aux Canaries, assure que les plantes variables n'y sont pas plus communes que dans l'Europe australe. Ne doit-on pas admettre que les espèces polymorphes qu'offre si fréquemment l'île de Bourbon, sont dues plutôt à la nature du

---

renferme la Flore de Ténériffe, nous citerons ici: Cheiranthus longifolius, l'Herit.; Ch. frutescens, Vent.; Ch. scoparius, Brouss. Erysimum bicorne, Aiton; Crambe strigosa; C. lævigata, Brouss.

sol et au climat qu'à la nouveauté de la végétation ?

Je viens d'esquisser le tableau physique de l'île de Ténériffe; j'ai tâché de donner des notions précises sur la constitution géologique des Canaries, sur la géographie des plantes propres à cet archipel, et sur leur agroupement à différentes hauteurs au-dessus du niveau de l'Océan. Quoique je me flatte d'avoir répandu quelque lumière sur des objets qui tant de fois ont été traités par d'autres voyageurs, je pense pourtant que l'histoire physique de cet archipel offre encore un vaste champ à exploiter. Les chefs des expéditions scientifiques, dont l'Angleterre, la France, l'Espagne, le Danemarck et la Russie ont donné des exemples si brillans, se sont généralement trop hâtés de quitter les Canaries. Ils se sont imaginé que ces îles devoient être exactement décrites, parce qu'elles sont très-rapprochées de l'Europe: ils ont oublié que, sous le rapport de la géologie, l'intérieur de la Nouvelle-Hollande n'est pas plus inconnu que ne le sont les roches de Lancerote et de la Gomère, celles de Porto Santo et de Terceira.

Nous voyons annuellement un grand nombre de savans parcourir, sans but déterminé, les parties les plus fréquentées de l'Europe. Il faut espérer qu'il s'en trouvera parmi eux qui, guidés par un véritable amour pour la science, et capables de poursuivre un plan de plusieurs années, voudront examiner à la fois l'archipel des Açores, Madère, les Canaries, les îles du cap Vert et la côte nord-ouest de l'Afrique. C'est en réunissant des observations faites sous le même point de vue, dans les îles Atlantiques et sur le continent voisin, que l'on parviendra à des connoissances précises sur la géologie et sur la géographie des animaux et des plantes.

Avant de quitter l'ancien monde pour passer au nouveau, il me reste à parler d'un objet qui offre un intérêt plus général, parce qu'il tient à l'histoire de l'homme et à ces révolutions funestes qui ont fait disparoître des peuplades entières de la surface du globe. On se demande, à l'île de Cuba, à Saint-Domingue et à la Jamaïque, où sont restés les habitans primitifs de ces contrées : on se demande à Ténériffe que sont devenus les Guanches, dont les momies seules, enfouies dans des cavernes, ont échappé à la destruction. Au quinzième siècle, presque toutes les nations commerçantes, surtout les Espagnols et les Portugais, cherchoient des esclaves aux îles Canaries, comme on en cherche aujourd'hui sur la côte de Guinée[1]. La religion chrétienne qui, dans son origine, a favorisé si puissamment la liberté des hommes, servoit de prétexte à la cupidité des Européens. Tout individu, fait prisonnier avant d'avoir reçu le baptême, étoit esclave. A cette époque on n'avoit pas encore essayé de prouver que les noirs sont une race intermédiaire entre l'homme et les animaux : le Guanche basané et le nègre africain étoient vendus à la fois au marché de Séville, sans que l'on agitât la question de savoir si l'esclavage doit peser seulement sur des hommes à peau noire et à cheveux crépus.

L'archipel des Canaries étoit divisé en plusieurs petits états ennemis les uns des autres. Souvent une même île étoit sujette à deux

---

[1] Les historiens espagnols citent des expéditions faites par les Huguenots de la Rochelle pour enlever des esclaves guanches. Je doute de ces expéditions qui auroient été postérieures à l'année 1530.

princes indépendans, comme cela arrive dans les îles de la mer du Sud, et partout où la société n'est point encore très-avancée. Les nations commerçantes, guidées par cette politique astucieuse qu'elles suivent encore aujourd'hui sur les côtes d'Afrique, entretinrent les guerres intestines. Un Guanche devint alors la propriété d'un autre Guanche, qui le vendoit aux Européens; plusieurs préférèrent la mort à la servitude, et se tuèrent eux et leurs enfans. C'est ainsi que la population des Canaries avoit déjà considérablement souffert par le commerce des esclaves, par les enlèvemens des pirates, et surtout par un carnage prolongé, lorsque Alonzo de Lugo en acheva la conquête. Ce qui restoit des Guanches périt en grande partie en 1494, dans la fameuse peste appelée la *Modorra*, que l'on attribuoit à la quantité des cadavres que les Espagnols avoient laissés exposés à l'air, après la bataille de la Laguna. Lorsqu'un peuple, à demi-sauvage et dépouillé de ses propriétés, se voit forcé de vivre dans une même contrée avec une nation policée, il cherche à s'isoler dans les montagnes et dans les forêts. Ce réfuge est le seul que peuvent choisir des insulaires:

aussi cette belle nation des Guanches étoit pour ainsi dire éteinte au commencement du dix-septième siècle; on n'en trouvoit plus que quelques vieillards à la Candelaria et à Guimar.

Il est consolant de penser que les blancs n'ont pas toujours dédaigné de s'allier aux indigènes; mais les Canariens d'aujourd'hui, que les Espagnols désigne sur le simple nom d'*Isleños*, ont des motifs très-puissans pour nier ce mélange. Le temps efface, dans une longue suite de générations, les marques caractéristiques des races; et, comme les descendans des Andaloux établis à Ténériffe ont eux-mêmes le teint assez rembruni, on conçoit que le croisement des races ne peut pas avoir produit un changement sensible dans la couleur de la peau des blancs. Il est bien prouvé qu'il n'existe aujourd'hui dans toute l'île aucun indigène de race pure; et quelques voyageurs, d'ailleurs très-véridiques, se sont trompés lorsqu'ils ont cru avoir eu pour guides, au Pic, de ces Guanches à taille svelte et légers à la course. Il est vrai que quelques familles de Canariens se vantent de leur parenté avec le dernier roi pasteur de Guimar;

mais ces prétentions ne reposent pas sur des fondemens très-solides : elles se renouvellent de temps en temps, lorsqu'il prend envie à un homme du peuple, plus basané que ses concitoyens, de solliciter un grade d'officier au service du roi d'Espage.

Peu de temps après la découverte de l'Amérique, lorsque l'Espagne étoit parvenue au plus haut degré de sa splendeur, on se plaisoit à célébrer la douceur de caractère des Guanches, comme on a célébré de nos jours l'innocence des habitans d'Otahiti. Dans l'un et l'autre de ces tableaux, le coloris paroît moins vrai que brillant. Quand les peuples, fatigués des jouissances de l'esprit, ne voient plus dans le raffinement des mœurs que le germe de la dépravation, ils sont flattés de l'idée que, dans une région lointaine, à la première aurore de la civilisation, des sociétés naissantes jouissent d'un bonheur pur et constant. C'est à ce sentiment que Tacite dut une partie de son succès lorsqu'il retraça aux Romains, sujets des Césars, le tableau des mœurs germaniques ; ce même sentiment donne un charme inexprimable au récit des voyageurs qui, depuis la fin du dernier siècle, ont visité les îles du Grand Océan.

Les habitans de ces îles, trop vantés peut-être, et jadis anthropophages, ressemblent, sous plus d'un rapport, aux Guanches de Ténériffe. Nous voyons gémir les uns et les autres sous le joug d'un gouvernement féodal. Chez les Guanches, cette institution, qui facilite et perpétue les guerres, étoit sanctionnée par la religion. Les prêtres disoient au peuple : « Le Grand-Esprit, Achaman, a créé d'abord les nobles, les Achimenceys, auxquels il a distribué toutes les chèvres qui existent sur la terre. Après les nobles, Achaman a créé les plébéiens, Achicaxnas; cette race, plus jeune, eut le courage de demander aussi des chèvres; mais l'Être-Suprême répondit que le peuple étoit destiné à servir les nobles, et qu'il n'avoit besoin d'aucune propriété. » Cette tradition étoit faite sans doute pour plaire aux riches vassaux des rois pasteurs. Aussi le Faycan ou grand-prêtre exerçoit le droit d'anoblir, et une loi des Guanches portoit que tout Achimencey, qui s'avilissoit à traire une chèvre de ses mains, perdoit ses titres de noblesse.

Cette loi ne rappelle pas la simplicité des mœurs du siècle homérique. On est étonné de voir condamnés au mépris, dès le commencement de la civisilation, les travaux utiles de l'agriculture et de la vie pastorale.

Les Guanches, célèbres par leur taille élancée, étoient les Patagons de l'ancien monde, et les historiens exagéroient la force musculaire des Guanches, comme, avant les voyages de Bougainville et de Cordoba, on attribuoit une stature colossale à la peuplade qui habite l'extrémité méridionale de l'Amérique. Je n'ai vu des momies guanches que dans les cabinets de l'Europe : à l'époque de mon voyage, elles étoient très-rares à Ténériffe; on en trouveroit cependant en grand nombre si, par le travail des mineurs, on tâchoit d'ouvrir les cavernes sépulcrales qui sont taillées dans le roc sur la pente orientale du Pic, entre Arico et Guïmar. Ces momies sont dans un état de dessiccation si extraordinaire que les corps entiers, munis de leurs intégumens, ne pèsent souvent que six à sept livres, c'est-à-dire un tiers de moins que le squelette d'un individu de la même grandeur, dépouillé récemment de la chaire musculaire.

Le crâne offre, dans sa conformation, quelques légers rapports avec celui de la race blanche des anciens Égyptiens, et les dents incisives sont émoussées chez les Guanches comme dans les momies trouvées sur les bords du Nil. Mais cette forme des dents est due à l'art seul; et, en examinant plus soigneusement la physionomie des anciens Canariens, des anatomistes habiles[1] ont reconnu, dans les os zygomatiques et la mâchoire inférieure, des différences sensibles avec les momies égyptiennes. En ouvrant celles des Guanches on y trouve des restes de plantes aromatiques, parmi lesquelles on distingue constamment le Chenopodium ambrosioïdes : souvent les cadavres sont ornés de cordelettes auxquelles sont suspendus de petits disques de terre cuite qui paroissent avoir servi de signes numériques, et qui ressemblent aux quippos des Péruviens, des Mexicains et des Chinois.

Comme en général la population des îles est moins exposée aux changemens qui sont l'effet des migrations, que la population des

---

[1] *Blumenbach Decas quinta Collect. suæ Craniorum diversarum gentium illustr.*, 1808, p. 7.

CHAPITRE II. 429

continens, on peut supposer que, du temps des Carthaginios et des Grecs, l'archipel des Canaries étoit habité par cette même race d'hommes qu'y trouvèrent les conquérans normands et espagnols. Le seul monument propre à répandre quelque lumière sur l'origine des Guanches, est leur langue; mais malheureusement il ne nous en est resté à peu près que cent cinquante mots, dont plusieurs expriment les mêmes objets selon le dialecte des différentes îles. Outre ces mots, qu'on a recueillis avec soin, il existe encore des fragmens précieux dans les dénominations d'un grand nombre de hameaux, de collines et de vallons. Les Guanches, comme les Basques, les Hindoux, les Péruviens et tous les peuples primitifs, avoient nommé les lieux d'après la qualité du sol qu'ils cultivoient, d'après la forme des rochers, dont les cavernes leur servoient d'abri, d'après la nature des arbres qui ombrageoient les sources.

On a pensé long-temps que la langue des Guanches ne présentoit aucune analogie avec les langues vivantes; mais, depuis que le voyage de Hornemann et les recherches ingénieuses de MM. Marsden et Venture ont fixé l'attention des savans sur les Berbers qui, comme les peuples slaves, occupent une immense étendue de terrain dans l'Afrique boréale, on a reconnu que plusieurs mots guanches ont des racines communes avec des mots des dialectes Chilha et Gebali[1]. Nous en citerons comme exemples :

Ciel, en guanche, *Tigo;* en berbère, *Tigot.*
Lait............*Aho*.............*Acho.*
Orge..........*Temasen*........*Tomzeen.*
Panier.........*Carianas*.......*Carian.*
Eau............*Aenum*.........*Anan.*

Je doute que cette analogie prouve une communauté d'origine; mais elle indique des liaisons anciennes entre les Guanches et les Berbers, peuple montagnard, dans lequel se trouvent refondus les Numidiens, les Gétules et les Garamantes, et qui s'étend depuis l'extrémité orientale de l'Atlas, par le Harudjé et le Fezzan, et jusqu'aux Oasis de Syuah et d'Audjelah. Les indigènes des îles Canaries s'appeloient Guanches, de *guan, homme*,

[1] *Adelung und Vater, Mithridates,* Tom. III, p. 60.

comme les Tongouses s'appellent *bye* et *donki*, mots qui ont la même signification que *guan*. D'ailleurs les nations qui parlent la langue berbère ne sont pas toutes d'une même race; et la description que Scylax donne dans son Périple des habitans de Cerne, peuple pasteur d'une taille élancée et à longue chevelure, rappelle les traits qui caractérisent les Guanches Canariens.

Plus on étudie les langues sous un point de vue philosophique, et plus on observe qu'aucune d'elles n'est entièrement isolée; la langue des Guanches [1] le paroîtroit moins encore si l'on avoit quelques données sur son méca-

[1] D'après les recherches de M. Vater, la langue guanche offre les analogies suivantes avec les langues de peuples très-éloignés les uns des autres: *chien*, chez les Hurons américains, *aguienon*; chez les Guanches, *aguyan*: *homme*, chez les Péruviens, *cari*; chez les Guanches, *coran*: *roi*, chez les Mandingos africains, *monso*; chez les Guanches, *monsey*. Le nom de l'île de Gomère se retrouve dans celui de Gomer qui désigne une tribu de Berbers. (*Vater Untersuch. über Amerika*, p. 170.) Les mots guanches, *alcorac*, *Dieu*, et *almogaron*, *temple*, paroissent d'une origine arabe; du moins dans cette dernière langue, *almoharram* signifie *sacré*.

nisme et sa structure grammaticale, deux élémens plus importans que la forme des mots et l'identité des sons. Il en est de certains idiomes comme de ces êtres organisés qui semblent se refuser à toute classification dans la série des familles naturelles. Leur isolement n'est qu'apparent; il cesse dès qu'en embrassant un plus grand nombre d'objets, on parvient à découvrir les chaînons intermédiaires. Les savans qui voient des Egyptiens partout où il y a des momies, des hiéroglyphes ou des pyramides, penseront peut-être que la race de Typhon étoit liée aux Guanches par les Berbers, véritables Atlantes, auxquels appartiennent les Tibbos et les Tuarycks du désert [1]. Mais il suffit de faire observer ici que cette hypothèse n'est appuyée par aucune analogie [2] entre la langue berbère et la langue copte, que l'on regarde avec raison comme un reste de l'ancien égyptien.

Le peuple qui a remplacé les Guanches, descend des Espagnols, et en très-petite partie

[1] *Voyage de Hornemann du Caire à Mourzouk*, Tom. II, p. 406.
[2] *Mithridates*, Tom. III. p. 77.

des Normands. Quoique ces deux races aient été exposées depuis trois siècles au même climat, la dernière se distingue cependant par une plus grande blancheur de la peau. Les descendans des Normands habitent la vallée de Teganana, entre Punta de Naga et Punta de Hidalgo. Les noms de Grandville et de Dampierre se trouvent encore assez fréquemment dans ces cantons. Les Canariens sont un peuple honnête, sobre et religieux; ils déploient moins d'industrie chez eux que dans les pays étrangers. Un esprit inquiet et entreprenant conduit ces insulaires, de même que les Biscayens et les Catalans, aux Philippines, aux Marianes, en Amérique, partout où il y a des établissemens espagnols, depuis le Chili et La Plata jusqu'au Nouveau-Mexique. C'est à eux que sont dus en grande partie les progrès de l'agriculture dans ces colonies. L'archipel entier ne renferme pas 160,000 habitans, et et les *Isleños* sont peut-être beaucoup plus nombreux au nouveau continent que dans leur ancienne patrie. Le tableau suivant offre tout ce qui a rapport à la statistique de ce pays.

ARCHIPEL des ISLES CANARIES.	Surface en lieues marines carrées.	POPULATION ABSOLUE.				Population relative. Nombre des habitans par lieue carrée en 1790.
		1678.	1745.	1768.	1790.	
Ténériffe.......	73	49,112	60,218	66,354	70,000	958
Fortaventure. .	63		7,382	8,863	9,000	142
Grande Canarie.	60	20,458	33,864	41,082	50,000	833
Palme.........	27	13,892	17,580	19,195	22,600	837
Lancerote......	26		7,210	9,705	10,000	384
Gomère.......	14	4,373	6,251	6,645	7,400	528
Fer...........	7	3,297	3,687	4,022	5,000	714
TOTAL......	270	......	136,192	155,866	174,000	644

Les dénombremens de 1678, 1745 et 1768 ont été publiés par Viera. L'évaluation de 1790 est de M. Ledru. Population totale, d'après lord Macartney, 196,500, dont 10,000 à Ténériffe, 40,000 à Canarie et 30,000 à Palme. Les surfaces ont été calculées pour la première fois, et avec un soin particulier, par M. Oltmanns[1], d'après les cartes de Borda et de Varela. Récolte du vin à Ténériffe, 20 à 24,000 pipes dont 5000 de Malvoisie. Exportation annuelle de vin, 8 à 9000 pipes. Récolte totale de l'archipel, en froment, 54,000 *fanegas* à cent livres de poids. Année commune, cette recolte est suffisante pour la consommation des habitans qui se nourrissent en grande partie de maïs, de pommes de terre et de haricots, *frisoles*. La culture de la canne à sucre et du coton est peu importante, et les grands objets du commerce sont le vin, les eaux-de-vie, l'orseille et la soude. Revenu brut, y compris la ferme des tabacs, 240,000 piastres.

1. Étendue de la surface des Canaries exprimée plus exactement en lieues géographiques de 15 au degré : Ténériffe, 41 $\frac{3}{8}$; Fortaventure, 55 $\frac{3}{4}$; Canarie, 33 $\frac{7}{8}$; Palme, 15 $\frac{1}{4}$; Lancerote, 14 $\frac{5}{8}$; et, en y comprenant les petites îles voisines, 15 $\frac{5}{8}$; Gomère, 8, et Fer, 3 $\frac{7}{8}$: total, 153 $\frac{1}{8}$. On peut être surpris que M. Hassel, dans son excellent ouvrage sur la statistique de l'Europe, assigne aux Canaries une population de 420,000 habitans, et une étendue de 358 milles géographiques carrés. (*Stat. Umriss. Heft. 1, S. 17.*)

Je n'entrerai pas dans des discussions d'économie politique sur l'importance des îles Canaries pour les peuples commerçans de l'Europe. Livré long-temps à des recherches statistiques sur les colonies espagnoles, étroitement lié avec des personnes qui avoient occupé des emplois importans à Ténériffe, j'avois eu occasion, pendant mon séjour à Caracas et à la Havane, de recueillir beaucoup d'éclaircissemens sur le commerce de Sainte-Croix et de l'Orotava. Mais plusieurs savans ayant visité les Canaries après moi, ils ont puisé aux mêmes sources, et je n'hésite pas de retrancher de mon journal ce qui a été exposé, avec beaucoup de précision, dans des ouvrages qui ont précédé le mien. Je me bornerai ici à un petit nombre de considérations qui termineront le tableau que je viens de tracer de l'archipel des Canaries.

Il en est de ces îles comme de l'Egypte, de la Crimée et de tant d'autres pays que les voyageurs, qui désirent frapper par des contrastes, ont loués ou blâmés à l'excès. Les uns, débarquant à l'Orotava, ont décrit Ténériffe comme le jardin des Hespérides; ils ont vanté la douceur du climat, la fertilité du sol et la richesse de la culture : d'autres, forcés de séjourner à Sainte-Croix, n'ont vu dans les îles Fortunées qu'un pays nu, aride, habité par un peuple misérable et stupide. Il nous a paru que, dans cet archipel comme dans tous les pays montueux et volcaniques, la nature a distribué très-inégalement ses bienfaits. Les îles Canaries manquent généralement d'eau ; mais partout où il y a des sources, des irrigations artificielles, ou des pluies abondantes, le sol y est de la plus grande fertilité. Le bas peuple est laborieux, mais son activité se développe plus dans des colonies lointaines qu'à Ténériffe où elle trouve des obstacles qu'une administration sage pourroit éloigner progressivement. Les émigrations seront diminuées si l'on parvient à répartir entre les particuliers les terres domaniales incultes, à vendre celles qui sont annexées aux majorats des grandes familles, et à abolir peu à peu les droits féodaux.

La population actuelle des Canaries paroît sans doute peu considérable, si on la compare à celle de plusieurs contrées de l'Europe. L'île de Malte, dont les habitans industrieux cultivent un roc presque dénué de terreau, est sept fois plus petite que Ténériffe, et cependant elle est deux fois plus peuplée : mais les écrivains qui se plaisent à peindre, avec de si vives couleurs, la dépopulation des colonies espagnoles, et qui en attribuent la cause à la hiérarchie ecclésiastique, oublient que partout, depuis le règne de Philippe V, le nombre des habitans a pris un accroissement plus ou moins rapide. Déjà la population relative est plus grande dans les Canaries que dans les deux Castilles, en Estramadure et en Écosse. Tout l'archipel réuni présente un terrain montueux dont l'étendue est d'un septième plus petite que la surface de l'île de Corse, et qui nourrit cependant le même nombre d'habitans.

Quoique les îles Fortaventure et Lancerote, qui sont les moins peuplées, exportent des grains, tandis que Ténériffe ne produit ordinairement pas les deux tiers de sa consommation, il ne faudroit pas en conclure que, dans cette dernière île, le nombre des habitans ne puisse plus augmenter par défaut de subsistances. Les îles Canaries sont encore bien loin de sentir les maux qu'entraîne une population trop concentrée, et dont M. Malthus a développé les causes avec tant de justesse et de sagactié. La misère du peuple a diminué considérablement depuis qu'on a introduit la culture de la pomme de terre [1] et qu'on a commencé à semer plus de maïs que d'orge et de froment.

Les habitans des Canaries offrent les traits qui caractérisent un peuple à la fois montagnard et insulaire. Pour les bien apprécier, il ne suffit pas de les voir dans leur patrie où de puissantes entraves s'opposent au développement de l'industrie ; il faut les étudier dans les steppes de la province de Caracas, sur le dos des Andes, dans les plaines brûlantes des îles Philippines, partout où, isolés dans des contrées inhabitées, ils ont eu occasion de déployer cette énergie et cette activité qui sont les véritables richesses d'un colon.

Les Canariens se plaisent à considérer leur pays comme faisant partie de l'Espagne européenne. Ils ont en effet augmenté les richesses de la littérature castillane. Le nom de Cla-

[1] Tessier et Desautoy, sur l'agriculture des Canaries. (*Mém. de l'Institut*, Tom. I, p. 250 et 279.

vijo, auteur du *Pensador*, ceux de Viera, d'Yriarte et de Bétancourt sont honorablement connus dans les sciences et les lettres : le peuple canarien est doué de cette vivacité d'imagination qui distingue les habitans de l'Andalousie et de Grenade, et l'on peut espérer qu'un jour les îles Fortunées où l'homme éprouve, comme partout, les bienfaits et les rigueurs de la nature, seront dignement célébrées par un poète indigène.

FIN DU PREMIER VOLUME.

TABLE DES MATIÈRES

CONTENUES DANS LE PREMIER VOLUME.

INTRODUCTION. *Pag.* 1

LIVRE PREMIER. 63

   CHAPITRE PREMIER. Préparatifs.—Instrumens. Départ d'Espagne. — Relâche aux îles Canaries. *ibid.*

   CHAPITRE II. Séjour à Ténériffe.— Voyage de Sainte-Croix à l'Orotava.— Excursion à la cime du pic de Teyde. 206

ERRATA.

Page 187, ligne 9 de la première note, *supprimez* la ligne commençant par ces mots : *Dans ces mêmes parages, etc.*, pour la mettre, même page, à la fin de la seconde note.

Page 223. La deuxième note appartient à la page 224, *et vice versâ*.

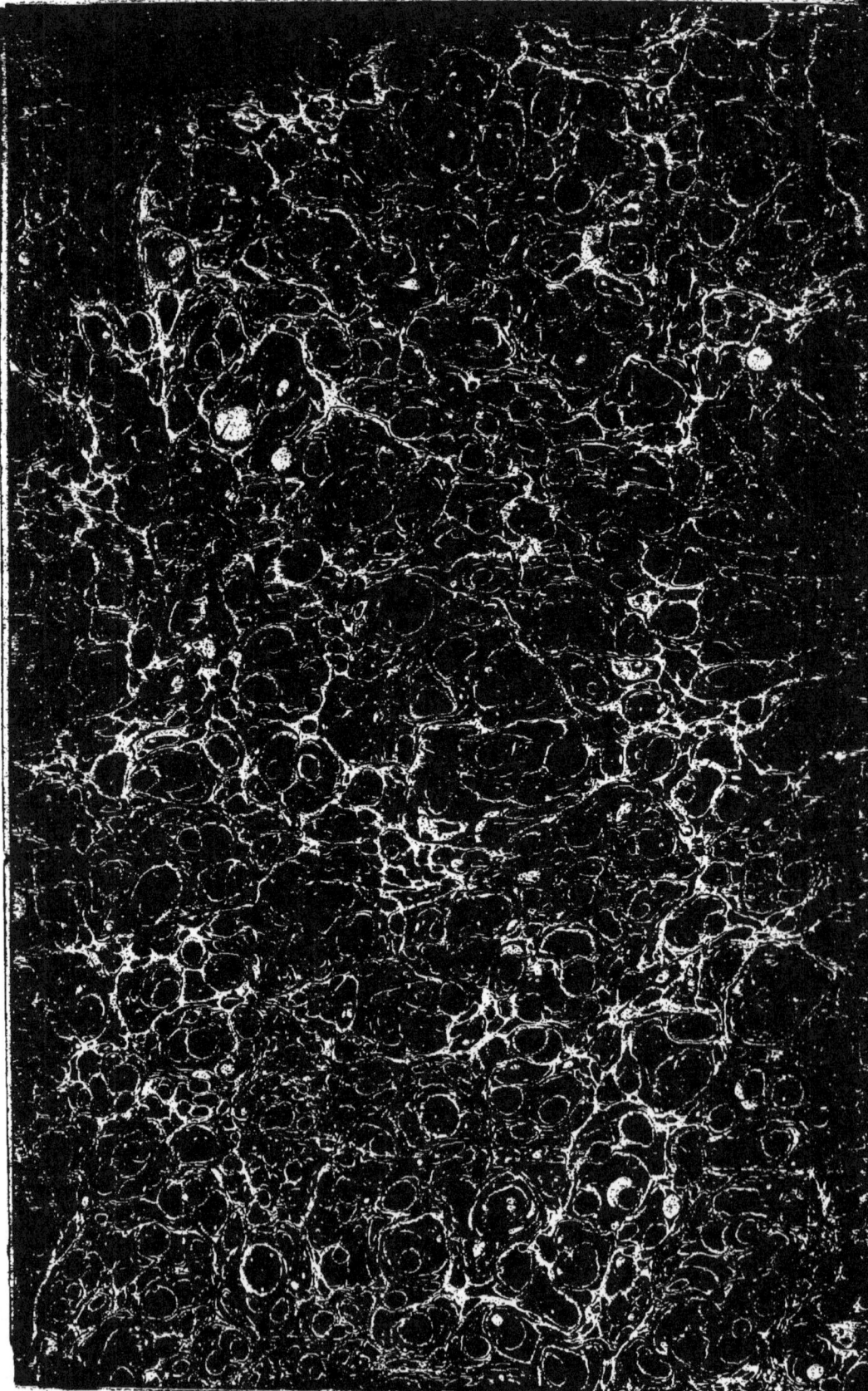

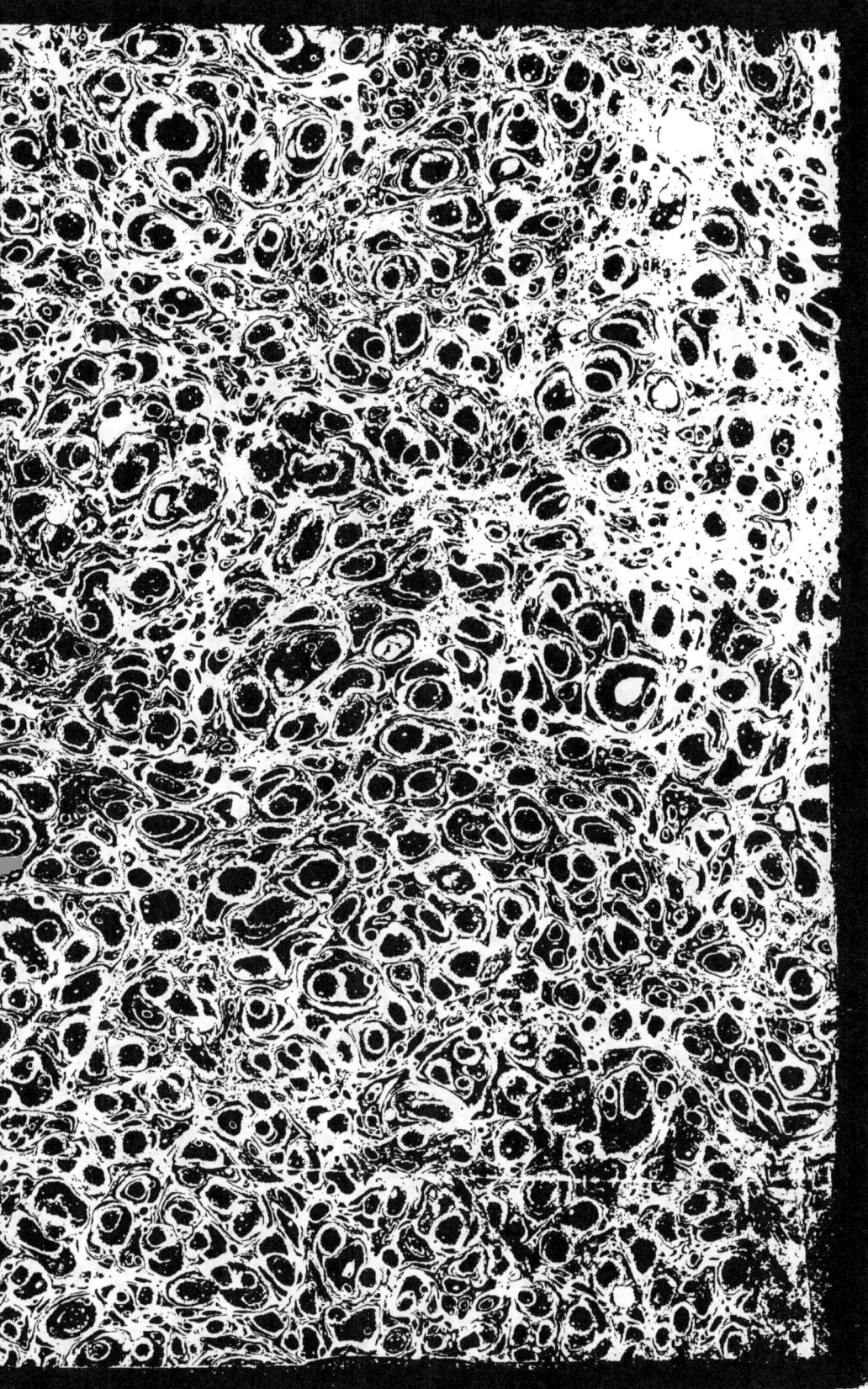

www.ingramcontent.com/pod-product-compliance
Lightning Source LLC
Chambersburg PA
CBHW070545230426
43665CB00014B/1819